究方法丛书

大数据会计研究

经典文献与数据分析

陈宋生　朱乐琪

王朝晖———编著

Big Data in
Accounting Research

Literature Review and
Programming Instructions

中国人民大学出版社
·北京·

《大数据会计研究——经典文献与数据分析》为北京理工大学陈宋生教授领衔编写的一部新专题教材，全书分为上下两篇，前半部分为经典文献分析，后半部分为程序实现，分别聚焦学术界权威期刊的相关研究，分析其创新性和贡献点，以及该类学术研究中应用的大数据技术方法，能够为读者提供研究思路和研究范式两方面的启发。

我受陈宋生教授之邀为本书写序，我将从两个视角谈谈自己的感想。

(一)

近年来人工智能与多领域交叉融合，促进了大数据医疗、智慧教育、量化金融等前沿领域的迅速发展。其在会计研究中的应用扩展了会计研究的话题、丰富了会计研究的方法，如从包括文本、音视频、图像等在内的非结构数据中提取信息并加以分析。可以预想到，大数据技术在未来的会计研究中会有更为广泛且深入的应用。对此，目前国内高校本科生及研究生的会计学教育中，普遍缺少相应的培养环节，有关教材较为短缺。

《大数据会计研究——经典文献与数据分析》专注于大数据技术在会计研究中的具体应用，切入点新颖，实操性强。作者团队还为本书配套授课PPT，同步开发大数据方法练习及交流的网站、公众号，多维度辅助本书的使用，这有助于读者更高效地掌握会计研究所需的基础方法。

书中回顾和梳理了国内外会计、经济、金融、管理领域近十年权威期刊的相关论文，并归纳整理了其中涉及的大数据技术——网络爬虫、文本分析、社会网络分析、机器学习。本书通过对其中的经典案例进行剖析，分析其创新性和贡献点，为读者提供研究范式方面的启发。书中还使用Python、R等语言，以及Pajek、Gephi等软件，尝试复现部分经典案例。

本书叙述通俗易懂，尽可能保证零基础的读者也可以轻松上手实践。为扩大本书的受众，陈宋生教授多次在课堂中进行实践，邀请本书的作者团队为本科生和研究生讲述技术实现方法，收集了大量反馈，不断完善本书的编撰思路与内容。我认为，本书为会计研究学者提供了拥抱大数据时代的良好机会。相信读者阅读后，会对大数据技术和会计研究的交叉方向有更进一步的认识。

（二）

会计信息是对经济活动过程和结果的归纳、反映和呈现。讨论大数据会计研究，隐含的前提是经济数字化，或者说数字化经济。

我定期收到来自哈佛大学商学院的教学和研究信息，其中一组名为"驱动数字战略"（Driving Digital Strategies）的信息阐述了若干关键点：数字技术正在改变所有产业，若想在这一动态环境下继续生存，企业需要彻底再造商务，创建新的商业模式、新的公司组织架构。与此相关，《哈佛商业评论》所刊登的文章，也特别关注信息技术对工商业运营和管理的影响。

大数据（Big Data）相对于"小数据"而言，并非科学概念，强调的是海量数据背后的"现象-事实"，让人很难一目了然地看清，需要通过数据汇集加以统计分析，解析现象的统计分布特征，以发现和揭示统计规律。为此，需要建立模型、算法分析、结论验证等一系列智能化处理。

说到人工智能（AI），2016年围棋人机大战，人工智能机器人AlphaGo战胜亚洲超一流棋手，震惊世界，对大多数普通人的思维定式产生了剧烈冲击，颠覆了很多人的预判和想象。不过，围棋毕竟属于小众智力竞技项目，引发的轰动效应似乎很快便消失了。

2022年底ChatGPT问世，开始人们认为这仅是一款聊天软件而已，但快速漫延的"ChatGPT潮"告诉人们，ChatGPT并不仅仅是人工智能技术驱动下的一款自然语言处理工具，它能够通过理解和学习人类的语言来进行对话，根据语境加以互动，真实模拟人类交流。甚至于，当所依据的基础数据足够充分有效时，ChatGPT能够完成起草信件、编写图文脚本、法律文案、撰写专业论文等更多更复杂的任务。一时间，ChatGPT在产业领域和专业界引爆人工智能大普及、产业大蓬勃相关议题，迎来一轮接一轮的风险投资和竞争浪潮。看起来，人工智能已成为新一轮科技革命和产业变革的重要驱动力量。

当然，如同任何技术被利用都具有两面性一般，ChatGPT引致的蜂拥赞叹，没能持续良久，各种负面效果旋即跟进。撇开话题渲染和流量操作，认真严肃说来，人工智能的确为网络安全带来了新的挑战，成为实务界乃至社会大众新的关注点，也应当成为所有营利或非营利组织实施内部控制、风险管控的着力点。

信息技术迅速渗透社会所有方面。以企业会计/财务生态而言，进入数字化时代以来，信息技术和共享服务产生巨大影响，迫使企业会计/财务体系或主动或被动地转型。可以说，基于信息技术的共享服务，必将引发企业会计/财务的深刻变革，并对会计/财务人才的素质和胜任能力提出新的挑战。

当信息技术迅速渗透企业运营管理的方方面面，当管理软件加快升级换代、越来越多的基础会计工作转为自动化完成，当岗位资格突破人为设置的会计资格证的障碍、会计/财务办公室的人数需求急速下降，会计的基本职能被推动着从核算和监督拓展到管理会计。相应地，在岗存量会计专业人士也必然被要求转向管理岗位。

写就这篇序言时，由北京市人民政府联合工业和信息化部、商务部、国家互联网信息办公室、中国科学技术协会共同主办的"2023 全球数字经济大会"（Global Digital Economy Conference 2023）在北京开幕。全球数字经济大会已连续举办三届，规模渐增，内容渐丰，从国家战略到企业和社会需求，新专题包含的领域越来越多：信息安全、数字新基建、数字化转型、智能制造、物联网、人工智能、智慧能源、激光制造、云计算、数字生活等等。

《中华人民共和国国民经济和社会发展第十四个五年规划和 2035 年远景目标纲要》提出发展数据要素市场，激活数据要素潜能。《"十四五"数字经济发展规划》进一步提出到 2025 年初步建立数据要素市场体系。我们应该认识到，数字经济和数字社会尚处在初期阶段，方兴未艾，大数据会计研究也刚拉开序幕，未来专题扩展空间无限。作为会计专业实践者和学者，需要不断努力、持续学习，努力跟上技术和时代前进的步伐。

王立彦　北京大学光华管理学院

本书选取近十年国内外权威会计、经济、金融、管理领域期刊①中使用大数据研究方法的论文，基于财务、会计、审计与税收等多个视角，通过经典案例复现，从技术、方法与相关命令方面，详细讲解包括网络爬虫、文本分析、社会网络分析、机器学习等大数据技术在内的具体实现方法，并就未来研究提出建议。本书旨在为对会计大数据研究有兴趣的教师、学生及相关科研人员提供一部与大数据相关的会计研究方法与实践应用指南。

本书创新性地采用了"双篇章"结构，上、下篇分别介绍会计研究问题与大数据技术的具体实现方法。上篇以会计大数据研究为主线，聚焦国内外已有研究，以及其他相关社会科学应用大数据研究方法对会计研究的启示；下篇以大数据技术方法为主线，按照会计研究中数据收集、处理、分析三大步骤中应用的大数据技术进行原理讲解与经典案例复现。此外，本书还整理了在使用大数据研究的过程中可能用到的其他数据处理与分析方法，如 Python 与 Word、Excel、Stata 等软件的交互。

本书尝试回答以下三个问题，并通过以下角度对研究问题进行分析：大数据可以帮助解决哪些会计研究问题？大数据以何种方式解决相应的会计研究问题？如何实现大数据研究方法？本书的编写遵循如下原则：

（1）全面性：在文献整理方面做了大量工作。40 余人的团队通过对近十年国内外权威会计、经济、金融、管理领域期刊逐年、逐刊地筛选，归纳会计学及其相关学科研究中常用的大数据研究方法。

（2）针对性：所述大数据技术相关内容主要针对会计学相关研究，同时也涉及管理学、经济学研究内容，主题鲜明，难度适中。

（3）实用性：整理了编者团队进行案例复现过程中在软件安装、环境配置、代码

---

① 中文期刊包括：《管理世界》《经济研究》《会计研究》《审计研究》。英文期刊包括：*Journal of Accounting Research*，*The Accounting Review*，*The Journal of Finance*，*Journal of Financial Economics*，*Management Science*，*Contemporary Accounting Research*，*The American Economic Review*，*Review of Accounting Studies*。

运行、调整参数等环节遇到的所有故障（bug）及解决方案。例如，在使用 Pajek、Gephi 等社会网络分析软件时中文标签的显示问题。本书对某种技术方法的介绍可能并不全面，但可以满足会计研究领域学者的基本研究需求。

特别感谢在本书写作过程中参与文献整理、提出修改意见的各位老师和同学，他们是：上海立信会计金融学院李文颖讲师，北京工商大学刘青青副教授，北京化工大学吕文岱副教授，北京石油化工学院曹圆圆讲师，中国矿业大学（北京）程璐讲师，西南财经大学严文龙讲师，首都经济贸易大学田至立讲师，山西财经大学王少华副教授，湖南工商大学赵爽讲师，中国农业大学李睿讲师，北京理工大学崔毓佳讲师、曹慧娟讲师，北京理工大学博士后王静娟，北京理工大学在读博士生吴倩、邓婷友、王琦、李晨溪、郭桐羽、张希仁、杨媛元、秦伊宁、曹雪、管静等，北京理工大学硕士研究生李雯白、王雪怡、董明辑、明靖博、谭韵、彭雨欣、谢群、龙雪莹等，香港大学硕士研究生陈露丹。还有一些北京理工大学本科生负责大量的数据分析与校对工作，他们是：陈子杰、马钰雯、顾丽雅、刘梦琦、李文迪、周蝶、谢兴奕、潘玥潼、侯亦崴、徐嘉悦、苏子涵、徐铭晨、赵嘉铭、王成翰、黄郁微、胡楠、马婉姝、胡奕铮。

本书是北京理工大学"十四五"（2021 年）本研通用规划教材，是国家自然科学基金项目（71972011、72002005、72102146、72102017）阶段性成果。同时本书也是北京理工大学珠海学院校级质量工程（2023006ZLGC、2023008ZLGC）的重要组成部分。

本书适用于会计学专业的硕士研究生、博士研究生、教学科研人员以及对学术研究有浓厚兴趣的大学生。本书同步开发大数据会计研究知识共享平台（www.ecogement.com），旨在为会计研究人员建立大数据技术的知识共享平台。平台将持续更新大数据技术的相关内容，包括但不限于书中涉及的网络爬虫、文本分析、社会网络分析和机器学习这四个方面。目前平台的开发运营仍处于起步阶段，大家可以通过平台小助手、官方公众号（ecogement）和官方邮箱（accounting_bigdata@163.com）与我们沟通交流。此外，如果您对于书中内容有任何建议，也欢迎通过以上渠道与我们联系，您的建议将对我们有很大的帮助。

CONTENTS ▶▶▶ | 目 录 |

上篇　会计领域的大数据研究方法应用

下篇　会计研究中的大数据工具及其实现

| 上 篇 |

会计领域的大数据研究方法应用

本篇首先对大数据在会计研究中的已有应用进行汇总，然后聚焦财务会计、财务管理、公司治理、审计四个会计研究方向，回顾与精读近十年国内外权威期刊文献，带领读者了解大数据技术在已有会计研究中解决问题的情景与方式。每章选择使用各类大数据方法引用量较高的文献作为代表性文献，并且从中挑选2～3篇经典文献进行导读。

第1章 大数据、学科交叉与会计研究：机遇与挑战 *

大数据推动下"第四研究范式"的出现为包括会计学在内的社会学科提供更高的数据起点和更广阔的方法论视角[1]。在新的研究范式中，研究者们更加依赖工具获取或者模拟产生的数据。一方面，"万物皆智能""万物皆联网"的社会发展趋势缩短了现实世界与虚拟世界之间的距离，构建了一个与现实社会平行的数据网络，为社会科学研究提供了"取之不尽，用之不竭"的观测样本与观测值；另一方面，大数据时代学术界出现"计量一切"的观点，不少学者认为基于科学的大数据研究方法将会在预先占有大量数据的基础上，得出未知的结论[2]。会计学发展至今，其研究对象已不再局限于经济人假设下组织、企业的资金运作，它与金融学、经济学和统计学等学科相互交叉，形成许多新的会计理论和会计研究视角[3]。大数据的出现无疑将在会计学的演化发展中起到催化作用，积极推进大数据的应用，也将成为会计学未来的创新方向。

大数据的"4V"（Volume，Velocity，Variety，Veracity）特点，以及大数据处理技术在非结构化数据处理方面的独特优势，引发关于大数据时代社会学科变革的广泛讨论。但国内尚缺少对会计研究中大数据应用的系统梳理与总结，已有综述性文章往往只对某类大数据方法（如文本分析）进行讨论，且仅基于数据量与数据种类均受限的传统数据获取方法。本书试图基于学科交叉视角，结合大数据发展趋势和对已有研究的回顾，从大数据具体实现方法（包括网络爬虫、文本分析、网络分析、机器学习等）出发探讨各类处理技术及其背景学科在已有会计研究中的应用，并分析大数据时代会计研究面临的机遇与挑战。

本书旨在探讨在学科交叉趋势与大数据发展背景下大数据技术对会计研究的影响。通过对近十年国内外权威文献的梳理，指出会计研究问题泛化趋势下学科交叉的客观必然性，以及大数据时代会计研究向第四研究范式转变的趋势。归纳并整理出已有文献中主要使用的大数据收集技术、处理技术和分析方法，并从各类技术的背景学科出发进一步讨论其在会计研究中的应用与挑战，以及可能存在的交叉应用。最后，本书

---

* 本章由北京理工大学管理与经济学院陈宋生、王朝晖、朱乐琪和王雪怡共同撰写。

为大数据时代会计学科发展与国家社会科学类大数据建设提出建议。

一、学科交叉趋势下的会计研究问题

（一）科学发展的趋势：交叉学科

交叉学科是在一定条件下，由两门或两门以上不同的学科相互结合、相互作用、相互交叉、渗透融合形成的新学科[4]。当今世界，科学研究呈现出由高度分化走向交叉融合的趋势。交叉学科的发展是社会发展、科学发展和高等教育发展的客观需要。我国交叉学科起步较晚，20世纪70年代初，报纸上开始出现跨学科或有关交叉学科的学术活动。随后，一系列重要文件的发布以及一批重要科研院校、机构的成立推动了交叉学科在我国的快速发展。2016年，习近平总书记在全国科技创新大会、两院院士大会、中国科协第九次全国代表大会上提出"厚实学科基础，培育新兴交叉学科生长点"。2021年1月，为健全新时代高等教育学科专业体系，提升对科技创新重大突破和重大理论创新的支撑能力，国务院学位委员会进一步设置"交叉学科"门类一级学科，以增强学术界、行业企业、社会公众对交叉学科的认同度，为交叉学科提供更好的发展通道和平台。

现代学科的交叉具有多种不同的模式。按学科交叉数量划分可分为二元交叉研究模式、多元交叉研究模式；按学科交叉的层次划分可分为宏观学科（一级学科）交叉研究模式、中观学科（二级学科及分支学科）交叉研究模式、微观学科（分支学科构成部分）交叉研究模式。目前会计研究局限于二元交叉研究模式，且研究的交叉视角存在层次不清晰、引用不恰当的问题。

（二）会计研究问题多样化与技术应用

20世纪60年代中后期，芝加哥大学的Ray Ball，William Beaver，Philip Brown，Joel Demski，Ross Watts等一群博士生和青年教师为会计学术研究营造了良好的创新氛围[4]。新兴的会计研究呈现跨学科的特征，比如Fama关于有效市场的研究涉及金融学、经济学和统计学；Hopwood的研究则借鉴社会心理学和组织社会学的思想和方法。传统会计信息实际上只是有关企业信息的一部分，芝加哥大学的新型会计研究不再局限于会计本身，而是更加关注会计的经济后果，以及会计在更广阔环境中的运行模式；会计学的研究对象不再仅仅局限于企业、事业单位经济活动中的资金运动，而是同时将作为会计实践主体的人，以及会计环境等要素纳入考虑范围。

会计学发展的交叉化具有客观必然性，这种必然性对会计学科发展的影响体现在两个方面。首先是大量的新会计交叉理论。交叉化的会计理论按其内容可分为基本理论融合和基本方法融合，如会计或审计研究中对非正式关系的关注，引导学者们以社会学视角研究问题，引入社会资本、社会网络等理论；在基本方法上采用社会网络分析方法。其次是会计学的学科交叉将推动产生新的会计交叉学科。交叉化的会计理论发展到一定阶段，在其体系化基础上，将会产生新兴的会计学科，如环境会计学等。

目前会计学交叉学科存在着发展不完整、不平衡的问题。张先治和张晓东（2012）基于对一系列国际期刊的研究，发现经济学类研究视角占比最多（高达 70％以上）；管理学类的研究视角所占比率接近 20％（24/124）；社会学和信息的研究视角占比较小（小于 10％）[5]。这与管理学、社会学与会计学之间的密切关系不相称。以经济人假设为前提的经济学研究视角越来越难以解决愈加复杂的会计学研究问题，比较而言，管理学与社会学所提供的社会人视角能让我们对会计行为和现象进行更加完善的研究。

二、大数据背景下会计研究范式

（一）信息技术发展下的会计研究背景：大数据

得益于信息技术的飞速发展，尤其是互联网与移动互联网技术的广泛应用，大数据得以产生并发展。研究机构 Gartner 将大数据定义为海量多样化的信息资产。目前认为大数据具有"4V"特点：海量性（Volume）是指大数据是从各种渠道收集到的海量信息；高速性（Velocity）是指大数据的产生速度并不均匀，但整体具有很高的时效性；多样性（Variety）是指大数据既包含数字型的结构化数据，又包含非结构化的文本、图片、音频数据等；真实性（Veracity）是指大数据相较传统数据而言信息密度低、噪声大，这将导致信息失真。大数据的"4V"特点同时增加了大数据的处理难度，因此使用大数据之前需要进行数据清理。

目前大数据研究主要集中在"技术""资源""应用"三个方面：在技术方面，主要聚焦于获取、分析、整合大数据；在资源方面，主要分析大数据可能产生的商业价值以及相关的产权和法律问题；在应用方面，主要分析其在商业、科研、医疗等领域的价值创造[2]。本章将立足于大数据在会计研究中的应用，梳理实现相关应用的具体技术与方法，并从资源共享、资源整合的角度为相关部门、机构提出建议。

（二）会计研究范式演变与技术实现

从科学哲学的层面来看，大数据的出现促进科学研究范式的转变[1]。规范研究和实证研究是会计学的两种传统研究范式，前者的目标在于规定"应该是什么"或"应该怎么做"，后者的研究目标在于对现象的解释和预测。在基本会计准则日益完善的今天，规范会计研究的发展存在一定的局限性，而实证会计研究对于统计学的利用又受到可获得经济信息的非充分性的制约。

大数据时代，经济信息的广度与深度均得到了极大程度的拓展，计算机技术的普及降低了人们使用技术获取信息、分析信息、创造信息的门槛，会计研究中对大数据，以及大数据处理技术的需求不断增加。

"每一个研究领域拥有大量信息化的数据"，这将促使"大部分人文社会科学具有自然科学的特征"[6]。这是社会科学研究领域对大数据将会带来革命性变革的重要预言。吉姆·格雷认为，人类科学研究经历实验、理论和仿真三种范式，目前进入"数据密集型科学发现"的第四研究范式[7]。如图1-1所示，米加宁等指出，大数据在社会科学领域的应用使研究正在经历从定性研究、定量研究、社会仿真研究向大数据驱动的研究（第四研究范式）的转变[1]。过去一个世纪人类各个学科的蓬勃发展为会计研究的学科交叉提供了更加丰富的选择，以及更加成熟的研究方法，但受限于数据的规模与获取数据、处理数据的技术手段，这种学科交叉大都停留在理论层面，很难开展细致的实证研究。例如，以经济人为研究主体的传统结构化经济数据主要产生于资本市场，信息公开机制较为健全；而在管理学和社会学研究视角下，以社会人为研究主体的数据主要来源于企业内部或个人（例如，舆情），多为非结构化数据，且很难获得、整理。在大数据时代，每时每刻都有不可计数的数据涌入网络。强大的搜索引擎、数据库、数据接口对数据进行了筛选整合；以 Python、Java 为代表的面向对象程序设计（Object-Oriented Programming，OOP）语言的出现与普及，极大降低了非计算机专业会计学者获取大数据的门槛。

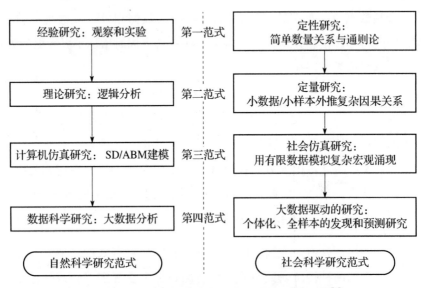

图1-1　自然科学与社会科学研究范式演化比较[1]

当代会计研究，尤其是当代实证会计研究范式主要依托于统计学、计量经济学等数理统计学科，但正如洪永森和汪寿阳（2021）所指出的，大数据为统计学带来巨大的挑战和机遇[2]。首先，一些统计学方法如充分性原则由于大数据的出现而变得更加重要，但其具体的方法与表现形式需要创新。其次，大数据允许放松统计模型的一些基本假设，如模型唯一性、正确设定与平稳性，从而扩大统计建模与统计推断的应用范围。最后，大数据尤其是非结构化数据，如文本、图片、音频等，带来很多传统数据不具备的信息价值，大大拓宽了实证研究的范围与边界，新型数据也催生了新的统计模型与方法。

面对自然学科、社会学科的快速发展与学科交叉趋势，会计学者越来越倾向于借助其他学科的理论与方法，如传播学、图书情报学、计算机科学等，寻找关于日趋多元化、复杂化的会计学问题的解决方案。随着大数据时代的到来，更庞大的数据来源、更低门槛的数据获取方式、更丰富的数据分析手段，催化了会计研究的学科交叉。通过对近20年国内外会计研究的梳理，我们总结了已有会计研究中的大数据实现方法，如图1-2所示。

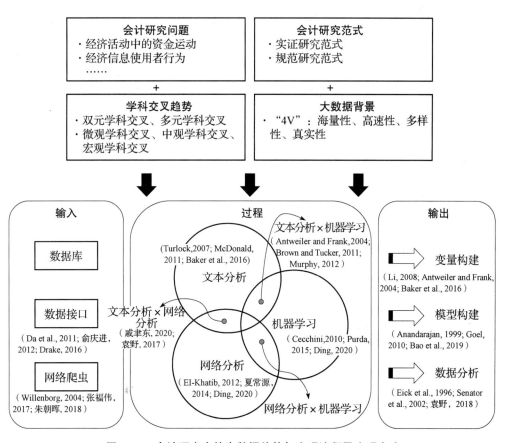

图1-2 会计研究中的大数据趋势与实现流程及实现方法

数据库、数据接口、网络爬虫是数据获取的三种主要方式，这些数据获取方式为会计研究提供了包括结构化数据、非结构化数据在内的大量原始分析材料。对于非结构化数据，文本分析法是会计研究中最常使用的大数据处理方法，学者们基于该方法构建一系列衡量情感、语调、可读性的有效指标。如图 1-3、图 1-4 所示，以网络分析为代表的分析方法同样受到很多关注，该技术通过一系列网络特征指标与可视化技术，丰富会计学、审计学的研究维度，更加突出"人""关系"在会计行为中的作用。近几年机器学习技术得到快速发展与应用，为会计研究提供了有效的分析手段，更是通过对统计学、计量经济学的影响，对传统的会计研究范式产生冲击。此外，由于技术门槛、数据来源等方面的限制，对包括图片、音频等在内的其他非结构化数据的处理方法在会计研究中尚未得到广泛应用，加上篇幅限制，我们在本书中对其只做简要介绍。

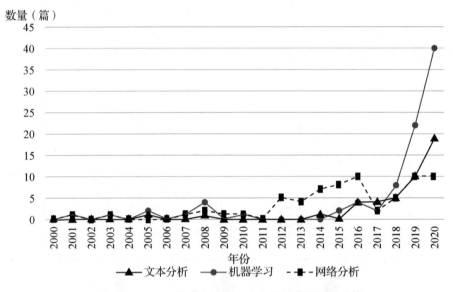

图 1-3   近 20 年国内会计研究中大数据应用刊文趋势

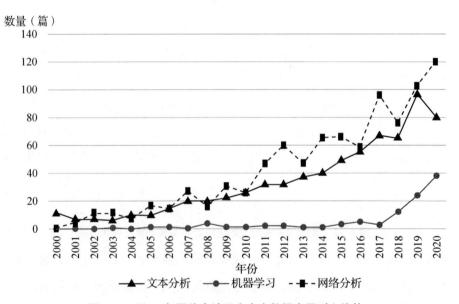

图 1-4   近 20 年国外会计研究中大数据应用刊文趋势

三、大数据信息的获取方法

（一）数据库与应用接口

数据库指按照数据结构来组织、存储和管理数据的仓库。在研究中即指那些已经整理过的数据集。应用程序接口（Application Programming Interface，API），是一些预先定义的接口（如函数、HTTP 接口），用来提供应用程序与开发人员基于某软件或硬件得以访问的一组例程，而又无须访问源码，或理解内部工作机制的细节。API 又可分为用户接口与程序接口。

过去十几年里，随着信息技术的发展，政府、企业以及科研组织等建立了种类丰富的数据库，资本市场的大部分规范信息都可以从中获取。会计研究中，除了目前被广泛使用的数据库（如 Wind，CSMAR 等），很多研究采用特殊的数据集：Da et al. (2011) 采用 Google Insights for Search 数据集中的词汇检索量指数（Search Volume Index，SVI）构建投资者的关注度指数[8]，之后学者们采用该指数讨论注意力分配原理[9]来探究投资者情绪对短期收益反转等相关问题[10]；Drake et al.（2016）则采用美国证券交易委员会（SEC）的 EDGAR 数据库中的中央索引键（Central Index Key，CIK）来衡量投资者对历史财报数据的关注程度[11]；俞庆进和张兵（2012）采用百度指数检验投资者关注度与创业板股票市场表现的相关性[12]；近年来国内"天眼查""企信宝"等平台的上线也为企业信用评级、内部信息获取提供了新的可能。

现有数据库仍然不能满足现代会计研究的需求。首先，数据库内包含的数据不应该仅限于传统的经济数据。其次，数据库内的数据来源不应仅限于财务报表，所有公开、合法的信息都具有价值挖掘的潜力以及被整理、归纳的可能性。此外，数据库的创建不能仅仅依赖于政府部门、科研机构，相关企业也应积极与相关组织展开合作，整合数据资源，在满足经济发展以及科研需求的同时挖掘大数据资源。

已有会计研究中较少提及 API。一方面，API 的使用通常有一定的技术门槛；另一方面，API 在研究中通常只作为工具使用，意义在于提高研究者处理数据、分析数据的效率。相比传统方法，其在一般研究中并没有体现出明显的优势。但主流统计软件的研发方向说明了大数据时代 API 使用的趋势与必要性。会计研究常用计量软件为于 2021 年 4 月正式发布的 Stata 17，其中一项重要更新是开放 PyStata 命令，用户可以通过 API 在 Python 中调用 Stata 的命令来获取数据，并且返回结果，实现 Stata 与 Python 的无缝交互[13]。除此之外，API 的运用还是实现网络爬虫的一个重要方式，我们将在下一小节中具体讨论。

(二) 网络爬虫

1. 网络爬虫相关概念

网络爬虫 (Web Spider/Crawler) 是一个形象的名字。如果把互联网比喻成一张蜘蛛网,那么网络爬虫就是在网上爬来爬去的蜘蛛。目前会计研究中主要使用的网络爬虫,按照其系统结构和实现技术可分为四种类型:通用网络爬虫 (General Purpose Web Crawler)、聚焦网络爬虫 (Focused Web Crawler)、增量式网络爬虫 (Incremental Web Crawler)、深层网络爬虫 (Deep Web Crawler)。实际的网络爬虫系统通常是这几种爬虫类型的结合。

2. 网络爬虫技术在会计研究中的应用

无论是在会计理论研究中还是在会计实务中,网络爬虫作为一种大数据获取工具都得到了广泛应用,特别是在研究审计相关问题时其发挥了重要的作用。大数据背景下,随着被审计单位的数据量不断增加,数据类型也变得越来越复杂,传统审计方法已经不能满足现有审计的发展需求。借助网络爬虫技术可以充分采集被审计单位外部的公共数据[14]。例如,通过设计一种类似网络爬虫的程序收集审计意见并对审计意见进行分类,构建审计意见数据库[15];借助网络爬虫提取并分析年报中的管理层语调,并通过 Python 的语言分析模块统计文中的关键词频率[16];还有学者通过爬取被审计单位相关的政策环境、经营环境以及关联方信息,发现网络爬虫技术获取的信息可以成为揭示公司财务舞弊的重要审计证据[17]。

实务领域中对网络爬虫技术的应用为会计研究学者提供更多的议题。例如,有学者通过网络爬虫程序获取某个省份的金融企业监管处罚数据,对被审计单位及其所在地金融企业实施全方位、立体化画像,通过准确锁定审计目标,进而提升审计效率[18-19];沈国玮等 (2020) 以中国移动上海公司自身的系统开发资源为基础,将机器人流程自动化、自然语言处理 (Natural Language Processing, NLP) 和数据爬虫技术进行整合,开发出一种数字化内部审计整改跟进系统[20];通过应用爬虫技术补充数据,建立完善的数据库来解决外汇管理审计数据采集不完整、非现场分析不足等问题,以实现精准分析,提升审计质效[21]。此外,网络爬虫技术在税务稽查中的应用能够弥补传统稽查工作获取信息渠道单一、内容有限的缺陷[22]。

网络爬虫技术在其他经济学领域的应用对会计研究也具有一定启发意义。例如,Olivares 通过网络爬虫获得超过 200 家经销商 6 个月的库存和销售数据,研究竞争如何影响通用汽车经销商的库存。Baek et al. (2012) 使用网络爬虫技术,从亚马逊官网收集 75 226 条在线消费者评论,总结影响消费者做出购买决定的购物评论要素[23]。Xu et al. (2016) 利用网络爬虫获取中国 173 家公开上市公司环境违法行为的媒体报道数据，研究媒体对企业环境违规事件的报道如何通过影响股市情绪进而影响股东财富[24]。

由于数据所有权、真实性、敏感性方面的问题，以及网络爬虫技术具有一定的门槛，无论是学术上还是实务中，基于网络爬虫的大数据获取方法在会计、审计领域的应用依然没有得到普及。但目前政府监管部门、各大会计师事务所都在推广大数据分析技术的应用，未来大数据技术将会在审计中得到广泛应用[25]。

四、数据分析方法与结果

（一）文本分析法

1. 文本分析法相关概念与理论

文本分析法是一种以研究人类传播的信息内容为主的社会科学研究方法。通过对文献内容"量"的分析，找出能反映文献内容一定本质方面又易于计数的特征，从而克服定性研究存在主观性和不确定性的缺陷，达到对文献的"质"更深刻、更精确的认识[26]。20 世纪 70 年代，文本分析法在北美、西欧社会科学各学科中开始应用，而且在社会学和比较政治学中成效显著。文本分析法在会计研究中出现的时间较晚，主要集中在公司信息披露研究方面[27]。

在信息学基本研究对象中，信源（传播者）、信宿（接收者）以及信息（传播物）是三个主要因素。只有在将信息内容与传播者、接收者及其影响相联系时才能发挥最大潜能，而文本分析法就是研究信息内容的有效手段。文本分析法按研究方法分为两大类，一类是解读式文本分析法，该方法起源于 20 世纪 70 年代的人类学研究，通过精读、理解、阐释文本内容来传达作者意图，其分析结果被认为是随机的、难以证实的，因而缺乏普遍性；另一类是实验式文本分析法，其又可分为定量文本分析法、定性文本分析法和计算机文本分析法[28-29]。大数据时代，学者无法通过原始的、手工进行的文本分析法对庞大的样本量开展研究。计算机科学的发展赋予了文本分析法新的生命力，甚至超出了学者们最初对机辅文本分析法的预想与期待[28]。本章将着重介绍基于实验式文本分析法的机辅语言分析法在会计研究中的具体应用。

2. 文本分析法在会计研究中的应用

已有会计研究中的文本分析法按照其实现原理分为：基于普通词典和专用词表的文本分析法、基于词句字节数的文本分析法、基于文本向量化的余弦相似度法（Cosine Similarity）。

（1）基于普通词典和专用词表的文本分析法。

词汇分类词典法目前已被广泛运用到文本分析的科研实践当中，该方法主要是通过事先定义好的词汇词典，将文本中的文字根据含义及属性简化为不同类别。目前许多学者使用词汇分类词典法来构建指标，用以研究情绪（媒体情绪、投资者情绪、管理层语调）、情绪/语调分歧程度、文本可读性、经济政策层面与公司层面的不确定性指数和产品相似度等。因此本书根据指标构建与词典选择，将词汇分类词典法概括为三类：基于积极/消极情绪词汇分类的词典法、基于文本可读性和复杂性分类的词典法、基于不确定性分类的词典法。

第一，基于积极/消极情绪词汇分类的词典法。国外研究中，主要选用 Harvard 词典、LM 词典以及自主创建的词典来构建媒体情绪的衡量指标。Tetlock（2007）使用 Harvard IV-4 词典（包含心理和社会学常识的 1 045 个正面词语和 1 160 个负面词语）对《华尔街日报》专栏的每日内容进行定量分析，以此衡量媒体情绪，此后该计数方法得到进一步优化[30]。García（2013）用 LM 词典中的积极和消极词汇分类来提取 1905—2005 年《纽约时报》中"金融市场"和"华尔街话题"两个专栏中体现的情绪信息[31]。使用词典法不仅可以对情绪的积极/消极程度进行量化，也可以对媒体情绪的分歧程度进行计算。Hillert et al.（2018）使用 1989—2010 年美国主流媒体的新闻数据，根据 LM 词典分类计算每篇新闻的语调，再据此计算公司层面的媒体分歧度（当天与该公司相关的全部新闻语调的标准差），最后将公司层面的媒体分歧度加总平均，得到日度市场层面的媒体分歧度指数[32]。

在对中文内容的分析研究中，不少学者手动构建用于特定领域的词典词库。汪昌云和武佳薇（2015）手动整理新闻报道，结合《现代汉语词典》、《最新汉英经济金融数据》、LM 词典中文版及知网等，构建中国财经媒体领域的正、负面词库，分别计算正、负面词汇总数占总词汇的比例[33]。王靖一和黄益平（2018）建立了包含"专有名词词典""关键词词典""情感词词典"三个板块在内的金融科技领域的情感词词典[34]。Li et al.（2019）构建了适用于中国股吧论坛的金融情绪词典（Chinese Stock Market Dictionary），通过汇总单个消息的情感分数来构建市场级别的文本情感指数[35]。

管理层语调是词典法的另一类重要应用，王嘉鑫和张龙平（2020）参照林乐和谢德仁（2017）的方法[36]，以净语调程度作为管理层语调操纵的代理变量，从审计收费与审计质量视角考察管理层语调操纵对审计决策的影响[37]。类似地，王海林和张丁（2019）将分解后的审计公告分别与国家审计语调情感词典进行匹配，分析国家审计净语调对企业盈余管理的影响[38]。You et al.（2018）构建了适用于分析中文文本语调的词汇表，包含四类语调词汇，分别是积极词汇、消极词汇、确定性词汇、不确定性词汇[39]。在此基础上，陈东雯（2018）又将其进一步分为五类：积极类词汇、盲目积极词汇、消极类词汇、确定性词汇、模棱两可词汇，进而对年报中的管理层讨论和分析

（Management Discussion and Analysis，MD&A）部分进行分析，通过 Python 软件提取每篇年报中 MD&A 部分的语调词汇，并统计五类语调的比例，代表各个文本的积极语调[40]。

第二，基于文本可读性和复杂性分类的词典法。Ertugrul et al.（2017）[41] 和丘心颖等（2016）[42] 基于中文字词的特点，使用 HSK（汉语水平考试）1～3 级词汇构建适用于中文词汇的可读性衡量指标，并据此获得企业年报的可读性或者年报复杂性的评价。其中复杂性指标构建包含完整句比例、文章中汉字的平均笔画数。该指标不仅可以研究多种财务项目的表达复杂性，还可以直接检验公司在总体以及特定内容方面的可读性。孟庆斌等（2017）以中国社会科学院语言研究所词典编辑室编纂的《现代汉语词典》作为基本词语库，使用文本向量化方法来衡量 MD&A 部分的年报可读性[43]。陈霄等（2018）使用中国"人人贷"平台上的借款订单数据，用借款描述中除去标点符号的字词数量来衡量借款描述的可读性，发现可读性较高的借款描述向投资者传递了积极信号，可以提高借款的成功率[44]。王克敏等（2018）从文本逻辑和字词复杂性两个角度，结合逆接成分词语、会计术语词汇、《现代汉语次常用字表》，设计了 3 个变量考察中文年报文本信息复杂性，这 3 个变量分别为：逆接成分密度（$Adverse_t$）、会计术语密度（$ATDensity_t$）、次常用字密度（$UCDensity_t$）。

第三，基于不确定性分类的词典法。Baker et al.（2016）自主构建了包含与"经济""政策""不确定性"三个类别有关词汇的词典，使用 1985—2009 年论文的数字档案，获取包含词典中的每月文章数量，并使用标准化后的词频来作为经济政策不确定性（EPU）的构建指标[45]。Handley and Li（2020）则以一组不确定性词列表为基础，计算各个公司文件中包含的不确定词数，以不确定词数与所有有意义词数之比作为不确定性指数的表征[46]。

国内已有文献通过 Baker et al.（2016）提供的中国市场 EPU 指数研究经济政策不确定性对微观企业经营活动和决策行为的影响，如经济政策不确定性如何影响企业现金持有水平[47]、企业投资行为[48-49]、企业创新[50]、国有企业和非国有企业的杠杆率[51]、分析师盈余预测修正[52]、企业金融化趋势[53]、企业资本结构动态调整[54] 和企业提供的商业信用[52] 等。

（2）基于词句字节数的文本分析法。

使用迷雾指数（Fog Index）衡量年报可读性，可以研究年报可读性与盈利水平、投资者投资行为、分析师关注和预测行为、资本投资效率之间的关系。除了使用词典法根据词义进行文本分析外，许多研究也从词句音节分布和文件大小的角度，研究年报可读性。Li（2008）构建了迷雾指数衡量年报的可读性，该指数越高则表示年报的可读性越差[55]。进一步地，Bonsall et al.（2017）提出了 Bog Index 以提升可读性度量的准确性[56]，该方法利用计算语言学软件程序 StyleWriter，从 Sentence Bog、Word Bog、Pep 三个方面对可读性进行度量。其研究发现年报可读性与盈余操纵相关，操纵盈余公司的年报 MD&A 部分的可读性会变差。Loughran and McDonald（2014）则从文件大小的角度出发，使用每篇财务披露文档所占字节数作为年报文本可读性的指标，并研究年报可读性与公司波动率和盈余预测之间的关系：年报文件越大（可读性越差），公司的波动率越高、分析师盈余预测的分歧程度越高[57]。此外以年报文件大小衡量的可读性，可用来研究与外部融资成本的关系，Ertugrul et al.（2017）研究发现，年报可读性越差，外部融资成本越高[41]。马长峰等（2018）使用中国的年报数据进行研究发现，中文年报文件大小不能预测波动率，但摘要文件大小可以负向预测波动率。

（3）基于文本向量化的余弦相似度法。

文本相似度作为分析公司发布文本的情绪信息的另一角度，具有较高的研究价值。例如，新兴行业中初成立的公司在不同时段发布的信息情绪色彩较成立年份较长的公司而言，差异较大、相似度较低。较低的相似度是该类型公司吸引投资者关注的一种方式。目前用来衡量文本相似度的方法指标是余弦相似度。

Brown and Tucker（2011）使用向量空间模型（VSM）将公司当前的 MD&A 与上一年的 MD&A 进行比较[58]。VSM 将文档表示为 n 维欧几里得空间中的矢量，其中 n 是样本里所有文档中唯一单词的数量，每个矢量元素的值是该文档中特定单词的频率。任何两个文档的相似度由代表文档的两个向量之间的角度来衡量，较小的角度表示更大的相似度。尽管该文本内容在不同年份相似度的变化很少反映与公司盈利相关的额外信息，但依然会影响投资者对公司未来现金流的预期。Hoberg and Phillips（2016）利用余弦相似度来衡量产品相似度，研究发现外生行业冲击会对相似企业数量、产品差异性、企业生产的产品种类等产生重大影响，并使用该分类方法解释行业内盈利能力、销售增长率、市场风险等不同特征的差异性[59]。

3. 文本分析法在会计研究中的局限性

与文本分析法在图书情报学、心理学、社会学、传播学等领域的应用相比，文本分析法在已有会计研究中的应用存在目的不明确，分析过程与方法不正确、不完整的问题。

首先，从文本分析的系统模型视角来看，文本分析包括四个分析要素：分析对象出现的频率，即信息内容；分析对象的次序和权重，即重要程度；分析对象的价值判断，即对/错判定；分析对象之间的逻辑关系。已有会计研究大都只对分析对象出现的频率、价值判断进行探索与应用，部分文献考虑了不同对象的权重，即重要程度，少有研究对分析对象之间的逻辑关系进行探索。

其次，从文本分析研究的实现目的来看，文本分析研究的第一个目的是从信息内容推断信息传播者的态度，这也是会计研究中使用文本分析法最常见的一种。如通过分析新闻报道衡量媒体情绪、通过分析年报衡量管理者语调等表征。此类文本分析研究假定，在大多数情况下，媒介信息相当程度上自然而然地表现了媒介或传播者的态度。已有会计研究在进行此类文本分析指标建构时，缺少对文本位置特征的关注，例如可以设置头刊、副刊等类目，以反映报道的重要性，而此类特征也可能包含着信息释放方的态度。

文本分析研究的第二个目的是从媒介内容推论传播效果，即其对受众的影响。会计研究中对可读性、不确定性的构建，及受众对这些表征的感知研究都基于此类目的。研究者假定人们会受到长期接触的某种媒介内容的影响，这一假设已得到传播学的理论支持。然而，传播学的其他理论指出，媒介内容对受众的影响不是直接的而是有条件的。已有会计研究往往忽略了受众接触该内容的动机和态度、原有认识结构以及其他决定媒介内容的因素的影响。例如，格伯纳（Gerbner）通过构建暴力指标，把暴力对阅听人态度的影响以及电视内容如何构建人的世界观进行量化比较，提出了著名的涵化理论。然而，该理论在 20 世纪 70 年代末却受到了批判，人们发现在控制其他变量后，指标间的各种关系为零。这一方面说明了实证研究的不易，另一方面也表明大量利用文本分析法的研究只承认了传播是信息量的流通过程，而忽视了传播也是传播者与解释者进行意义产生、协商、争斗的过程，并且忽视了资料数据间的关系、内涵（尤其是隐含义）以及受众对信息的接受程度[29]。因此，会计研究应对基于质化研究的文本结构（阐释性）分析给予足够多的重视，以解释意义背后的"事实"。

文本分析研究的第三个目的是将传播信息内容与社会现实相比较。这类研究一般隐含着传播内容的倾向与社会现实不相符的假设。其试图通过系统的计量分析，揭示传播内容所蕴含的社会性质，而不是仅仅分析某种内容倾向的百分比。然而已有会计研究很少对信息与现实之间的差距进行考量。

除此以外，会计研究应对文本分析与话语分析有所区分，并考虑更多地引入传播学、社会学中其他语义分析范式。例如，与以系统性、客观性、定量性为准则，以效果为导向的文本分析法不同，话语分析更倾向于人文视角。比之于文本分析的工具理性，话语分析更强调价值理性，因此它"经常能发现大众传播的影响中一些仅用定量研究方法所不能解释的微妙的特征、功能和结果"[60]。

（二）社会网络分析法

1. 社会网络分析的相关概念与理论

社会网络分析是网络分析法在会计研究中的代表性应用之一。社会网络（Social

Network）一般是指社会行动者及其间的关系所构成的集合[61]。如果用图论表达，节点可以代表一个人或一个组织，线则代表互相的联结关系，社会网络是由节点和线构成的集合[62]。

　　社会网络分析（Social Network Analysis，SNA）最初是以一种相对非技术的方式从对结构的关注开始发展起来的。著名社会人类学家 Radcliffe-Brown 是结构功能主义的创始人，他提出的社会结构和社会网络的概念是社会网络分析的开端[63]。他认为社会结构，作为社会人类学的研究对象之一，是可以直接观察到的。任何调查的起点都是一群真实的人，彼此之间具有一系列的社会关系，而各种社会关系的既定规范和习惯用法对应于社会结构的形式。但 Radcliffe-Brown 的关注点停留在文化是如何规定有界群体（如部落、乡村等）内部成员的行为的，没有探究实际复杂的人际关系。同样认为"社会是一种人际关系结构"的心理学家 J. L. Moreno 创立了社会计量学。在社会计量学看来，社会不只是个体的简单集合，因此不应当把个体看作社会的基本单元。社会的基本单元应该包括两方面：一方面是个体，另一方面是该个体所拥有的各种社会、经济或文化纽带。个体借助纽带建立联系，形成社会群体（社群），社群之间又通过纽带相互联系，形成社会的结构。因此社会计量学研究的是小型的社群结构，而非社会的整体结构。进一步地，Moreno（1953）创新性地运用图论方法对社会网络分析做出了杰出的贡献。社群图用图像形式描述社群结构，是社会网络可视化的基础技术[64]。Moreno 关注社会关系在哪些方面影响人们的行动，进而为他们的个人心理发展提供机会或产生限制。他通过构建社群图区分社会成员中的"明星人物"和"孤独者"并识别"子群体"，为社群中子群体的分解和凝聚子群分析提供了方向。此后，关于社会网络的研究超越了人际关系的范畴，社会行动者拓展到组织、国家等相互之间存在关系的个体。至此，社会网络分析受到了心理学、社会学、人类学以及会计学等各个领域的关注，并在发展中逐渐成为一种成熟的社会结构研究范式。

　　社会网络分析技术的发展得到了各种理论的支持。社会资本论在已有会计研究中得到了广泛应用。社会资本论首先由 Pierre Bourdieu（1986）提出，他将社会资本定义为社会成员通过他们之间的关系而得到的优势或机会，社会资本以关系的形式存在[65]。James Coleman（1988）强调社会关系中个人拥有的部分才可被视为社会资本[66]。Lin（2001）进一步明确了社会资本在社会网络中应该体现为通过占据战略网络位置或重要组织结构位置的社会关系而获取的资源[67]，对实证研究有较强的指导意义。社会资本论解释了社会关系也是一种资本，与金钱、房产等资本类似，具有生产性，能够产生价值，因此能够影响或解释社会成员的某些行为。除此之外，镶嵌理论[68]、弱连接理论[69] 也受到了现代会计研究学者的关注。

2. 社会网络分析在已有文献中的应用

社会网络分析包含众多方法，每种方法的侧重点并不相同，会计研究中常见的分析方法有中心度分析、凝聚子群分析、可视化技术以及核心-边缘分析、块模型等。社会网络分析在会计实务中也被用于新型审计方法、税收风险识别、监控内部控制等领域。

（1）中心度分析。

中心度分析是社会网络分析中常见的分析方法，通过一个抽象、高度概括的社会学指标测度节点在网络中的位置。节点网络位置的优势，意味着节点可以利用更多与其有直接或间接关系的其他节点，节点可以通过这些关系更快或更有效地获取或传播更多信息，从而影响相关个体的行为决策[70]。网络位置主要通过四个指标来刻画，分别是程度中心度、接近中心度、中介中心度和特征向量中心度[71-74]。而对于整个网络的中心化程度则用程度中心势、接近中心势、中介中心势和特征向量中心势等指标来表示。中心度指标按其常见处理方法大体可分为两类。

第一，构建单参数网络特征变量。武凯文（2019）直接使用上市公司在交易关系中的程度中心度作为解释变量[75]。Chahine et al.（2019）、Chuluun et al.（2017）、Pappas and Wooldridge（2007）、Kuang et al.（2017）分别以程度中心度、接近中心度、中介中心度以及特征向量中心度代表董事网络中的位置[76-79]。吴晓晖等（2020）将点入程度中心度、点出程度中心度纳入考虑范围[80]。部分学者结合其研究问题对基本参数进行预处理。乔琳等（2019）采用标准化后的程度中心度衡量合格境外机构投资者（QFII）网络中与每家 QFII 直接连接的具有共同持股关系的其他 QFII 的数量[81]。肖利斌等（2020）使用的解释变量个体工作网络的相对中心性则指个体工作网络的绝对中心性与该网络中心性最大值之比[82]。

第二，构建含多个基本参数的新变量。夏常源（2014）将董事的综合网络中心度定义为程度中心度、接近中心度、中介中心度、特征向量中心度的平均数[83]。该方法忽略了每个基本参数在衡量特征、量纲上的差异。之后的研究用序数衡量各个基本参数的数值大小（按照数值从小到大依次赋值），消除了每个指标在量纲上的差异和异常值的影响。例如，傅代国等（2014）将程度中心度、接近中心度、中介中心度、特征向量中心度依次赋值 0～9，并取它们的平均值作为独立董事的综合网络中心度。

当研究团体中多个个体在外部网络中的位置对此团体行为的影响时，通常通过将个体层面参数取中位数、平均数或加权平均数作为团体层面的相应参数来进行研究。例如，陈运森和谢德仁（2011）使用上市公司独立董事的中心度的中位数作为公司层面的员工网络位置参数，采用上市公司独立董事的中心度的平均数和最大值进行稳健性检验[84]。吴晓晖等（2020）使用持有股票的机构投资者的中心度的平均值作为股票层面的中心度[80]。廖义刚和黄伟晨（2019）使用审计师的程度中心度的平均数作为审计团队层面的社会网络中心度[85]。

通过中心度分析法构建的新参数解释一些会计现象，在董事会任职的场景中运用较多。董事所处社会网络的性质并不统一，包括教育背景[86]、职业背景以及其他社会关系[87]，通过这些维度定义的联结关系（例如交叉任职、亲属、老乡、校友等）形成不同类型的董事社会网络。研究将董事网络定义为由于董事交叉任职而建立联结关系的集合。在该定义下，没有关联董事的董事会成为一个孤立点集，只拥有存在于单个董事会内部的董事关系集[88]。类似地，董事之间的其他关系也使各个董事会连接起来。董事网络通常被认为是信息交流的重要场景，由于网络位置带来的信息优势会对董事的治理能力产生影响，进而影响公司在各方面的表现。El-Khatib et al.（2015）发现，高网络中心度可以使CEO高效地收集和控制私人信息，促进其做出实现企业价值创造的收购决策。CEO社会网络位置会对企业并购产生影响[89]。Chahine et al.（2019）发现，位于网络中心度高位置的CEO从事的企业社会责任（CSR）支出会降低公司价值，原因是他们利用这些支出来改善其未来的网络地位并增加其未来的薪酬[76]。

这种构建参数的方法也适用于股票投资、审计所任职等场景形成的网络化关系情景。投资者个体间通过共同持股或者交易相同公司股份建立的连接能够反映他们彼此之间潜在的社会网络关系[90]，Ozsoylev et al.（2014）、陈新春等（2017）、肖欣荣等（2012）以及郭晓冬等（2018）用共同持股或者交易相同公司股票来反映机构投资者个体之间可能存在的各种社会关系，并以此构建机构投资者网络，以考察机构投资者个体网络位置产生的效力[91-94]。已有研究发现网络中心度对信息提取、传递的影响不仅会导致机构投资者网络中个体间的投资决策行为具有较强相关性，还能影响其投资收益[91]，加剧个股及市场波动，增大极端市场风险[92]，甚至引发股价崩盘[94]。

中心度分析也被用于社会网络中节点的角色识别，该方法广泛用于识别具有审计风险的线索。石利芳等（2015）针对公司舞弊的合谋特性，将复杂网络和社区发现应用在审计中，利用公司之间的联系建立社会网络，通过中心性度量和社区监测发现重要的关联企业[95]。赵琛（2016）利用复杂网络技术构建审计对象关系网络，将审计对象形式化，用网络图表示审计对象间的社会关系，并从中心性角度分析网络中不同节点的特性，以锁定重要节点，为下一步审计提供线索[96]。

（2）凝聚子群分析。

凝聚子群分析是角色识别的重要体现。社会网络中存在关系密切的节点群，称为凝聚子群，而对于凝聚子群的探究以及检验其是否具有其他社会属性的过程称为凝聚子群分析。用以界定凝聚子群的结构指标有 n-集圈、n-宗族、m-核、k-核、k-丛、λ-集等。通过这些结构指标可以划分不同密集程度的子网络。与聚集性相关的基本参数包括密度、连通性和子群内关系强度。这些参数可以表示网络的聚集性。

目前此技术在会计领域的应用局限于审计的社交网络。在角色识别或其他手段确定线索人物之后，通过凝聚子群分析发现其所在的具有密切关系的子网络，识别与其高度关联的其他对象，发现违规线索[97]。社团发现方法可以用于识别高审计风险的子网络。姜晓依（2019）认为，可以运用社会网络发现来寻找业务具有疑点的公司。通过了解工商登记、税务纳税、中国人民银行信贷情况和相关资金涉及的账户信息，可以绘制人物关系网和企业关系网。如果若干个公司相互高频率循环开票，其业务往来的频繁程度远远超过了一般的业务需求，形成了一个相对封闭的凝聚子群，那么此凝聚子群实为互相对开票据的倒票公司集团的风险较高[98]。

（3）可视化技术。

社会网络的可视化技术从数学中的图论发展而来，其运用图像直观地展示抽象的社会网络及分析结果，运用该技术的基本原则之一是节点之间的距离应该尽可能地反映节点之间联系的强度或数量。该技术与其他量化方法的结合，可为会计研究问题的解决提供更为可靠的证据。

可视化技术在会计研究中的另一个应用是基于关键词的趋势分析，如引文网络分析。张俊瑞和陈怡欣（2018）从 12 种国际顶级会计期刊中检索获得论文样本，统计了关键词同时出现在一篇文献中的次数。通过共享网络的可视化技术，观察到连线最多的研究热点关键词[99]。颉茂华等（2020）以每十年为一时间区段，进行高频关键词、研究方法和应用理论的可视化分析，结合凝聚子群分析方法，得到了子群热点的演化过程[100]。

3. 社会网络分析法在会计研究中的局限性

社会网络分析法在会计研究中的应用大多只停留在简单的网络特征变量构建。该应用将个体的社会关系简化为附着于网络位置节点的属性，没有关注网络关系的方向、强度、类型。同种关系因其位置的不同也会为不同个体带来不同程度的信息优势。例如，即使节点的中心度并不高，也会因为其位于"桥"的两端而处于信息传播的要塞。此外，很多文献将社会网络分析作为新型审计方法。但该类文献大多只是通过案例中审计过程与社会网络分析法的匹配，推断该方法的可行性。缺乏系统的实证研究、操作指导使社会网络分析在新型审计方法方面的应用停留在想法阶段，而未深入研究形成规范。

还有一些广泛应用于其他社会科学领域的网络分析法，通过这些方法在其他领域的应用来为会计领域的应用提供一些灵感。例如，吴登生和李若筠（2017）研究中国管理科学领域机构的合作网络，通过估计各机构的核心度对合作网络中每个节点的核心-边缘地位进行量化，对核心和边缘机构进行分类[101]。又利用可视化技术使用三种不同图形的节点分别表示国内外的科研机构，使用节点的大小表示该节点代表的研究机构发文数量的多少。进而发现处于整个网络核心的是中国科学院、香港城市大学和香港理工大学。港澳台的科研机构在图中起到重要连接作用，海外科研机构也是重要组成部分，但是其连接作用不强。

（三）机器学习

"机器学习"这一术语是由人工智能开拓者之一 Arthur Samuel 于 1959 年提出来的。机器学习已经成为计算机科学，尤其是人工智能领域的一个重要组成部分。机器学习可以利用数学、人工智能工具赋予计算机系统自动"学习"数据、"识别"模式、做出预测或决策的能力，机器学习可分为三个主要类别：监督学习（Supervised Learning）、无监督学习（Unsupervised Learning）和强化学习（Reinforcement Learning）。已有会计研究主要使用前两种。

监督学习基于训练数据（包含输入和输出）来构建算法。训练数据包含一组训练样例，每个训练样例拥有一个或多个输入与输出，称为监督信号。通过对目标函数的迭代优化，监督学习算法探索出一个函数，可用于预测新输入（非训练数据）所对应的输出。监督学习算法包括分类和回归。当输出只能取一个有限值集时，可用分类算法；当输出可取一定范围内的任意数值时，可用回归算法。无监督学习能够在包含输入的训练数据中寻找结构，如数据点的分组或聚类。其主要应用于统计学概率密度函数估计，也可用于涉及数据特征总结与解释的其他领域。

从本质上说，机器学习是一种实现数学优化与算法优化的大数据方法。其基于训练数据，学习并挖掘训练数据的系统特征和变量之间的统计关系（如相关性），从而对新的未知数据进行预测。为了得到精准预测的算法，依照洪永淼和汪寿阳（2021）对统计学中机器学习方法的总结归类，会计学研究中常用到的方法主要包括朴素贝叶斯分类器（Naïve Bayes）、支持向量机（Support Vector Machine，SVM）、人工神经网络（Artificial Neural Network，ANN）、决策树（Decision Tree）、随机森林（Random Forest）、集成式学习（Ensemble Learning）、隐含狄利克雷分布（Latent Dirichlet Allocation，LDA）、K 近邻分类器（K-Nearest Neighbor，KNN）等[2]。

1. 机器学习在已有会计研究中的应用

（1）监督学习。

在会计研究中，监督机器学习的方法主要用于文本分析。经典的监督学习方法包括：

基于概率的朴素贝叶斯分类器、基于统计学习理论和结构风险最小的支持向量回归法、基于实例的 K 近邻分类器等。随着大数据和人工智能技术的发展，深度学习方法在自然语言处理领域的功能逐渐显现[102]。目前常用的深度学习模型有卷积神经网络（Convolutional Neural Network，CNN）和循环神经网络（Recurrent Neural Network，RNN）。

第一，朴素贝叶斯分类器。Antweiler and Frank（2004）较早使用朴素贝叶斯分类器研究投资者情绪，研究使用 1 000 条雅虎财经帖子，人工分类为买入、卖出、持有，接着利用这些人工标注帖训练朴素贝叶斯分类模型，并利用该模型对剩余未分类帖子进行分类，最后根据买入、卖出帖子的数量构建 Bullishness 指数，用于度量关注度[103]。Kim and Kim（2014）将雅虎财经上 91 家公司超过 3 200 万条消息作为数据集，利用朴素贝叶斯分类器将文本消息贴上"购买"或"出售"的标签，并使用训练数据集估计概率[104]。Das and Chen（2007）对高科技股票的董事会评论信息进行分类，根据买入和卖出情况来计算当日的投资者情绪，并得到投资者情绪与股票交易量、波动率相关的研究结论[105]。

基于投资者基本情绪而构建的投资者分歧指数[106]是另一重要指标，市场投资者分歧过大会导致资产价格被高估，未来收益率降低[107]。段江娇等（2017）以东方财富网股吧的个股帖为依据，利用朴素贝叶斯分类器判断帖子情绪，从而构建投资者情绪指数和情绪分歧度，发现投资者分歧与当日股票收益率正相关，与未来两日股票收益率负相关；且情绪分歧度越大，未来两日交易量越大[106]。

朴素贝叶斯分类器除了可以分析投资者情绪，还可以基于公司年报，对管理层语调进行分析。Li et al.（2019）针对公司年报中的 MD&A 部分，使用朴素贝叶斯分类器预测前瞻性陈述（FLS）的语气和类别[35]。类似地，朴素贝叶斯分类器还可以量化分析师情绪。Huang et al.（2014）从 363 952 份分析师报告中提取情绪信息，使用"训练过的"朴素贝叶斯分类器将样本中的每个句子划分为"积极"、"消极"或"中立"。由此得到三种句子在报告中的占比，以此衡量分析师情绪[108]。

第二，支持向量回归（SVR）与支持向量机（SVM）。SVM 与 SVR 广泛用于会计预测与舞弊预警。Fischer et al.（2020）[109]在 BR ARIMA 模型的基础上采用 ε-SVR 算法，综合考虑多家公司历史季度收益，构建季度收益预测模型（QEP$_{SVR}$），用于预测公司季度收益，并且相较于其他模型，该模型预测准确性显著提高。Frankel et al.（2017）则是基于电话会议记录，利用监督主题模型（SLDA）、支持向量机和随机森林方法对公司收益进行预测[110]。支持向量机基于大量的财务数据和年报信息还可以构建模型用于识别财务欺诈[111-112]。Purda and Skillicorn（2015）利用 SVM 工具区分了虚假和真实的年报，并生成一个最能捕捉虚假报告的单词排序[113]。

SVM 与 SVR 的相关应用还出现在股市情绪研究中。Manela and Moreira（2017）使用支持向量回归计算新闻隐含波动率指数（NVIX）。该研究从每个月所有新闻文章中提取全部词语出现的频率，采用独热编码构建向量，通过 SVR 向前估计 NVIX 指数。研究指出 NVIX 主要受新闻、战争、政府相关词语占比的影响[114]。Li et al.（2019）使用 SVM 对中国网络论坛帖子进行分析，构建中国投资者情绪指标[35]。

第三，人工神经网络。人工神经网络（简称神经网络）属于深度学习方法，相较于传统的机器学习，深度学习可以考虑更多与预测相关的数据，能发现数据间的非线性关系，同时有效地避免千层结构的过拟合问题。

在会计领域中，神经网络的方法应用广泛，如欺诈识别[115]、审计中持续经营认定[116-117]、财务报表价值评估[118]等。实证结果表明，与传统的财务比率法、回归法等统计方法相比，神经网络在识别重大错误陈述和财务舞弊方面，表现出更高的准确性和稳定性[119-121]。Wu（1994）的研究指出神经网络还可以用于识别需要进一步审计调查的公司，并且为智能审计机器的未来发展提出了建议[122]。Etheridge et al.（2000）通过对比不同神经网络模型的结果发现，当考虑总体错误率时，概率神经网络在分类中最可靠，其次是反向传播和分类学习神经网络；在考虑错误分类的估计相对代价时，分类学习神经网络的代价最小，其次是反向传播和概率神经网络[123]。Choudhury et al.（2019）利用卷积神经网络对新兴市场 CEO 的访谈、图像和视频进行分析，发现五种沟通模式[124]。CEO 沟通方式越戏剧化，其对企业收购行为进行监管的可能性越小。将神经网络算法与其他传统机器学习方法比较，神经网络总能得到最好的结果。Ding et al.（2020）通过比较线性回归、随机森林、随机梯度下降、神经网络这四种机器学习方法产生的损失估计和财务报表中报告的实际管理估计，发现机器学习技术在改进会计估计方面对经理和审计人员非常有用，从而增强财务信息对投资者的有用性[125]。

第四，集成式学习。Frankel et al.（2017）利用电话会议记录，通过监督主题模型、支持向量机和随机森林的方法预测公司收益[110]；Barth et al.（2022）讨论了会计信息的价值相关性如何随着新经济的发展而演变[126]。

（2）无监督学习。

第一，主题分类模型。现有研究使用 LDA 模型或 HDP（Hierarchical Dirichlet Process）模型，可构建关注度指数、经济周期指数、风险信号及政府文件语调等研究指标。王靖一和黄益平（2018）使用 LDA 过滤器和 HDP 过滤器构建关注度指数。他们对和讯网"互联网金融"板块下所有文章的主题做出判断并给出概率，计算出每篇文章属于金融科技的概率，并在标准化后得到最终的关注度指数[34]。Thorsrud（2020）则在从新闻数据中提取 80 个主题（包含财政政策、税收、货币政策等）后，使用 LDA

模型构建日度经济周期指数[127]。Hanley and Hoberg（2019）将 LDA 模型和 Word2Vec 技术相结合构建风险信号指标，发现金融行业新显露的风险信号有助于判别监管金融市场的稳定性[128]。Hansen and McMahon（2016）、Hansen et al.（2018）使用 LDA 模型，从联邦公开市场委员会（FOMC）会议内容中提取与当前经济状况相关的 5 个主题[129-130]。Brown and Tucker（2011）通过美国证券交易委员会会计和审计执行公告（AAER）和故意误用公认会计准则（即违规行为）引起的重述来识别财务误报事件，使用隐含狄利克雷分布的贝叶斯主题建模方法检测故意财务误报方面的增量预测能力[58]。

第二，K 近邻分类器。杨晓兰等（2016）[131] 借助文本挖掘工具 Weka 中的 K 近邻分类器将 90 多万条帖子（包括匿名和非匿名的帖子）按其所体现的情绪分成三类："积极""中立/噪声""消极"。从全体样本中随机抽出 2 000 条帖子作为"训练数据集"进行人工分类，计算机通过学习训练数据集的结果建立起自己的分类模型，最后使用数据挖掘开源包 Weka，将训练得到的分类模型应用于训练数据集上，对每一条帖子的情绪进行判断。Thiprungsri（2019）使用 K 均值聚类分析法帮助审计师评估团体寿命保险金额[132]。

另有一些学者利用机器学习技术进行会计研究，由于其所使用的是已有的软件或者非常独特的数据集，研究方法目前未得到普及，本书不做细致讨论，但他们的研究有一定的启示意义。例如，不少学者利用面部识别软件，基于神经系统科学（Neuroscience）理论研究了面部可信度对点对点借贷（Peer-to-Peer Lending）中信托人决策、法律保护和信任博弈（Trust Games）等方面的影响[133-135]。审计研究中，Hsieh et al.（2020）通过采用基于机器学习的面部识别算法测度 CFO 的可信度，发现相较可信度差的 CFO，审计师对于可信度较高的 CFO 少收取 5.6％的审计费用[136]。还有学者利用语音情感分析软件实现分层语音分析（LVA）技术，通过分析电话会议的音频文件来测度高管在盈余电话会议期间的管理情感状态[137]。从这些研究中我们可以看出，机器学习对于会计研究来说在非结构化数据的处理方面仍具有巨大的潜力。

五、技术交叉

文本是最典型的非结构化数据，文本分析技术是典型的非结构化数据转换方法，已有研究大多通过文本分析技术构建变量。社会网络分析方法同样适用于描述一类非常特殊的数据，即社会网络关系。该方法除通过衡量个人、群体的网络表征构建变量外，还可以对网络关系进行可视化描述。机器学习本质上是一个统计数据模型，通过寻找数据之间的关系做出预测、分类。其所学习的"材料"可以是结构化数据，也可以是非结构化数据；其所找到的关系即为模型。根据模型做出的预测结果既可用于变量或其他模型的构建，也可直接用于数据分析。本部分主要讨论三种大数据分析技术在会计研究中存在交叉的可能性与必要性，然后对其在会计研究中的已有应用和未来发展进行评述。

（一）文本分析与机器学习

文本分析法通常包括三个步骤：收集数据、清洗并转义数据、分析数据。作为一种非结构化数据，大部分文本很难通过计算机进行处理，因此需要采用诸如前文所提到的词典法等方式，将其转化成计算机可以识别的结构化数据。机器学习与文本分析法的交叉应用可以简化文本分析的流程并丰富其结果。

朴素贝叶斯、支持向量机和神经网络是经济学研究中最常用的机器学习方法，基于这三种监督学习方法进行的语义分析也十分常见。如利用朴素贝叶斯分类器度量投资者关注度、投资者分歧指数，研究投资者情绪与股价和股票交易量及关注度之间的关系[103-106]。相似的算法也适用于度量管理层语调、分析师情绪等指标[108]。支持向量机相关应用主要出现在金融领域[138]，如 Manela and Moreira（2017）[114] 使用支持向量机计算新闻隐含波动率指数。

无监督学习方法同样在文本分析法中得到大量的应用。最典型的是基于无监督学习 LDA 算法建立的主题分类模型，该方法不需要预先设定、标记主题，而是将主题个数作为未知的模型参数并结合贝叶斯非参数技术进行估计。LDA 模型可将每篇文档主题以概率分布的形式表示出来，其中每个主题对应一类词语分布，根据词语分布可挑选出一些关键词对该主题进行描述[102]。此外，利用该模型可以构建关注度指数、经济周期指数、风险信号及政府文件语调等研究指标[34,127-128]。

（二）文本分析与社会网络分析

从理论上来看，典型文本分析法中的词组分析单元可直接作为网络中的节点以及节点属性。类似的技术交叉首先在图书情报学中得到应用。邹伟等（2012）借助微博这一新兴网络信息传播平台获取中国城市间网络信息联系数据，采用流分析方法呈现城市间网络信息联系的空间格局。研究发现中国城市网络信息关系呈现出"一超多强"的空间极化不对称格局。

已有结合文本分析与社会网络分析技术的会计研究中，戚聿东和蔡呈伟（2020）通过对年报内容进行分析，确定了其中关于数字化相关语言的表述特征，利用 Gephi 绘制关键词关联度图谱，并依据相关性对关键词进行分类，最终采用词典法衡量企业的数字化程度[138]。类似地，袁野等（2018）使用该方法对我国的人工智能产业政策进行量化研究[139]。可见，文本分析法与社会网络分析法在会计学领域的交叉应用中，文本分析法通常只扮演着类似于"爬虫"的简单角色，而社会网络分析的作用也往往只停留在了可视化、关系度分析等功能上，二者的交叉应用仍有较大的发展空间。

（三）社会网络分析与机器学习

国内外尚缺少综合使用这两项技术的研究。但从理论上来看，类似于文本分析法，社会网络分析的重要功能之一在于对社会关系的非结构数据转化。因此，无论是通过社会网络分析法构建出的网络节点特征还是网络整体特征都可以作为机器学习的"材料"，能够在相应的研究中发挥作用。

六、机遇与挑战

本章讨论在大数据和学科交叉背景下，会计研究问题的多样化与会计研究范式的转变。通过对近十年国内外主要期刊会计研究的整理，系统总结大数据时代会计研究中从数据获取，数据分析到数据应用的完整过程。本章对已有会计研究中最常见的三类方法——文本分析、社会网络分析与机器学习的背景学科、技术理论、已有相关研究及未来展望进行系统阐述。最后，本章还根据已有案例讨论了会计研究中多元学科交叉、多元技术交叉的可能性。

大数据对会计研究产生巨大的影响，关于这种影响的后果同样引起广泛讨论。部分学者认为，在"ABCD"（Artificial Intelligence（人工智能），Block Chain（区块链），Cloud Computing（云计算），Big Data（大数据））时代，任何模型都失去了存在的必要。因为事物之间的普遍联系可以被轻松窥探，而基于假设、证伪程序的理论及其科学实证理应被淘汰[140]。但更多学者指出因果性才是认识复杂世界的关键，"ABCD"所揭示的相关性并不能替代因果性[141]。因此，在大数据时代会计理论更加重要。Simek（2019）指出，大数据在管理学研究中需要特别注意四个问题，对会计研究同样具有借鉴意义：（1）大数据不能替代严谨的实验设计与对研究问题的细致考虑；（2）基于大数据的研究应该具有透明性、可操作性、可重复性；（3）变量的构建与选取必须遵循理论的指导；（4）运用对于包括机器学习在内的大数据分析技术时，研究者应该打开"黑箱"，全面阐述技术的原理与过程。

2017 年美国推出大数据计划，旨在提升从大数据中获取知识与洞见的能力。我国也在"十四五"规划中提出了对大数据采集、分析等技术创新的展望。就会计研究而言，我国在大数据领域存在的不足主要有：（1）大数据基础设施不够完善，体现为数据库数量不足、种类不够丰富、数据来源单一；（2）大数据应用意识薄弱，体现为国内应用结合大数据技术的研究明显少于国外研究，出现时间晚于国外研究；（3）大数据辅助分析工具匮乏，体现为国内尚缺少可以与国外研究中所使用的图片、音频分析软件所对标的应用工具。相关部门、组织机构应该着力建立更加完善的大数据共享体系。除了必要的资源投入，政府还应致力于激发大数据的市场潜力，调动企业对大数据相关建设的积极性；让学者、实务人员能够便捷地获取、分析大数据；让大数据在会计科研与实务领域发挥更强大的驱动力。

参考文献

[1] 米加宁，章昌平，李大宇，等．第四研究范式：大数据驱动的社会科学研究转型 [J]．学海，2018（2）：11-27.

[2] 洪永淼，汪寿阳．大数据、机器学习与统计学：挑战与机遇 [J]．计量经济学报，2021，1（1）：17-35.

[3] 于玉林．会计交叉学科发展趋势的探讨 [J]．会计之友，2012（27）：8-13.

[4] 于玉林．现代会计交叉学科发展概论 [M]．北京：中国人民大学出版社，2012.

[5] 张先治，张晓东．会计学研究视角与研究领域拓展：基于国际期刊的研究 [J]．会计研究，2012（6）：3-11，92.

[6] King G. Restructuring the social sciences：reflections from Harvard's Institute for Quantitative Social Science [J]. PS：political science & politics，2014，47（1）：165-172.

[7] Hey A J, Tansley S, Tolle K M. The fourth paradigm：data-intensive scientific discovery [M]. Redmond, WA：Microsoft research，2009.

[8] Da Z, Engelberg J, Gao P. In search of attention [J]. The journal of finance，2011，66（5）：1461-1499.

[9] Cziraki P, Mondria J, Wu T. Asymmetric attention and stock returns [J]. Management science，2021，67（1）：48-71.

[10] Da Z, Engelberg J, Gao P. The sum of all fears：investor sentiment and asset prices [J]. The review of financial studies，2015，28（1）：1-32.

[11] Drake M S, Roulstone D T, Thornock J R. The usefulness of historical accounting reports [J]. Journal of accounting and economics，2016，61（2-3）：448-464.

[12] 俞庆进，张兵．投资者有限关注与股票收益：以百度指数作为关注度的一项实证研究 [J]．金融研究，2012（8）：152-165.

[13] Stata. PyStata——Python and Stata [EB/OL]．[2022-04-28]. https://www.stata.com/new-in-stata/pystata/.

[14] 徐超．大数据背景下审计数据采集技术与方法的研究：以互联网金融企业专项审计为例 [J]．会计之友，2020（19）：114-119.

[15] Bulter M, Leone A J, Willenborg L M. An empirical analysis of auditor reporting and its as-

sociation with abnormal accruals [J]. Journal of accounting and economics，2004，37（2）：139 - 165.

［16］朱朝晖，许文瀚. 上市公司年报语调操纵、非效率投资与盈余管理 [J]. 审计与经济研究，2018，33（3）：63 - 72.

［17］王秋菲，栾丹，张洛迪. 网络爬虫技术获取审计证据的应用研究：以亚太实业审计为例 [J]. 会计之友，2020（17）：131 - 136.

［18］张松，唐艳双，李怀宇. 基于 Go 语言的数据分析技术在金融行业内部审计中的应用 [J]. 中国内部审计，2020（6）：46 - 51.

［19］中国人民银行南京分行课题组，毛广玉. 爬虫排序模型在央行重大政策审计中的应用研究：以深化小微企业金融服务审计调查为例 [J]. 金融纵横，2020（1）：14 - 23.

［20］沈国玮，曹毓静，禹培栋，等. 数字化内部审计整改跟进系统的构建与应用 [J]. 中国内部审计，2020（9）：21 - 27.

［21］金满涛，张玉琴. 网络爬虫技术在外汇管理审计领域的运用 [J]. 中国内部审计，2020（7）：46 - 47.

［22］张福伟. 爬虫技术在税务稽查中的应用与思考 [J]. 税务研究，2017（12）：121 - 122.

［23］Baek H，Ahn J H，Choi Y. Helpfulness of online consumer reviews：readers' objectives and review cues [J]. International journal of electronic commerce，2012，17（2）：99 - 126.

［24］Xu X D，Zeng S X，Zou H L，et al. The impact of corporate environmental violation on shareholders' wealth：a perspective taken from media coverage [J]. Business strategy and the environment，2016，25（2）：73 - 91.

［25］Earley C E. Data analytics in auditing：opportunities and challenges [J]. Business horizons，2015，58（5）：493 - 500.

［26］马文峰. 试析内容分析法在社科情报学中的应用 [J]. 情报科学，2000（4）：346 - 349.

［27］Li F. Textual analysis of corporate disclosures：a survey of the literature [J]. Journal of accounting literature，2010，29（1）：143 - 165.

［28］吴世忠. 内容分析方法论纲 [J]. 情报资料工作，1991（2）：37 - 39.

［29］胡春阳. 传播的话语分析理论 [D]. 上海：复旦大学，2005.

［30］Tetlock P C. Giving content to investor sentiment：the role of media in the stock market [J]. The journal of finance，2007，62（3）：1139 - 1168.

［31］García D. Sentiment during recessions [J]. The journal of finance，2013，68（3）：1267 - 1300.

［32］Hillert A，Jacobs H，Müller S. Journalist disagreement [J]. Journal of financial markets，2018，41：57 - 76.

［33］汪昌云，武佳薇. 媒体语气、投资者情绪与 IPO 定价 [J]. 金融研究，2015（9）：174 - 189.

［34］王靖一，黄益平. 金融科技媒体情绪的刻画与对网贷市场的影响 [J]. 经济学（季刊），2018，17（4）：1623 - 1650.

［35］Li J，Chen Y，Shen Y，et al. Measuring China's stock market sentiment [J]. SSRN，2019.

［36］林乐，谢德仁. 分析师荐股更新利用管理层语调吗？：基于业绩说明会的文本分析 [J]. 管

理世界，2017 (11)：125 - 145，188.

　　[37] 王嘉鑫，张龙平. 管理层语调操纵、职业谨慎与审计决策：基于年报文本分析的经验证据 [J]. 中南财经政法大学学报，2020 (4)：3 - 14，158.

　　[38] 王海林，张丁. 国家审计对企业真实盈余管理的治理效应：基于审计公告语调的分析 [J]. 审计研究，2019 (5)：6 - 14.

　　[39] You J，Zhang B，Zhang L. Who captures the power of the pen? [J]. The review of financial studies，2018，31 (1)：43 - 96.

　　[40] 陈东雯. 上市公司年报语调与股价崩盘风险的实证研究 [D]. 天津：天津大学，2018.

　　[41] Ertugrul M，Lei J，Qiu J，et al. Annual report readability，tone ambiguity，and the cost of borrowing [J]. Journal of financial and quantitative analysis，2017，52 (2)：811 - 836.

　　[42] 丘心颖，郑小翠，邓可斌. 分析师能有效发挥专业解读信息的作用吗?：基于汉字年报复杂性指标的研究 [J]. 经济学（季刊），2016，15 (4)：1483 - 1506.

　　[43] 孟庆斌，杨俊华，鲁冰. 管理层讨论与分析披露的信息含量与股价崩盘风险：基于文本向量化方法的研究 [J]. 中国工业经济，2017 (12)：132 - 150.

　　[44] 陈霄，叶德珠，邓洁. 借款描述的可读性能够提高网络借款成功率吗 [J]. 中国工业经济，2018 (3)：174 - 192.

　　[45] Baker S R，Bloom N，Davis S J. Measuring economic policy uncertainty [J]. The quarterly journal of economics，2016，131 (4)：1593 - 1636.

　　[46] Handley K，Li J F. Measuring the effects of firm uncertainty on economic activity：new evidence from one million documents [R]. National Bureau of Economic Research，2020.

　　[47] 王红建，李青原，邢斐. 经济政策不确定性、现金持有水平及其市场价值 [J]. 金融研究，2014 (9)：53 - 68.

　　[48] 李凤羽，杨墨竹. 经济政策不确定性会抑制企业投资吗?：基于中国经济政策不确定指数的实证研究 [J]. 金融研究，2015 (4)：115 - 129.

　　[49] 饶品贵，岳衡，姜国华. 经济政策不确定性与企业投资行为研究 [J]. 世界经济，2017，40 (2)：27 - 51.

　　[50] 顾夏铭，陈勇民，潘士远. 经济政策不确定性与创新：基于我国上市公司的实证分析 [J]. 经济研究，2018，53 (2)：109 - 123.

　　[51] 纪洋，王旭，谭语嫣，等. 经济政策不确定性、政府隐性担保与企业杠杆率分化 [J]. 经济学（季刊），2018，17 (2)：449 - 470.

　　[52] 陈胜蓝，刘晓玲. 经济政策不确定性与公司商业信用供给 [J]. 金融研究，2018 (5)：172 - 190.

　　[53] 彭俞超，韩珣，李建军. 经济政策不确定性与企业金融化 [J]. 中国工业经济，2018 (1)：137 - 155.

　　[54] 顾研，周强龙. 政策不确定性、财务柔性价值与资本结构动态调整 [J]. 世界经济，2018，41 (6)：102 - 126.

［55］Li F. Annual report readability，current earnings，and earnings persistence ［J］. Journal of accounting and economics，2008，45 （2 - 3）：221 - 247.

［56］Bonsall S B，Leone A J，Miller B P，et al. A plain English measure of financial reporting readability ［J］. Journal of accounting and economics，2017，63 （2 - 3）：329 - 357.

［57］Loughran T，McDonald B. Measuring readability in financial disclosures ［J］. The journal of finance，2014，69 （4）：1643 - 1671.

［58］Brown S V，Tucker J W. Large-sample evidence on firms' year-over-year MD&A modifications ［J］. Journal of accounting research，2011，49 （2）：309 - 346.

［59］Hoberg G，Phillips G. Text-based network industries and endogenous product differentiation ［J］. Journal of political economy，2016，124 （5）：1423 - 1465.

［60］洛厄里，德弗勒. 大众传播效果研究的里程碑 ［M］. 3 版. 北京：中国人民大学出版社，2009.

［61］Kilduff M，Tsai W. Social networks and organizations ［M］. London：Sage，2003.

［62］Wasserman S，Faust K. Social network analysis：methods and applications ［M］. Cambridge：Cambridge University Press，1994.

［63］Radcliffe-Brown A R. On social structure ［J］. The journal of the royal anthropological institute of great Britain and Ireland，1940，70 （1）：1 - 12.

［64］Moreno J L. Who shall survive? Foundations of sociometry，group psychotherapy and sociodrama ［M］. Beacon，NY：Beacon House，1953.

［65］Bourdieu P. The forms of capital ［M］//Richardson J （Ed）. Handbook of theory and research for the sociology of education. New York：Greenwood，1986.

［66］Coleman J S. Social capital in the creation of human capital ［J］. American journal of sociology，1988，94：S95 - S120.

［67］Lin N. Social capital：a theory of social structure and action ［M］. Cambridge：Cambridge University Press，2001.

［68］Granovetter M. Economic action and social structure：the problem of embeddedness ［J］. American journal of sociology，1985，91 （3）：481 - 510.

［69］Granovetter M S. The strength of weak ties ［J］. American journal of sociology，1973，78 （6）：1360 - 1380.

［70］蔡宁. 社会关系网络与公司财务研究述评 ［J］. 厦门大学学报（哲学社会科学版），2018 （4）：38 - 46.

［71］Proctor C H，Loomis C P. Analysis of sociometric data ［M］//Jahoda M，Deutsch M，Cook S W. Research methods in social relations （Part two）. New York：Dryden Press，1951.

［72］Sabidussi G. The centrality index of a graph ［J］. Psychometrika，1966，31 （4）：581 - 603.

［73］Freeman L C. A set of measures of centrality based on betweenness ［J］. Sociometry，1977，40 （1）：35 - 41.

[74] Bonacich P. Factoring and weighting approaches to status scores and clique identification [J]. Journal of mathematical sociology, 1972, 2 (1): 113 - 120.

[75] 武凯文. 上市公司的关系网络和事务所审计行为: 基于公司年报文本分析的经验证据 [J]. 上海财经大学学报, 2019, 21 (3): 74 - 90.

[76] Chahine S, Fang Y, Hasan I, et al. Entrenchment through corporate social responsibility: evidence from CEO network centrality [J]. International review of financial analysis, 2019, 66.

[77] Chuluun T, Prevost A, Upadhyay A. Firm network structure and innovation [J]. Journal of corporate finance, 2017, 44: 193 - 214.

[78] Pappas J M, Wooldridge B. Middle managers' divergent strategic activity: an investigation of multiple measures of network centrality. Journal of management studies. 2007, 44 (3): 323 - 341.

[79] Kuang Y F, Lee G. Corporate fraud and external social connectedness of independent directors [J]. Journal of corporate finance, 2017, 45: 401 - 427.

[80] 吴晓晖, 郭晓冬, 乔政. 机构投资者网络中心性与股票市场信息效率 [J]. 经济管理, 2020, 42 (6): 153 - 171.

[81] 乔琳, 朱炜, 綦好东. QFII 网络关系与公司价值: 基于中国 A 股上市公司的实证分析 [J]. 当代财经, 2019 (8): 128 - 140.

[82] 肖利斌, 郑向敏, 刘又堂. 社会网络类型和结构特性对个人绩效的影响研究 [J]. 桂林航天工业学院学报, 2020, 25 (1): 77 - 87.

[83] 夏常源. 独立董事网络治理与盈余信息质量的关系研究 [D]. 西南财经大学, 2014.

[84] 陈运森, 谢德仁. 网络位置、独立董事治理与投资效率 [J]. 管理世界, 2011 (7): 113 - 127.

[85] 廖义刚, 黄伟晨. 非正式审计团队与审计质量: 基于团队与社会网络关系视角的理论分析与经验证据 [J]. 审计研究, 2019 (4): 66 - 74.

[86] Hwang B H, Kim S. It pays to have friends [J]. Journal of financial economics, 2009, 93 (1): 138 - 158.

[87] Subrahmanyam A. Social networks and corporate governance [J]. European financial management, 2008, 14 (4): 633 - 662.

[88] 谢德仁, 陈运森. 董事网络: 定义、特征和计量 [J]. 会计研究, 2012 (3): 44 - 51, 95.

[89] El-Khatib R, Fogel K, Jandik T. CEO network centrality and merger performance [J]. Journal of financial economics, 2015, 116 (2): 349 - 382.

[90] Hong H, Xu J. Inferring latent social networks from stock holdings [J]. Journal of financial economics, 2019, 131 (2): 323 - 344.

[91] Ozsoylev H N, Walden J, Yavuz M D, et al. Investor networks in the stock market [J]. The review of financial studies, 2014, 27 (5): 1323 - 1366.

[92] 陈新春, 刘阳, 罗荣华. 机构投资者信息共享会引来黑天鹅吗?: 基金信息网络与极端市场风险 [J]. 金融研究, 2017 (7): 140 - 155.

［93］肖欣荣，刘健，赵海健. 机构投资者行为的传染：基于投资者网络视角［J］. 管理世界，2012（12）：35 - 45.

［94］郭晓冬，柯艳蓉，吴晓晖. 坏消息的掩盖与揭露：机构投资者网络中心性与股价崩盘风险［J］. 经济管理，2018，40（4）：152 - 169.

［95］石利芳，仇丽青，孙晓红. 复杂网络和社区发现在财务和审计中的应用［J］. 现代商业，2015（5）：248 - 249.

［96］赵琛. 审计对象关系网络构建方法研究［J］. 审计研究，2016（6）：36 - 41.

［97］吕天阳，邱玉慧，殷鹏. 审计社会网络分析的理论、特征及实践路径［J］. 财会月刊，2020（13）：103 - 111.

［98］姜晓依. 基于社会网络的新型审计方法研究［J］. 市场周刊，2019（1）：64 - 65.

［99］张俊瑞，陈怡欣. 中国两岸四地会计研究的国际化：内容、方法与视角：基于 12 种国际顶级会计期刊的计量分析［J］. 统计与信息论坛，2018，33（8）：118 - 128.

［100］颉茂华，王娇，张婧鑫，等. 管理会计学 40 年：研究主题、方法和理论应用的可视化分析［J］. 上海财经大学学报，2020，22（1）：51 - 65.

［101］吴登生，李若筠. 中国管理科学领域机构合作的网络结构与演化规律研究［J］. 中国管理科学，2017，25（9）：168 - 177.

［102］沈艳，陈赟，黄卓. 文本大数据分析在经济学和金融学中的应用：一个文献综述［J］. 经济学（季刊），2019，18（4）：1153 - 1186.

［103］Antweiler W，Frank M Z. Is all that talk just noise? The information content of internet stock message boards［J］. The Journal of finance，2004，59（3）：1259 - 1294.

［104］Kim S，Kim D. Investor sentiment from internet message postings and the predictability of stock returns［J］. Journal of economic behavior & organization，2014，107：708 - 729.

［105］Das S R，Chen M Y. Yahoo! for Amazon：sentiment extraction from small talk on the web［J］. Management science，2007，53（9）：1375 - 1388.

［106］段江娇，刘红忠，曾剑平. 中国股票网络论坛的信息含量分析［J］. 金融研究，2017（10）：178 - 192.

［107］Miller E M. Risk，uncertainty，and divergence of opinion［J］. The journal of finance，1977，32（4）：1151 - 1168.

［108］Huang C，Zheng X，Tait A，et al. On using smoothing spline and residual correction to fuse rain gauge observations and remote sensing data［J］. Journal of hydrology，2014，508：410 - 417.

［109］Fischer J A，Pohl P，Ratz D. A machine learning approach to univariate time series forecasting of quarterly earnings［J］. Review of quantitative finance and accounting，2020，55（4）：1163 - 1179.

［110］Frankel R M，Jennings J N，Lee J A. Using natural language processing to assess text usefulness to readers：the case of conference calls and earnings prediction［J］. SSRN，2017.

［111］Cecchini M，Aytug H，Koehler G J，et al. Detecting management fraud in public companies［J］. Management science，2010，56（7）：1146 - 1160.

［112］Goel S, Hofman J M, Lahaie S, et al. Predicting consumer behavior with web search ［J］. Proceedings of the national academy of sciences, 2010, 107 (41): 17486 - 17490.

［113］Purda L, Skillicorn D. Accounting variables, deception, and a bag of words: assessing the tools of fraud detection ［J］. Contemporary accounting research, 2015, 32 (3): 1193 - 1223.

［114］Manela A, Moreira A. News implied volatility and disaster concerns ［J］. Journal of financial economics, 2017, 123 (1): 137 - 162.

［115］Green B P, Choi J H. Assessing the risk of management fraud through neural network technology ［J］. Auditing: a journal of practice and theory, 1997, 16 (1): 14 - 28.

［116］Lenard M J, Alam P, Madey G R. The application of neural networks and a qualitative response model to the auditor's going concern uncertainty decision ［J］. Decision sciences, 1995, 26 (2): 209 - 227.

［117］Anandarajan M, Anandarajan A. A comparison of machine learning techniques with a qualitative response model for auditor's going concern reporting ［J］. Expert systems with applications, 1999, 16 (4): 385 - 392.

［118］Koskivaara E, Back B, Sere K. Modelling intelligent information systems for auditing ［C］. Huelva: Intelligent systems in accounting and finance conference, 1996.

［119］Coakley J R, Brown C E. Artificial neural networks applied to ratio analysis in the analytical review process ［J］. Intelligent systems in accounting, finance and management, 1993, 2 (1): 19 - 39.

［120］Fanning K M, Cogger K O. Neural network detection of management fraud using published financial data ［J］. Intelligent systems in accounting, finance and management, 1998, 7 (1): 21 - 41.

［121］Coakley J R. Using pattern analysis methods to supplement attention directing analytical procedures ［J］. Expert systems with applications, 1995, 9 (4): 513 - 528.

［122］Wu R C F. Integrating neurocomputing and auditing expertise ［J］. Managerial auditing journal, 1994.

［123］Etheridge H L, Sriram R S, Hsu H Y K. A comparison of selected artificial neural networks that help auditors evaluate client financial viability ［J］. Decision sciences, 2000, 31 (2): 531 - 550.

［124］Choudhury P, Wang D, Carlson N A, et al. Machine learning approaches to facial and text analysis: discovering CEO oral communication styles ［J］. Strategic management journal, 2019, 40 (11): 1705 - 1732.

［125］Ding K, Lev B, Peng X, et al. Machine learning improves accounting estimates: evidence from insurance payments ［J］. Review of accounting studies, 2020, 25 (3): 1098 - 1134.

［126］Barth M E, Li K, McClure C. Evolution in value relevance of accounting information ［J］. The accounting review, 2022.

［127］Thorsrud L A. Words are the new numbers: a newsy coincident index of the business cycle ［J］. Journal of business & economic statistics, 2020, 38 (2): 393 - 409.

［128］Hanley K W, Hoberg G. Dynamic interpretation of emerging risks in the financial sector

［J］. The review of financial studies，2019，32（12）：4543 - 4603.

［129］ Hansen S，McMahon M. Shocking language：understanding the macroeconomic effects of central bank communication ［J］. Journal of international economics，2016，99：S114 - S133.

［130］ Hansen S，McMahon M，Prat A. Transparency and deliberation within the FOMC：a computational linguistics approach ［J］. The quarterly journal of economics，2018，133（2）：801 - 870.

［131］ 杨晓兰，沈翰彬，祝宇. 本地偏好、投资者情绪与股票收益率：来自网络论坛的经验证据 ［J］. 金融研究，2016（12）：143 - 158.

［132］ Thiprungsri S. Cluster analysis for anomaly detection in accounting ［M］//Rutgers studies in accounting analytics：audit analytics in the financial industry. Emerald Publishing Limited，2019.

［133］ Porter S，Ten Brinke L，Gustaw C. Dangerous decisions：the impact of first impressions of trustworthiness on the evaluation of legal evidence and defendant culpability ［J］. Psychology，crime & law，2010，16（6）：477 - 491.

［134］ Tingley D. Face-off：facial features and strategic choice ［J］. Political psychology，2014，35（1）：35 - 55.

［135］ Schlicht E J，Shimojo S，Camerer C F，et al. Human wagering behavior depends on opponents' faces ［J］. PloS one，2010，5（7）：e11663.

［136］ Hsieh T S，Kim J B，Wang R R，et al. Seeing is believing? Executives' facial trustworthiness，auditor tenure，and audit fees ［J］. Journal of accounting and economics，2020，69（1）：101260.

［137］ Li F. The information content of forward-looking statements in corporate filings：a naïve Bayesian machine learning approach ［J］. Journal of accounting research，2010，48（5）：1049 - 1102.

［138］ 戚聿东，蔡呈伟. 数字化对制造业企业绩效的多重影响及其机理研究 ［J］. 学习与探索，2020（7）：108 - 119.

［139］ 袁野，于敏敏，陶于祥，等. 基于文本挖掘的我国人工智能产业政策量化研究 ［J］. 中国电子科学研究院学报，2018，13（6）：663 - 668.

［140］ Anderson C. The end of theory：the data deluge makes the scientific method obsolete ［J］. Wired magazine，2008，16（7）：16 - 17.

［141］ Mazzocchi F. Could big data be the end of theory in science? A few remarks on the epistemology of data-driven science ［J］. EMBO reports，2015，16（10）：1250 - 1255.

第2章 · 财务会计领域的大数据研究方法应用

财务会计领域主要关注的研究问题包括盈余管理、管理层盈余预测、分析师预测、会计盈余的价值相关性、盈余的含义与测量等。公司的财务报告环境是围绕公司与利益相关者之间存在的信息不对称问题和公司的信息披露行为展开的。因此，为减少资本市场的信息不对称问题，提高财务报表的透明性，关于信息披露的研究尤为重要。年报主要以文本形式呈现给使用者，因此财务会计领域的大数据相关研究主要以文本分析技术为主，部分文章引入了机器学习方法，进一步提高文本分析的效果与研究结果的丰富程度。关于信息传播的研究则主要涉及网络分析技术。

第一节 财务会计领域应用大数据研究方法的相关代表文献

检索权威期刊，发现与财务会计领域应用大数据研究方法的相关文献如表 2-1 所示。这些文献主要涉及文本分析、网络分析与音频分析，技术方面包括情感分析、可读性分析、中心度分析、关键词识别、相似度分析等。

表 2-1 财务会计领域应用大数据研究方法的相关文献

标题	作者	年份	期刊	大数据技术	技术细分	被引次数[*]
The Information Content of Forward-Looking Statements in Corporate Filings—A Naïve Bayesian Machine Learning Approach	Feng Li	2010	*Journal of Accounting Research*	文本分析＋机器学习	情感分析＋可读性分析	1 003
媒体报道、制度环境与股价崩盘风险	罗进辉，杜兴强	2014	会计研究	数据库	搜索引擎报告数量	674

[*] 本书所有文献被引次数收集日期为 2021 年 12 月，下同。

续表

标题	作者	年份	期刊	大数据技术	技术细分	被引次数
The Information Content of Mandatory Risk Factor Disclosures in Corporate Filings	John L. Campbell, Hsinchun Chen, Dan S. Dhaliwal, Hsin-min Lu, Logan B. Steele	2014	*Review of Accounting Studies*	文本分析	关键词识别	572
Detecting Deceptive Discussions in Conference Calls	David F. Larcker, Anastasia A. Zakolyukina	2012	*Journal of Accounting Research*	音频＋文本分析	关键词识别＋情感分析	539
Investor Information Demand: Evidence from Google Searches Around Earnings Announcements	Michael S. Drake, Darren T. Roulstone, Jacob R. Thornock	2012	*Journal of Accounting Research*	数据库	搜索引擎报告数量	524
Management's Tone Change, Post Earnings Announcement Drift and Accruals	Ronen Feldman, Suresh Govindaraj, Joshua Livnat, Benjamin Segal	2010	*Review of Accounting Studies*	文本分析	情感分析	523
Tone Management	Xuan Huang, Siew Hong Teoh, Yinglei Zhang	2014	*The Accounting Review*	文本分析	情感分析	492
Large-Sample Evidence on Firms' Year-over-Year MD&A Modifications	Stephen V. Brown, Jennifer Wu Tucker	2011	*Journal of Accounting Research*	文本分析	相似度分析	469
Earnings Management and Annual Report Readability	Kin Lo, Felipe Ramos, Rafael Rogo	2017	*Journal of Accounting and Economics*	文本分析	可读性分析	433
Guiding Through the Fog: Financial Statement Complexity and Voluntary Disclosure	Wayne Guay, Delphine Samuels, Daniel Taylor	2016	*Journal of Accounting and Economics*	文本分析	可读性分析	410

第二节 经典文献分析

一、经典文献分析（一）：The Information Content of Forward-Looking Statements in Corporate Filings—A Naïve Bayesian Machine Learning Approach

文章由 Feng Li 于 2010 年发表于 *Journal of Accounting Research*。文章使用基于朴素贝叶斯机器学习的文本分析法来测度 10-K 和 10-Q 报告[①]的管理层讨论和分析（MD&A）中前瞻性陈述（Forward-Looking Statements，FLS）部分内容的语调。该文章检验了一系列与语调有关的因素，并比较基于机器学习法和其他三种常用词典法的文本分析对语调测度的准确性。

（一）大数据方法应用：基于朴素贝叶斯机器学习的文本分析法的语调测度

文章对 SEC 的 EDGAR 数据库中 1994—2007 年所有 10-K 和 10-Q 报告基于朴素贝叶斯分类器进行文本语调分析，构建文本语调指数。该方法的基本原理为：首先把一个给定的句子缩减为一个单词列表；然后将每个单词以某种方式加权（例如，根据在句子中出现的频率）；最后把句子划分到一个特定的类别（四种可能的语气类别为：肯定语气、否定语气、中性语气和不确定语气）。

朴素贝叶斯分类器通过解决以下问题来选择最佳类别：

$$cat^* = \operatorname*{argmax}_{cat \in cats} \frac{P(words|cat)P(cat)}{P(words)} = \operatorname*{argmax}_{cat \in cats} P(words|cat)P(cat)$$

假设单词出现在句子中的概率是独立的，则：

$$cat^* = \operatorname*{argmax}_{cat \in cats} P(w_1|cat) \times P(w_2|cat) \times \cdots \times P(w_n|cat) \times P(cat)$$

算法假定文档中每个单词出现的概率不受文档中每个单词存在或不存在的影响。独立假设简化了计算，避免了"维数灾难"。

（二）实验设计

1. 影响语调的决定性因素检验

影响语调的决定性因素检验见表 2 - 2。

[①] 美国证券交易委员会规定上市公司公开披露年度报告（10-K 报告）和季度报告（10-Q 报告）。

表 2 - 2　影响语调的决定性因素检验

变量名称	检验结果	理论依据与结论
当前公司业绩	正相关	当公司表现良好时，管理层会以更积极的语调讨论公司未来前景
应计项目	负相关	当期应计项目较为显著时，管理层对公司未来前景的讨论语调更消极。应计项目与未来绩效负相关，表明管理层对应计项目的理解会对未来绩效产生影响
公司规模	负相关	大企业出于政治和法律考虑，在信息披露方面更加谨慎
市账率	负相关	与成长型公司有更多不确定的信息环境的假设相一致，管理层在讨论未来事件时更加保守
收益回报波动性	负相关	因为信息不确定性或潜在的法律问题，商业环境不稳定的公司可能会更加谨慎地进行前瞻性陈述
操作复杂性	负相关	虽然拥有更多业务板块的公司倾向于以积极语调进行前瞻性陈述，但在拥有更多非遗漏财务指标和更多不同地区分部的公司进行前瞻性陈述时语调更消极
公司所在地	负相关	与未在特拉华州注册的公司相比，在特拉华州注册的公司进行前瞻性陈述时语调更消极
迷雾指数	负相关	MD&A 部分迷雾指数较高的企业其 MD&A 部分语调更为消极

2. 检验公司 MD&A 中前瞻性陈述部分是否包含有关未来盈利能力和流动性的信息

进行回归分析后得出在当前季度之后的至少三个季度中，语调与未来收益正相关，且其预测能力逐渐减弱；语调与未来流动性（以经营现金流除以流动负债衡量）显著正相关。因此，当管理层在 MD&A 中对公司未来前景的讨论语调更加积极时，未来收益和未来流动性显著提高。

3. 探究 MD&A 披露内容随时间推移是否有系统性变化（探究市场预期对 MD&A 披露内容的影响）

首先检验 MD&A 语调与时间虚拟变量（POST2003）的交乘项对未来收益的影响（如果报告在 2003 年或之后提交，则 POST2003＝1，否则等于 0）。研究发现尽管 SEC 不断努力提高 MD&A 的披露要求，但在新的 SEC 指南和《萨班斯-奥克斯利法案》通过后，MD&A 信息内容并没有发生系统性变化。

然后文章描述了 1994—2006 年美国所有公开申报公司年报披露的总体语调随时间推移的变化情况。图 2 - 1 绘制了一段时间内 MD&A 的等权重总语调的变化情况，竖线分别代表着观测区间内发生的三个重要事件：第一条竖线表示 2000 年 3 月，当时纳斯达克指数达到 4 572.83 点的峰值，与 20 世纪 90 年代末该指数的大幅上升相反，投资管理公司的平均语调实际上变得更加消极；第二条竖线表示 2001 年"9·11 事件"后，MD&A 语调出现了下降趋势，尚不清楚这是反映了管理预期的修正，还是仅仅是先前趋势的延续；第三条竖线表明，《萨班斯-奥克斯利法案》的通过似乎不会立即对管理层的语调产生影响。

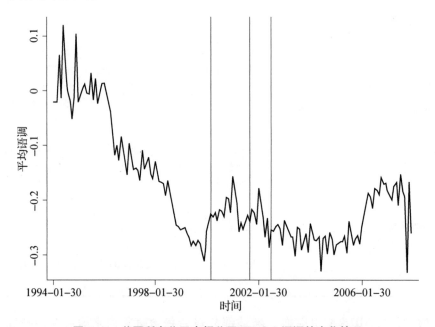

图 2-1　美国所有公开申报公司 MD&A 语调的变化情况

4. 探究 MD&A 语调如何影响投资者对收益信息的反应

将收益组合根据所有公司收益的中值分为两个子样本，将样本期分为两个子样本期以检验异常应计项目随时间的衰减趋势。发现管理层的 MD&A 语调减轻了收益对于未来业绩的错误定价；随着时间的推移，市场变得更加有效且收益的错误定价消失了。

5. 比较基于机器学习和基于三种词典法的文本分析

文章分别使用三种词典法代替机器学习进行文本分析，三种词典法测度的语调并不支持当 MD&A 的语调更积极时未来绩效更好的假设。文章还通过语调与当前收益以及 MD&A 迷雾指数的回归证明了朴素贝叶斯机器学习能更好地捕捉管理层语调。

（三）启示

1. 基于机器学习的文本分析——情感分析的新工具

文章发表于 2010 年，在此之前大部分会计研究进行情感分析时所采用的方法均为基于词频计数的词典法。该文是较早提出基于机器学习进行情感分析的经典文献之一。方法上的更迭可以有效解决基于词典法进行文本分析的诸多问题，如忽略整体句意表述等。

2. 基于机器学习的文本分析与基于词典法的文本分析的比较

文章研究重点在于基于机器学习的情感分析方法，但是没有回避对旧方法的讨论。在文章的最后一部分，作者比较新旧情感分析方法对未来绩效的预测效果、与迷雾指数的相关性，指出新方法的优势。随着会计学交叉学科的发展，大数据研究方法的快速更迭不可避免。在引入一类全新的方法时，与旧方法的比较不应仅仅停留在理论层面（例如从计算机科学的角度分析基于机器学习方法进行情感分析的优越性），更重要的是将新旧方法放在具体问题情景下进行比较。文章为这类问题的解决提供了良好的范本。

3. 大数据赋予探索性研究更多的可能性

文章的一大亮点在于对事件冲击影响 MD&A 语调的研究。首先考虑 2002 年《萨班斯-奥克斯利法案》颁布的影响，结果发现该事件并未对 MD&A 语调产生显著影响。继而用可视化的方式描述 1994—2006 年所有美国公开申报者年报披露的总体语调随时间推移的变化情况，发现了纳斯达克指数峰值、"9·11 事件"对于 MD&A 语调的影响。不管这种安排是作者有意为之，抑或确实是作者完成研究时的探索过程，都是非常好的研究设计。如果不对总体语调进行计算和可视化处理，反映市场预期的事件较多，应用双重差分（DID）模型难以对某段时间内所有时间节点进行分析，研究者也可能会错失发现有意义结论的机会。大数据样本和方法赋予了研究者摆脱对先验假设的"一对一"检验，提高了取得更多探索性发现的可能性。研究者应该基于大样本、可视化方法进行尽可能丰富的描述性统计，从中发现有趣的结论。

二、经典文献分析（二）: The Information Content of Mandatory Risk Factor Disclosures in Corporate Filings

文章由 John L. Campbell 等在 2014 年发表于 *Review of Accounting Studies*。文章使用基于 LDA 无监督机器学习法的文本分析测度 10-K 报告中风险因素部分的披露情况，旨在判断风险因素部分的披露是否提供有效信息。研究主要从风险披露是否真正反映公司所面临的风险程度，以及市场是否会对公司的风险披露做出相关反应两个维度展开，研究结果证实 SEC 强制进行风险因素披露的决定是有意义的。

（一）大数据方法应用: 基于 LDA 模型的文本分析法测度风险因素披露情况

文章选取 2005—2008 年上市公司相关市场数据，10-K 报告来自 SEC 的 EDGAR 数据库，其余市场数据来自证券价格研究中心（CRSP）数据库。研究将文本分析法和无监督的机器学习（LDA 模型）相结合，构建指标衡量 10-K 报告中关于风险因素的披露情况。

10-K 报告中关于风险因素的披露是文章研究的关键变量，首先确定与风险因素相关的关键词表。为了使词表尽可能全面，通过以下三种方式逐步扩充词表：（1）基于前人文献（Nelson and Pritchard，2007）初步构建关键词表。（2）查看10-K报告中对风险因素的披露，将在不同公司中普遍出现的词汇添加到关键词表中。（3）利用LDA模型，将10-K报告中的词汇进行分类，并着重关注与已确定的和风险因素相关的重要词汇归属于同一类别的其他词汇，进一步扩充词表；最终确定本研究中与风险因素相关的关键词表。同时，进一步细化研究，考虑风险的不同类型，将所有的关键词划分为：系统风险、特有风险、财务风险、税收风险和诉讼风险五大类。

在确定了关键词表之后，研究利用文本分析技术，统计整篇10-K报告，以及报告中MD&A部分（Item 7）和新增的风险因素部分（Item 1A）的总词数，再统计以上三部分中出现的关键词词数，对于风险因素部分还专门统计不同类别的风险关键词各是多少。基于以上数据构建指标用以衡量10-K报告中新增的风险因素部分与风险相关的信息含量（文章中的词汇分析流程图见图2-2）。

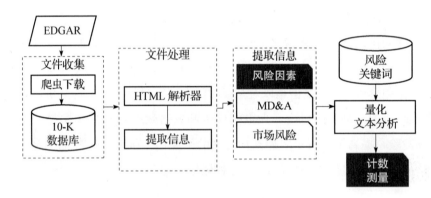

图2-2 词汇分析流程图

（二）实验设计

1. 风险因素披露是否反映公司当前所面临的风险

以风险披露指标作为因变量，以衡量公司当年度风险水平的各项替代指标作为自变量，进行回归分析。通过以上模型的回归结果判断是否当年度风险水平越高，公司风险因素部分披露越多（见表2-3）。

表2-3 变量定义表

变量	变量定义	风险衡量/系数预测
RF_DISC	风险因素部分总词数或者关键词数	——
RF_SYS	风险因素部分系统风险相关总词数或者关键词数	——
RF_IDIO	风险因素部分特有风险相关总词数或者关键词数	——
RF_FIN	风险因素部分财务风险相关总词数或者关键词数	——

续表

变量	变量定义	风险衡量/系数预测
RF_TAX	风险因素部分税收风险相关总词数或者关键词数	——
RF_LR	风险因素部分诉讼风险相关总词数或者关键词数	——
SIZE	所有者权益市场价值取对数	＋/－
BTM	所有者权益账面价值与市场价值之比	＋/－
RET	当年度第4个月起到下年度第3个月共12个月的股票收益	－
LEV	负债账面价值/总资产	＋
STDERET	以10-K报告发布前两天为止往前连续250天异常股票收益的标准差	＋
BETA	以10-K报告发布前两天为止往前连续250天市场超额收益的公司beta系数	＋
SKEW	以10-K报告发布前两天为止往前连续250天股票日收益的偏态	－
TURN	以10-K报告发布前两天为止往前连续250天股票平均日换手率	＋
BIGN	公司是否由四大会计师事务所审计（是＝1；否＝0）	－
ETR	总税费/税前利润	－
DIN	除去异常收入项目的净利润/滞后一期的所有者权益市场价值	－
NUMEST	研报数量	＋/－
INSTOWN	机构投资者持股比例	＋/－

另外，文章进一步细化风险类型，研究当公司面临不同类型的风险时，在风险披露部分是否会有侧重。在以上提到的各种衡量公司风险的指标中，BETA主要与系统风险相关，STDERET主要与特有风险相关，LEV主要与财务风险相关，ETR主要与税收风险相关，SIZE主要与诉讼风险相关。该研究分别以不同类型的风险披露作为因变量对模型进行回归，通过观察相应指标系数的变动，判断公司面临不同类型的风险时，风险披露是否有所不同。

2. 公司当年度的风险披露是否会影响市场对公司下年度的风险预估

以风险披露指标（RF_DISC）作为自变量，以衡量公司风险水平的替代指标作为因变量，进行回归分析，研究公司当年的风险披露是否会影响市场对公司下一年度风险的判断。值得注意的是，文章第二部分所构建的模型中在控制变量部分纳入了对当年度风险的衡量指标，旨在研究市场/投资者通过公司披露的风险因素，是否识别到了公司预测之外的风险。此外，文章探索不同类型的风险披露中是否对不同类型的风险有所侧重，并被市场/投资者识别，导致衡量不同类型风险的指标变动存在差异。

3. 风险因素披露与信息不对称问题

如果公司的风险因素披露有效，将会对外披露更多有用信息，一定程度上能够缓解信息不对称，在此理论基础上进行回归分析。回归模型涉及的变量定义同上，其中SPREAD 表示连续 12 个月的平均买卖价差，用于衡量信息不对称程度，INV_PRC 表示当年年末股票价格的倒数。该研究通过此模型的回归结果，分析风险因素披露能否缓解信息不对称。

4. 投资者对风险因素披露的反应

在此部分的研究中，以 10-K 报告发布日及前后各一天共 3 天作为事件窗口期，计算累计超额收益率（CAR）并以此衡量投资者对风险披露的反应，回归模型涉及的变量定义同上，其中 ΔEST 为 10-K 报告发布前后分析师对公司下年度盈余预测的变化值，AVG_ACC 为用现金流量表计算的应计项目减去平均总资产的绝对值，LOSSES为虚拟变量，当公司在近 5 年中有一年处于亏损则取值为 1，否则为 0。

（三）启示

1. 机器学习法与词典法在文本分析中的交叉应用

基于词典法进行的文本分析最大的问题在于词典内关键词的选取。通过 LDA 方法进行词典内关键词的拓展是该研究的一大创新点和贡献。但是由于通过机器学习法归类后还需要进行手工选取和人工分类，所以该方法仍可能存在偏差。

2. 大数据方法研究过程的透明性

文章对从文献下载、文本提取到文本特征指标构建的所有过程进行了详细介绍。这个过程是十分必要的。例如文献的文本提取方式并不是常见的对 TXT 文本进行分析，而是直接对 HTML 格式的文档进行提取（甚至删除了所有没有上传 HTML 格式年报的企业样本），二者在方法上存在差异，且可能影响最终分析的结果以及研究的可重复性（这种方式的优势在于可以直接对文件中某一部分内容进行精度更高的有指向性的提取，但是我国尚没有披露 HTML 格式年报的要求）。

3. 依据理论对变量进行细致的归类

该文章在构建了风险披露相关指标后又进一步依据已有理论将风险划分为系统风险、特有风险、财务风险、税收风险、诉讼风险，体现了基于词典法进行文本分析的优势。该方法可以提高研究的丰富程度，也可以从侧面揭示所构建的指标的意义与合理性。

第3章 ，财务管理领域的大数据研究方法应用

公司财务管理在理论和研究方法上与经济学联系紧密。财务管理领域的议题包括资本结构、公司投资、鼓励政策、财务困境等多个方面，其中最常见的三个议题是资本结构、公司投资与鼓励政策。

由于该领域的研究问题较为宽泛，所采用的大数据方法也较为多样。除了对市场文本信息进行文本分析，或者通过已有数据库进行指标构建以外，在研究高管社会网络等议题时，社会网络分析方法得到了广泛的应用。

第一节　财务管理领域应用大数据研究方法的相关代表文献

选取近年权威期刊有关大数据研究方法应用于财务管理领域引用率较高的文章如表3－1所示，涉及网络分析、文本分析，技术上涉及关联分析、中心度分析、关键词识别、搜索引擎报告数量等。

表3－1　财务管理领域应用大数据研究方法的相关文献

标题	作者	年份	期刊	技术	技术细分	他引
Social Capital and Social Quilts：Network Patterns of Favor Exchange	Matthew O. Jackson, Tomas Rodriguez-Barraquer, Xu Tan	2012	*The American Economic Review*	网络分析		449
Corporate Finance Policies and Social Networks	Cesare Fracassi	2016	*Management Science*	网络分析	关联分析	436
Networking as a Barrier to Entry and the Competitive Supply of Venture Capital	Yael V. Hochberg, Alexander Ljungqvist, Yang Lu	2010	*The Journal of Finance*	网络分析	中心度分析	436

续表

标题	作者	年份	期刊	技术	技术细分	他引
Geographic Dispersion and Stock Returns	Diego García, Øyvind Norli	2012	*Journal of Financial Economics*	文本分析	关键词识别	356
媒体曝光度、信息披露环境与权益资本成本	卢文彬，官峰，张佩佩，邓玉洁	2014	会计研究	数据库	搜索引擎报告数量	203
社会网络与企业效率：基于结构洞位置的证据	陈运森	2015	会计研究	网络分析	结构洞	200
Are Financial Constraints Priced? Evidence from Textual Analysis	Matthias M M Buehlmaier, Toni M Whited	2018	*The Review of Financial Studies*	文本分析	关键词识别	156
媒体报道与投资效率	张建勇，葛少静，赵经纬	2014	会计研究	数据库	搜索引擎报告数量	143
多个大股东与企业融资约束——基于文本分析的经验证据	姜付秀，王运通，田园，吴恺	2017	管理世界	文本分析	关键词识别＋相似度分析	137
董事网络的结构洞特征与公司并购	万良勇，郑小玲	2014	会计研究	网络分析	结构洞	122
上市公司的地理特征影响机构投资者的持股决策吗？——来自中国证券市场的经验证据	宋玉，沈吉，范敏虹	2012	会计研究	数据库	地理特征	117
FinBERT-A Deep Learning Approach to Extracting Textual Information	Allen Huang, Hui Wang, Yi Yang	2020	*SSRN*	文本分析＋机器学习	情感分析	6

第二节 经典文献分析

一、经典文献分析（一）：Are Financial Constraints Priced? Evidence from Textual Analysis

文章由 Buehlmaier 和 Whited 在 2018 年发表于 *The Review of Financial Studies*。使用公司年度报告的文本分析来构建新的融资约束测度指标，并研究它们对股票回报的影响。文章涉及三类融资约束指标：进入股票市场、债务市场和外部金融市场。研究发现在三类约束下，受融资约束的公司都会获得更高的回报，且无法用 Fama and French（2015）提出的因子模型来解释。基于融资约束的交易策略对于大型流动性股票来说是最有利可图的。当考虑债务约束时，基于此衡量标准的投资组合的年化风险调整后的超额收益率为 6.5%，最为可观。

（一）大数据方法的应用：基于朴素贝叶斯模型的文本分析法的融资约束测度

数据来源于 Compustat、证券价格研究中心（CRSP）和 SEC 的 EDGAR 数据库。EDGAR 数据库中，选取 1994—2010 年的所有 10-K 报告，并摘录管理层讨论和分析（MD&A）部分，其中包含对公司过去业绩、财务状况和未来前景的叙述性解释。鉴于 SEC 法规要求公司讨论其流动性需求和来源，因此该研究专注于 MD&A 部分。

采用朴素贝叶斯算法进行文本分类，文章将融资约束的概率建模为每个文件 MD&A 部分关键词词频的函数。对于每个文件中 MD&A 部分，计算每个词出现的频率，并将词数与融资约束状态联系起来，如下所示：

$$P(financially\ constrained)=f(w_1,w_2,\cdots,w_n)$$

式中，P 是概率度量，函数 f 表示朴素贝叶斯模型，w_i 表示单词 i 出现的频率，$(w_1,w_2,\cdots,w_n)$ 是给定 MD&A 的词频。对于每个（即每个公司年度）MD&A，得到一个文本分类分数，表明给定公司年度受到融资约束的概率。若结果接近 1，意味着 MD&A 文本来自与训练集中受约束公司相似的公司；若接近 0，则意味着它与训练集中的无约束公司相似。

（二）实验设计

1. 检验新指标与存在融资约束特征的关联性

存在融资约束的公司具有一系列特征。例如，对于构建的三个指标，存在高度融资约束的公司比无约束的公司具有明显更低的现金流、更高的现金余额、更高的研发强度和更高的托宾 Q 指数，这些差异均显著。此外，构建新指标捕捉到的公司特征与 Lamont，Polk and Saá-Requejo（2001）以及 Whited and Wu（2006）广泛使用的指标捕捉到的特征有所不同。这是因为基于文本分析与基于会计数据的衡量方法有着本质不同，会计数据仅提供一种间接的衡量融资约束的方法，而文本分析可以通过寻找直接可用的相关信息来规避这个问题。

2. 检验融资约束与股票回报之间的关系

检验融资约束与股票回报之间的关系。首先，根据纽约证券交易所的分割点（breakpoints）形成三个投资组合，这些投资组合按文本融资约束措施的近似三分位数

（前 30％、中间 40％和后 30％）排序。受融资约束公司的超额收益更高，这表明投资者需要因承担融资约束风险而获得补偿。其次，风险溢价不只集中在小股票上，规模最大和流动性最强的股票反而是受融资约束风险影响最大的股票。特别是，当对融资约束和公司规模的投资组合进行双重排序时，受限中盘股和受限大盘股的超额收益最大，但对于受限小盘股则不然。该研究结果反映交易策略的构建成本不应过高。为进一步研究融资约束风险，构建一个零成本的融资约束因子组合；依据规模分位数进行平均，以确保检测的是融资约束的变化而非规模的变化；之后根据 Fama-French 五因子模型对该投资组合进行回归，得出以债务为基础的融资约束指标的最高市值百分比的年化阿尔法（alpha）值为 7.2％。

3. 与 Hoberg-Maksimovic 基于余弦相似度构建的融资约束指标对比

在稳健性检验部分，比较采用文本分析法与 Hoberg and Maksimovic（2015）提出的替代方法之间的异同。两种方法均基于 Hoberg-Maksimovic 关键字列表，遵循相同的基本原则。但两种方法仍存在以下不同之处：

第一，该研究采用文本分析法分析整个 MD&A 部分，而 Hoberg and Maksimovic（2015）只检验流动性和资本部分。分析整个 MD&A 为该研究的学习算法提供了更全面的数据。

第二，Hoberg and Maksimovic（2015）的分析仅考虑给定的 MD&A 在单词列表中是否有匹配，而该研究计算给定 MD&A 出现单词匹配的频率。因此，该研究训练集只包含那些在 Hoberg-Maksimovic 关键字列表中得分最高的 MD&A，而 Hoberg and Maksimovic（2015）包括所有分数为正的文本。该研究的颗粒度更细，训练样本更准确。

第三，Hoberg and Maksimovic（2015）仅使用融资约束公司训练模型，而该研究的模型训练同时使用了受融资约束的公司和不受融资约束的公司。

Hoberg and Maksimovic（2015）使用余弦相似度度量文本相似度，这是一种基于两个词计数向量之间（的余弦）角度的几何方法。使用这种方法，不需要统计估计，只需要计算根据其是否处于融资约束状态进行分类的文本文档与由受约束公司组成的训练集的平均字数向量之间的余弦距离。如果余弦距离接近 1，则意味着该文档来自与已知融资约束公司非常相似的公司；如果余弦距离接近于 0，则文档来自与受约束公司完全不同的公司。因此该度量方法在计算时基于仅由受融资约束公司样本组成的训练集。

该研究也使用了 Hoberg-Maksimovic 提出的基于债务和股权融资约束衡量指标，重新运行回归结果。结果发现受约束和不受约束的公司之间的收益差在统计上是不显著的。当比较大公司和小公司时，发现前者的利差很小，而后者利差接近临界值。这些结果与该研究构建的指标结果形成鲜明对比，后者表现出显著正收益差。因此，以 Hoberg and Maksimovic（2015）的分析为基础，也证明了在构建训练文本时，样本集中有必要同时囊括受融资约束以及不受融资约束公司的样本。

（三）启示

1. 基于监督学习的文本分析——构建文本与其他构念的桥梁

以往关于文本分析法的运用大多关注文本的一般性特征，如情感、复杂度等。该研究通过监督学习和文本分析相结合的方法，搭建起管理层表述与融资约束的桥梁，并且由于财务是一个高度数据驱动的领域，使用文本分析有望丰富许多不同子领域的研究成果。将文本分析数据与传统会计变量数据分析结合，有助于直接衡量一些难以观察的公司特征，这对之后的研究有较好的启示作用。

2. 大数据新旧方法更迭的深度比较

与前一章"The Information Content of Forward-Looking Statements in Corporate Filings—A Naïve Bayesian Machine Learning Approach"一文类似，该研究的创新点在于构建衡量融资约束的新指标。此类文章一定会涉及对旧指标的比较与批判。该研究从统计学的角度阐述新方法的优越性，又在融资约束对股票回报这一特定问题背景下，对二者的不同结果进行了比较。使用新的大数据方法时，要同时回答两个问题：新方法从技术层面来看相较旧方法有什么优势？新方法从研究问题层面来看有无引入的必要性？

二、经典文献分析（二）：FinBERT—A Deep Learning Approach to Extracting Textual Information

文章由 Huang、Wang 和 Yang 共同完成，于 2020 年收录于社会科学研究网（SSRN）。该研究采用先进的深度学习算法，融合金融领域词汇的上下文关系。研究使用研究人员标记的分析师报告样本，证明 FinBERT 在情感分类方面明显优于 LM 词典、朴素贝叶斯和 Word2Vec 三种方法，这主要是因为 FinBERT 能够发现其他算法误标记为中性的句子的情感。与 FinBERT 相比，其他方法至少低估了收益电话会议中 32％ 的文本信息量。该研究还表明，FinBERT 的高准确性在实证检验样本较少时尤为突出。FinBERT 总结的文本情绪比 LM 词典更能预测未来的收益，尤其是 2011 年后，公司的战略披露减少了 LM 词典测量的文本情绪的信息含量。该研究结果对研究人员、投资专业人士和金融市场监管者等从金融文本中提取相关信息有启示作用。

（一）大数据方法：基于 BERT 无监督学习算法的情感分类

使用谷歌的 BERT 模型和大量的金融文本语料库开发的 FinBERT，是一种先进的深度学习 NLP 算法，可以综合考虑金融领域词汇之间的上下文关系。文章同时比较了该研究与常见的 4 种 NLP 算法（BERT、LM 词典、朴素贝叶斯、Word2Vec）分析金融领域数据文本情绪的准确性。该研究数据来源如下：

FinBERT 预训练数据集：从 SEC 的 EDGAR 网站上获得 1994—2019 年罗素 3000 指数成分公司发布的 60 490 份 10-K 报告和 142 622 份 10-Q 报告。从 Thomson Invest-ext 数据库中获取 2003—2012 年标准普尔 500 指数成分公司发布的 476 633 份分析师报告。从 SeekingAlpha 网站上获得 7 740 家上市公司 2004—2019 年 136 578 份财报电话会议记录。该研究的金融文本包括 49 亿词，与谷歌用于预先训练 BERT 的英文维基百科和 BookCorpus 的规模（33 亿词）相当。

NLP 算法情感分类比较数据集：使用了来自金融分析师报告的句子样本。样本包括 10 000 句由研究人员根据情绪标记的句子，其中 3 577 句是积极的，4 586 句是中性的，1 837 句是消极的。

文章采用使用 NLP 算法度量的会议电话的情绪（$Tone_j$）。首先，使用 NLP 算法将每个句子标记为积极、消极或中性；其次将收益电话会议情绪定义为积极句子的百分比减去消极句子的百分比，二者都来自电话会议的陈述部分；最后对数据进行标准化处理。

（二）实验设计

1. 财报电话会议语调和市场反应

使用投资者对电话会议的反应和公司未来的基本面来衡量电话会议的真实情绪，使用超额收益率来捕捉市场对电话会议的反应。

$$CAR = \alpha + \beta_1 Tone_j + \gamma_1 Earn + \gamma_2 UE + \gamma_3 Size + \gamma_4 Loss + \varepsilon$$

结果发现，所有 5 个指标都与 CAR 正相关，这与更积极的看涨情绪与更高的市场反应相一致。在这些衡量指标中，$Tone_j$ 是最具经济意义的，每增加一个标准差，CAR 值就会增加 0.77%。

2. 验证 FinBERT 算法的优越性

通过以下三个研究设计来比较基于不同算法、不同观测区间、不同样本大小的 NLP 模型对语调测量的解释力，说明 FinBERT 算法将语境信息纳入考虑的必要性。

第一，使用 Vuong（1989）的测试来比较 NLP 算法模型对语调测量的解释力，发现与 FinBERT 相比，其他算法低估了语调的经济强度。LM 词典低估语气经济系数

32.2%（0.524相对于0.773），朴素贝叶斯和Word2Vec低估的幅度更大（分别为48.8%和38.0%）。深度学习NLP方法（FinBERT和BERT）的语调测量模型比其他模型（均在1%水平显著）具有更强的解释力，且FinBERT进一步优于BERT（在10%水平显著）。

第二，比较拥有不同绩效的公司：使用具有高于和低于样本中位数的盈利和规模的公司季度的子样本来比较算法的表现。测试中发现FinBERT优于LM词典、朴素贝叶斯和Word2Vec的所有次级样本。

第三，使用小样本检验算法性能：每个季度随机抽取15个观测值，共1 095(15×73)个观测值（从2002 Q4到2020 Q4）。迭代1 000次，并对每个子样本估计该公式。发现FinBERT具有更高的准确性，能提高检验能力，并允许研究人员用更小的样本来检验假设。

对于成立年限更短、规模更小的公司，股票表现更差和回报波动更低的公司，以及参与并购的公司，FinBERT相对于LM词典的优势更大。文章进一步说明，对于该类公司的样本而言，语境信息（Contextual Information）中所含有的信息尤为重要。

3. 收益电话会议语调和公司的未来收益

使用市场对收益电话会议的反应作为真实情绪，利用不同的NLP算法预测公司未来绩效，进一步检验语调测量的信息内容。两种方法都可以预测未来两年的收益（FinBERT和LM词典的系数显著低于5%）。考虑上下文内容使NLP算法能更好地捕捉关于未来收益的信息，FinBERT语调测量模型在预测未来一年的收益方面具有更强的解释力。

探究2011年LM词典出版后，FinBERT相对于LM词典的信息内容优势是否更强。管理者可以改变他们的信息披露方式，以避免使用固定词典中的词语。将样本分为2011年前和2011年后两个部分，分别进行预测。FinBERT和LM词典在预测2011年之前的收益方面表现相似，但只有FinBERT能预测2011年之后的第二年收益。说明深度学习NLP算法的不透明性可能是一个优势，因为管理者很难有目的性地改变他们的语境信息以操纵语调。

（三）启示

1. 机器学习与文本分析的交叉应用

截至目前已介绍4篇关于文本分析与机器学习交叉应用的文章：无监督学习辅助词典法拓展词典，监督学习测度新变量（例如，融资约束），监督学习测度情感（基于词频分布），监督学习测度情感（基于上下文语境）。相较传统的基于词频计数的文本分析法，机器学习与文本分析的交叉使用扩大了文本分析法的使用范围，但也意味着数据处理和分析的难度提高，甚至会影响实验的可重复性。此外，机器学习与文本分析的交叉应用并不意味着传统词频计数的方法完全失去意义，之后章节中将介绍在特定的研究问题下，通过恰当的实验设计，方法简洁的传统文本分析法也可以在众多应用大数据技术的会计研究中脱颖而出。

值得注意的是，与英文文章相比，机器学习与文本分析的交叉应用很少出现在中文文章的相关研究中。可能是因为我国学者在该研究方向上普遍缺少学科交叉的意识，也可能是因为汉语在进行训练前需要进行合理的分词，这给文本分析前的数据清理带来了一定难度，很多已有的训练模型无法直接应用。本书的下篇将讲解计算机科学领域先进的百度 Paddle，尝试为基于中文的机器学习与文本分析的交叉应用提供解决方案。

2. 与计算机前沿技术的交叉应用

回顾过去数十年的文献，大数据技术在会计研究中的交叉应用远远晚于该技术出现的时间，甚至落后于该技术在其他社会学科落地的时间。该研究所采用的 BERT 模型即为谷歌于 2018 年公布的 NLP 模型，并且在之后的几年中受到了计算机科学领域学者的持续关注，完成了数次迭代。相较以往类似研究中所采用的朴素贝叶斯、支持向量机等机器学习模型来说，BERT 模型具有相当的前瞻性，但实际上依然远远落后于计算机科学。大数据方法在会计研究的应用中，需要加强与该方法所在科学领域最前沿技术的对话，不能只"吃剩饭"。会计学学者应当加强跨领域合作。

第4章　公司治理领域的大数据研究方法应用

公司治理问题作为协调和保障企业经营决策过程中利益相关者的制度安排，是会计研究中一个十分重要的主题。该研究问题伴随着现代公司组织形式的出现而形成，此研究领域的主要议题包括公司治理问题的表现（第一类、第二类代理问题）、公司治理机制（内部、市场层面、国家层面）。该研究议题下涉及的大数据方法主要包括网络分析、文本分析、机器学习等，部分研究采用了音视频分析的方法。

第一节　公司治理领域应用大数据研究方法的相关代表文献

我们选取如表4-1所示的权威期刊中引用率较高的有关公司治理领域应用大数据研究方法的10篇文章进行分析，发现在公司治理领域的大数据技术涉及网络分析、中心度分析、情感分析、关联分析、文本分析、音频分析等，与其他几个领域类似。可见，这些成熟的大数据技术已经广泛应用于会计领域的研究。

表4-1　公司治理领域应用大数据研究方法的相关代表文献

标题	作者	年份	期刊	大数据技术	技术细分	他引
External Networking and Internal Firm Governance	Cesare Fracassi, Geoffrey Tate	2012	*The Journal of Finance*	网络分析	关联分析	892
Corporate Goodness and Shareholder Wealth	Philipp Krüger	2015	*Journal of Financial Economics*	数据库＋文本分析	情感分析	849
网络位置、独立董事治理与投资效率	陈运森；谢德仁	2011	管理世界	网络分析	中心度分析	741
Boardroom Centrality and Firm Performance	David F. Larcker, Eric C. So, Charles C. Y. Wang	2013	*Journal of Accounting and Economics*	网络分析	中心度分析	532

续表

标题	作者	年份	期刊	大数据技术	技术细分	他引
媒体类型、媒体关注与上市公司内部控制质量	逯东，付鹏，杨丹	2015	会计研究	数据库＋文本分析	主题分类＋搜索引擎报告数量	322
A Measure of Competition Based on 10-K Filings	Feng Li, Russell Lundholm, Michael Minnis	2012	*Journal of Accounting Research*	文本分析	关键词识别	296
Corporate Governance and the Information Content of Insider Trades	Alan D. Jagolinzer, David F. Larcker, Daniel J. Taylor	2011	*Journal of Accounting Research*	数据库	搜索引擎报告数量	221
Detecting Management Fraud in Public Companies	Mark Cecchini, Haldun Aytug, Gary J. Koehler, Praveen Pathak	2010	*Management Science*	机器学习	预测	220
社会网络与企业效率：基于结构洞位置的证据	陈运森	2015	会计研究	网络分析	结构洞	200
Knowledge, Compensation, and Firm Value: An Empirical Analysis of Firm Communication	Feng Li, Michael Minnis, Venky Nagar, MadhavRajan	2014	*Journal of Accounting and Economics*	音频分析＋文本分析		103

第二节　经典文献分析

一、经典文献分析（一）：A Measure of Competition Based on 10-K Filings

文章由 Feng Li 等于 2011 年发表于 *Journal of Accounting Research*。通过文本分析建立一种基于管理层 10-K 报告披露的竞争测度，并证明该测度的有效性。利用文本分析中的词典法在企业层面衡量竞争关系，其准确度更高并且对衡量公开数据有限的企业竞争程度具有一定贡献。

（一）大数据方法应用：基于文本分析的竞争指数构建

采用 EDGAR 数据库中 1995—2009 年的所有文件数据，基于词典法的文本分析法，利用 10-K 报告中对公司竞争激励程度的描述来构建"竞争"指标。模型如下，PCTCOMP："竞争"；NCOMP："竞争"及其变体出现的总词数；NWORDS：10-K 报告中的总词数。

$$PCTCOMP = \frac{NCOMP}{NWORDS}$$

将 PCTCOMP 进行分位数排序，构建取值为 [0，1] 的 COMP 变量进行回归。该指标基于公司层面对竞争进行衡量，不仅适用于上市公司，也适用于非上市公司。

（二）实验设计

1. 描述性统计：不同类别企业面临竞争压力的状况

处在固定资产水平较高行业的公司更少地使用"竞争"类词语，这与较高的投资要求为进入行业形成壁垒，从而削弱竞争这一逻辑一致；处在竞争公司较多的行业或者处在产品相似度较高行业的公司更多地使用"竞争"类词语，这与此类行业内部现有竞争者之间竞争激烈这一逻辑一致。针对研发投入的结果与预想结果方向相反，处在研发投入较高行业的公司更多地使用"竞争"类词语，这可能是与红皇后（Red Queen）竞争理论一致，即公司需要持续地投入创新才能维持行业地位，所以竞争压力持续存在。

2. 与现有的几种衡量竞争的方法进行比较

这几种方法分别为：行业内固定资产加权平均、行业内研发投入加权平均、行业内资本支出加权平均、产品市场规模、前四大公司市场集中度（即市场中前四大公司的市场份额之和）、HHI 指数（即行业内所有公司市场份额的平方和）、行业内公司数量、产品相似度。从数据上来看，新构建的指标与现有"竞争"衡量指标相关但相关系数较小，说明该研究提出的新的"竞争"衡量指标可以反映市场的竞争状况，且为现有的指标贡献新的内容。

3. 变量替换与调整

该研究共进行 9 项稳健性检验：使用 PCTCOMP/10-K 报告总词数、PCTCOMP/总资产、PCTCOMP/分公司数量等三种方法替换原有变量，结论不变并增强；使用 COMP 在一段时期的平均值替换原有变量，结果保持稳健；加入 D_RNOA 以排除先前公司表现对管理层"竞争"表述的影响，结果显示公司表现并不影响公司竞争；通过去除极高 RNOA、极低 PCTCOMP 和极高 PCTCOMP 来检验非线性关系对结果的影响，结果保持稳健；通过加入亏损公司来检验亏损与盈利公司的表现差异，显示"竞争"表述没有提供亏损公司收益均值回归的补充证据。

此外，研究将 COMP 指标与其他几项行业竞争指标同时回归，COMP 指标依旧显著，证明该研究构建的"竞争"衡量指标并非其他指标产生的噪声，具有实践意义。

4. 构建行业层面的"竞争"衡量指标

为了更好地解决"与谁竞争"的问题，文章将"竞争"衡量指标扩展到行业层面。文章使用 Fama-French 行业分类、Hoberg-Phillips 行业分类、SIC3 和 SIC4 行业分类，"竞争"衡量指标的精度保持不变。同时，通过行业层面的指标构建的模型的解释度提高，证明该研究构建的指标并非是管理层对公司不良表现的托词，可以进一步确定该研究构建的"竞争"衡量指标是对真实竞争的衡量。

5. 处于不同竞争态势中的公司，对战略性披露竞争态势的选择不同

竞争程度会影响公司提供经营或资本支出的披露，进而引导分析师的预测。基于先前讨论的几种现有竞争衡量方法及其特点，构造现有威胁和潜在威胁变量。将样本内的企业分为两类，一类是面临高现有威胁，低潜在威胁；另一类是面临低现有威胁，高潜在威胁。研究发现，相较于面临较高潜在威胁和较低现有威胁的公司，潜在威胁较低而现有威胁较高的公司会披露更多的内容。研究又采用 Hoberg-Phillips 的 SIM 变量将样本分为高产品相似度和低产品相似度两组，重复上述实验，发现 SIM 分数较低的公司可能更难评估竞争格局。

(三) 启示

1. 基于文本分析法衡量竞争度

传统衡量"竞争"的方法的准确性会受到多种因素影响。例如，能否准确识别公司经营投资决策，能否准确识别行业和市场、识别竞争对手，是否可以获得公开可用的数据等。相较于传统方法，文章提出的新衡量方法不受上述因素的影响和限制，可以提高准确性，尤其是研究公开市场数据有限的公司。

2. 基于传统词典法进行的文本分析

与所有基于词典法进行的文本分析法类似，准确识别"竞争"及其变体词语是进行文本分析的关键。该研究从以下几个层面论证该问题情境下词典法依然有较强的效力。首先，该研究中文本分析法的运用旨在构建竞争指数。"竞争"相较于情感、语调等概念更为聚焦，这意味着关键词词典较容易构建，且关键词的提及意图较为统一。这两点优势证明了词典法在该特定问题情境下的运用有较高的合理性。其次，该研究中也提到，以往采用类似方法的研究（Turney，2002）证明使用简单无监督学习算法和使用更复杂算法对文本的分析结果几乎一致。

二、经典文献分析（二）：External Networking and Internal Firm Governance

文章由 Cesare Fracassi 和 Geoffrey Tate 于 2012 年发表于 *The Journal of Finance*。文章通过网络分析研究董事和首席执行官（CEO）之间的外部网络联系对公司运营的影响及其内在机制。该研究创新地使用多种方式衡量董事和 CEO 之间的联系，包括当前工作关系、过去工作关系、教育经历和其他活动关联。同时，该文章除了研究网络结构，也将网络节点中的个人特征纳入考虑范围，更加全面地探索关系网络中包含的属性。

（一）大数据方法：基于社会网络分析方法的变量构建

该研究基于 2000—2007 年 S&P 1500 指数中的 2 083 家成分公司，共 11 468 个观测值，20 189 个董事，共 108 770 个观测值。董事和 CEO 的个人信息来源于 BoardEx 网站，公司投资信息来自 SDC Platinum Mergers & Acquisitions Database，股票收益信息来自 CRSP。

该研究基于社会网络分析方法构建一系列关于公司董事和 CEO 之间的社会网络联系指标。社会网络指数（Social Network Index，SNI）由当前任职关联（Current Employment Connection）、过去任职关联（Prior Employment Connection）、教育经历关联（Educational Connection）、其他活动关联（Other Activity Connection）之和组成。具体变量衡量方法如下：

（1）当前任职关联（Current Employment Connection）：表示董事和 CEO 目前至少都在同一家外部公司任职。

（2）过去任职关联（Prior Employment Connection）：表示董事和 CEO 过去至少都在同一家外部公司任职（不包括当前任职的关联公司）。

（3）教育经历关联（Education Connection）：表明董事和 CEO 曾同时就读于同一所学校。考虑了就学时间问题，董事与 CEO 在一年之内就读同一所学校被判定为存在教育经历关联。

（4）其他活动关联（Other Activity Connection）：表示董事和 CEO 至少在一个非专业组织中共享活跃成员的资格。

1）考虑非专业组织的规模与成员重要性的问题，董事和 CEO 在组织中必须担任主席或者经理才可被判定存在其他活动关联，只担任普通会员角色不判定为存在关联。

2）考虑部分组织的成员身份只能代表其是某一方面的专家，而不能代表其与其他成员存在社会关联（作者所举的例子为"美国心脏协会"（American Heart Association，AHA））。因此研究将专业身份设置为控制变量。

3）作者在稳健性检验部分将其他活动关联指标删除，发现结论仍然显著。

（二）实验设计

1. 事件冲击

研究使用董事死亡或者退休作为时间冲击后公司价值的变化来检验 CEO 和董事网络发挥的作用，发现 CEO -董事关系的断裂会使公司价值提升。

2. 分组回归与交互项检验

（1）比较关联董事退休或死亡与非关联董事退休或死亡对公司价值带来的影响。

（2）将经历过董事死亡或者退休的公司与相似属性的公司（同时期、同行业、同 CEO -董事网络数）进行匹配比较。

（3）将 CEO 与董事的网络划分为内部网络与外部网络后，发现 CEO 的内部网络对于公司价值存在显著的负面影响。

（4）比较股东权力较强的公司与较弱的公司内 CEO -董事关系的效果强弱。

（三）启示

1. 社会网络中网络关系的细致、全面刻画

文章并没有对社会网络分析的一系列关于节点、网络等对象的指标进行研究，但依然通过细致全面的社会网络构建、适当的实验设计，清楚讲解社会网络的影响效果与逻辑，为大数据研究提供了启示。在构建社会网络方面，该研究的一系列细致考虑可以从根本上避免部分社会网络研究常见的内生性问题。社会网络分析中最核心的部分为社会网络的构建（或者说抽象），而网络构建过程中最复杂也最可能存在争议的部分，是如何定义网络中的"边"或"弧"。会计研究中常见的关系构建标的包括校友、同乡、共事、交叉任职关系等。其中交叉任职关系因为其数据的可获得性，在我国的会计相关研究中被大量运用。但正如该研究所指出的，社会关系的度量应该不仅局限于研究连锁董事，还应当考虑其他更具普遍意义的关系。因此文章将任职关联、教育经历关联、其他活动关联等因素都纳入网络分析当中，并且对关系产生的时间节点问题进行了细致的讨论。学者们应该加强对社会网络关系中关系属性的思考，在构建社会网络的过程中保持谨慎。

2. 对于大数据处理过程出现的所有问题进行披露、解释

对变量构建中出现的所有可能情况进行披露，例如该研究在描述其他活动关联时在脚注中指出，"本研究在构建此变量时没有考虑该活动的起止时间问题"，并且说明原因（数据可得性，已收集数据的情况与进展），阐述对于此纰漏的思考与解决方案。这一点对于实现数据方法的可重复性尤为重要。

第 5 章 审计领域的大数据研究方法应用

在资本市场中，审计作为一项制度安排具有重要的经济价值，不仅能够提高资本市场中财务报告的质量，降低企业的代理成本和资本市场中的信息风险，缓解信息不对称，进而降低企业的融资成本，达到优化资源配置的目的，还能够作为一种风险转移机制将财务信息风险全部或者部分地转移给审计师，从而为财务信息使用者提供保护。该研究领域下主要包括审计需求、审计生产、审计市场、审计定价、审计师变更等重要主题。该研究议题下，文本分析、网络分析、机器学习等方法均得到了广泛应用。特别是基于机器学习方法多维度变量预测能力而构建的舞弊预测模型受到了审计学术界与实务界的广泛关注。

第一节 审计领域应用大数据研究方法的相关代表文献

选取如表 5-1 所示的权威期刊中有关大数据技术应用于审计研究的 11 篇经典文献，包括音频分析、文本分析、机器学习、可视化分析等。在审计领域，大数据技术的应用也被广泛接受。

表 5-1 审计领域应用大数据研究方法的相关代表文献

标题	作者	年份	期刊	大数据技术	技术细分	他引
Analyzing Speech to Detect Financial Misreporting	Jessen L. Hobson, William J. Mayew, Mohan Venkatachalam	2011	*Journal of Accounting Research*	音频分析	LVA 软件	265
媒体监督、政府质量与审计师变更	戴亦一，潘越，陈芬	2013	会计研究	文本分析	关键词识别	227
Detecting Management Fraud in Public Companies	Mark Cecchini, Haldun Aytug, Gary J. Koehler, Praveen Pathak	2010	*Management Science*	机器学习	预测	220

续表

标题	作者	年份	期刊	大数据技术	技术细分	他引
基于大数据可视化技术的审计线索特征挖掘方法研究	陈伟，居江宁	2018	审计研究	可视化分析		125
媒体监督、内部控制与审计意见	张丽达，冯均科，陈军梅	2016	审计研究	数据库＋文本分析	搜索引擎报告数量	115
媒体负面报道、审计师变更与审计质量	周兰，耀友福	2015	审计研究	文本分析	情感分析	115
A Bayesian Methodology for Systemic Risk Assessment in Financial Networks	Axel Gandy, Luitgard A. M. Veraart	2017	*Management Science*	网络分析		111
媒体负面报道、审计定价与审计延迟	刘笑霞，李明辉，孙蕾	2017	会计研究	文本分析	关键词识别	100
媒体态度、投资者关注与审计意见	吕敏康，刘拯	2015	审计研究	数据库＋文本分析	搜索引擎报告数量、情感分析、关键词识别	85
Using Unstructured and Qualitative Disclosures to Explain Accruals	Richard M. Frankel, Jared N. Jennings, Joshua A. Lee	2016	*Journal of Accounting and Economics*	文本分析＋机器学习	预测	55
The Geographic Decentralization of Audit Firms and Audit Quality	Matthew J. Beck, Joshua L. Gunn, Nicholas Hallman	2019	*Journal of Accounting and Economics*	数据库		26

第二节　经典文献分析

一、经典文献分析（一）：The Geographic Decentralization of Audit Firms and Audit Quality

文章由 Matthew J. Beck、Joshua L. Gunn 和 Nicholas Hallman 于 2019 年发表在 *Journal of Accounting and Economics* 上。会计师事务所是一种组织，形式上被分散为地理上的办事处。非中心化使办事处与客户之间的距离更加接近，从而提高审计师与客户之间的互动效率。然而，这种非中心化也加大了事务所内部各办事处之间的距离，可能会妨碍审计师之间的互动。办事处之间的距离减小会降低办事处间审计质量的"溢出"。

（一）大数据方法应用：基于可视化分析的会计师事务所办事处距离变量构建

文章将 Compustat 数据库中的所有非金融类美国公司的数据与 Audit Analytics 数据库中的审计费用、审计意见和财务重述数据合并，并将样本局限于四大会计师事务所的客户，样本期为 2004—2015 年。

（1）对事务所及其各个办事处的位置和大都市统计区①内办事处的位置进行可视化分析。

（2）计算各个办事处之间的距离。

1）第一步，对每个小型办事处②使用谷歌地图应用程序编程接口（API）计算到同一家事务所最近的大型办事处③的距离，以检索包含会计师事务所办事处的每个城市的地理坐标。

2）第二步，使用地球表面的椭球模型，计算事务所大型和小型办事处每个坐标之间的最短曲线，并选择最短距离。

3）第三步，将上述距离乘以－1，使测量值随着两个办事处的靠近而增加。

（二）实验设计

（1）使用大数据方法构建的各个办事处的距离作为主变量，由于不是所有的四大会计师事务所都在同一城市设有大型办事处，另创建一个"安慰剂"变量——接近度，将每个小型办事处与最近的大型办事处（任何公司）相匹配，而不考虑办事处隶属关系。

（2）文章使用两个独立的因变量，以反映审计质量的不同方面。第一个因变量为控制公司绩效的异常应计项目的绝对值，第二个因变量使用 10-K 重述。根据因变量的性质，研究使用最小二乘法（OLS）或逻辑回归对模型进行估计，并根据每个独特的客户公司对标准误差进行聚类。

（3）阐明为什么地理位置靠近大型办事处会提高小型办事处的审计质量，研究三项业务活动，即监控、知识共享、资源共享。

（三）启示

1. 大数据中的非结构化数据——地理位置

大数据的一个重要特点是对非结构化数据的处理与分析。除了常见的文本数据，

---

①　大都市统计区（Metropolitan Statistical Areas，MSA）是指美国核心都市人口密度相对较高、整个地区全体经济有密切关系的地理区域。这些地区并没有法律地位，由美国人口普查局和其他联邦政府机构出于统计目的的使用。核心都市区域人口超过 5 万人的，可被定为大都市统计区。

②　小型办事处是指各会计师事务所内按平均年度审计费用排序后 90％ 的办事处。

③　大型办事处是指各会计师事务所内按平均年度审计费用排序前 10％ 的办事处。

研究对象的地理位置等指标都可以纳入研究范畴。例如，文章对事务所的分布位置与其审计质量的关系进行研究。以往国内关于审计质量的研究大多只考虑审计师个人或者事务所层面的因素，很少考虑事务所中各个办事处的地理位置，而这些办事处才是审计业务的真正实施者。

该研究同样致力于提高大数据的准确性。例如，对构建二者之间距离变量的时候，要做到准确，例如该文中利用两点坐标，不是简单地使用直线距离，而是考虑到地球椭圆的形状，以达到更加精准的测量。

2. 基于大数据研究所需要的透明性

开展大数据研究时数据透明性非常重要，而对数据进行可视化是增强其透明性的一个重要方式。例如该研究在变量构建、实证分析中对所研究的对象直接描述，这种方式很好地增强了研究的可解释度。

二、经典文献分析（二）：Detecting Management Fraud in Public Companies

文章由 Mark Cecchini，Haldun Aytug，Gary J. Koehler 以及 Praveen Pathak 于 2010 年发表在 *Management Science* 上。该文章提供了一种使用基本财务数据检测管理层欺诈的方法。该方法基于支持向量机，并开发了一个特定于金融领域的内核（Financial Kernel，FK）。基于大量欺诈性与非欺诈性样本集，使用金融内核的支持向量机正确标记 80％ 的欺诈案例和 90.6％ 的非欺诈案例。此外，使用数据复制其他领先的欺诈研究，发现此研究方法在欺诈案件中具有最高的准确性。

（一）大数据方法应用与研究设计：使用基于 SVM 的机器学习法实现对管理层欺诈的预测

文章将会计欺诈评估研究和机器学习相结合，提出一种仅利用基本和公开的历史财务数据，来帮助检测管理层欺诈的方法，收集公司欺诈执行公告数据集，将先前的欺诈检测研究映射到金融内核，模型功能重点放在高维特征空间中区分欺诈和非欺诈案例的模型上。结果显示，SVM-FK 在 50∶1 的成本比下，欺诈预测率达到 80％，非欺诈预测率达到 90.6％。当成本比超过 50∶1 时，欺诈结果保持不变，但非欺诈预测逐渐恶化。

许多欺诈研究都集中于发现与欺诈高度相关的变量，并分析这些变量以提高洞察力。该研究开发一种方法，可与现有文献中的变量一起使用，开发模型创建这些变量的新组合，以帮助预测欺诈行为。

文章利用美国证券交易委员会（SEC）的会计和审计执行公告（AAER），剔除无法在 Compustat 数据库中找到案例和没有重述的公司后，共收集到 122 家欺诈公司。

数据处理和测试过程如下：

（1）把每一年的欺诈看作一个公司年度，最终为 205 个欺诈公司年度，时间为 1991—2003 年。文章对每个公司年度收集两年的数据：一年为欺诈年度，一年为欺诈前一年。

（2）通过四位标准行业分类（SIC）代码和年份限制匹配标准，允许每个欺诈公司有多个非欺诈公司与之匹配。该研究中欺诈与非欺诈的公司比率约为 1∶31，约为 3%。

（3）参考之前的研究，收集 40 个特征变量用来检测欺诈行为。

（4）对 205 家欺诈公司的重述数据进行描述性统计分析。

（5）由于 FK 的映射将导致特征变量的值为 0，为避免此问题，将 0 值替换为 0.000 1；还剔除了数值缺失的公司，删除缺失值大于 25% 的变量，最终产生 23 个特征变量。

（6）通过对数据集早期的训练和未来几年的测试来验证 SVM-FK 方法，培训样本包括 1991—2000 年的数据，通过匹配和删除缺失值后，使用先前研究中的 23 个特征变量，生成 1 518 个 FK 特征变量，为该年添加一个数值作为对照，这样就得出了测试样本的结果。

（7）为了研究这些特征变量的重要性，还对 FK 进行排序，得出五大特征变量。

（二）启示

1. 基于机器学习的审计研究

机器学习法是目前为止审计研究中应用最为广泛的大数据方法。该篇研究是研究思路较早且具有代表性的一篇文章。采用支持向量机的金融内核方法对欺诈进行预测。

该篇文章关注会计研究中审计议题下的研究问题，最终发表在权威期刊 *Management Science* 上。该研究在大数据预测方法上做出创新并进行重点叙述，对会计研究学者具有一定的借鉴意义。但值得进一步思考的是：计算机科学方法的更迭对于会计研究的边际贡献如何？如果其贡献仅体现在某种算法上的优越性，类似的任务是否应该由会计学学者完成？

2. "老问题，新方法"，不能逃避与已有研究的对话与比较

文章采用新方法解决老问题，并单独设置一个小节与以往采用类似方法的文章进行比较，验证了研究方法的优越性。如果文章的主要贡献在于对某种技术的改进与创新，一定不能忽略与以往经典文献的比较。

| 下 篇 |
会计研究中的大数据工具及其实现

本篇首先梳理近十年国内外会计研究权威期刊中使用的大数据技术，并详细解读其原理、使用方法及实现代码。常用的大数据技术包括：网络爬虫、机器学习、文本分析、社会网络分析、图像及音视频分析；此外，还梳理了 R 语言在机器学习中的应用、研究中使用的多种数据库以及 Python 与多个常用软件的交互使用方法（包括 Stata、Excel、Word 和 PDF 文件）。

本篇的具体安排如下图所示：第 6 章介绍了使用网络爬虫获取数据，以及国内外期刊中使用到的特色数据库和分析软件。从第 7 章开始介绍数据分析工具。第 7 章介绍了机器学习的基本概念，详细讲解了机器学习预测算法的实现步骤。第 8 章梳理了研究中常用的变量，除介绍文本分析常用算法外，还介绍了机器学习与文本分析的交叉应用。第 9 章梳理了社会网络的基本概念和关键指标，介绍了多个社会网络分析常用的软件，并详细讲解机器学习算法在该领域的应用。第 10 章复现国外权威期刊中对图像及音视频数据的应用。第 11 章详细讲解了如何实现 Python 与 Stata、Excel、Word 和 PDF 文件的交互，便于科研人员进行批量数据处理。

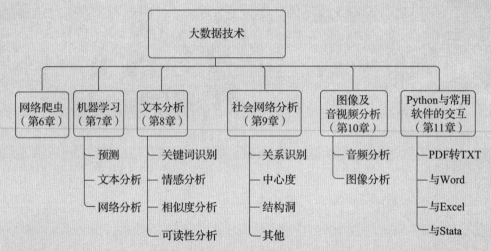

本书将为每个案例和习题配备讲解视频，便于读者跟随书中内容实现相关功能，该视频可在 www.ecogement.com 网站观看。

本书的大数据方法主要通过 Python 语言实现，读者可自行学习国家精品慕课课程《Python 语言程序设计》[①]，该课程由北京理工大学嵩天老师开设，对 Python 的基础语法进行简单介绍，有助于读者理解本书下篇的内容。

第6章,数据获取工具:网络爬虫和特色数据库

目前国内会计研究使用的主流数据库为 CSMAR、Wind,国外会计研究的数据主要来自 EDGAR 数据库,这三个数据库包含了大部分研究所需的企业数据,但是部分特色变量的衡量无法在上述数据库中找到合适的数据。特色变量的构建可以通过设计爬虫程序获取,也可以借助一些特色数据库或者分析工具辅助实现。

本章第一节介绍爬虫概念,搭建从网页分析、信息获取到数据储存的统一框架;第二节梳理常见的网络反爬情况以及相应的处理方法;第三节总结国内外会计研究期刊中具有特色的数据库和数据处理工具;第四节以案例的形式介绍爬虫获取网页信息常见的三种形式;第五节为练习题解析。由于爬虫程序存在法律界定边界,本章的案例讲解后续将在网站(www.ecogement.com)上进行补充,请读者关注网站中的课程更新。

第一节　概念引入

网络爬虫(Web Crawler),又称为网页蜘蛛,是指按照一定的规则,自动抓取万维网信息的程序或者脚本。通俗地说,爬虫是一个模拟人类请求访问网站的程序,它可以自动发送请求、抓取数据,并使用一定规则提取有价值的数据。由于互联网信息的多样性和资源的有限性,根据用户需求定向抓取相关网页并分析,如今已成为主流的爬取策略。

本节将介绍会计研究中爬虫的使用方式、使用 Python 实现爬虫的优势和实现爬虫算法的五个步骤。

一、网络爬虫在会计研究中的应用

虽然目前的数据库十分多样,可以满足绝大部分的科研需求,但是数据库的建立需要时间,在提高数据规范性的同时,影响了数据的及时性。部分研究中变量的衡量需要特殊数据的支撑,那么这部分数据往往需要通过网络爬虫获取。

（一）爬取网页信息

目前网络爬虫技术可用于获取网络中的文本信息，如招股说明书、网站评论、分析师报告等，然后通过特定文本分析手段，如关键词识别、文本情感分析、文本相似度分析、文本可读性分析、网络分析方法，从文本中提取所需信息构建变量。表 6-1 中列出了近十年权威期刊中使用该技术的文献。Hanley and Hoberg（2012）使用爬虫从证券数据公司（Securities Data Company，SDC）新闻发布数据集中抓取 1996 年 1 月 1 日至 2005 年 10 月 31 日的初始招股说明书以及所有后续修订内容，共得到 8 199 份文件。对得到的文件进行筛选，利用余弦相似度计算文档的相似度。研究表明发行者会在定价和战略披露的潜在风险与诉讼风险之间进行权衡。周宏等（2020）从百度新闻爬取 2013—2019 年我国债券市场发行公司债企业的竞争对手数据，通过识别文本中不同企业的共现关系构建竞争网络，用网络程度中心度描述以多元化发展为意识线索的企业竞争程度，探索市场竞争对债券信用风险的影响。王永海等（2019）采用网络爬虫技术爬取上市公司分析师报告，并利用贝叶斯模型对文本进行情感分类以构建分析师语调，研究异常审计费用对分析师语调的影响。此外，也有部分研究利用爬虫获取网页中的数据信息，弥补现有数据库的不足。杨蕴毅等（2015）利用爬虫从上海证券交易所官网获取财报数据，并利用迭代的 K 均值聚类算法自主发现财报疑点。

表 6-1　使用网络爬虫技术爬取网页信息的相关代表文献

研究主题	标题	作者	年份	期刊	被引次数
财务会计	Litigation Risk, Strategic Disclosure and the Underpricing of Initial Public Offerings	Kathleen Weiss Hanley, Gerard Hoberg	2012	*Journal of Financial Economics*	246
审计	基于迭代式聚类的审计疑点发现——以上市公司财报数据为例	杨蕴毅，孙中和，卢靖	2015	审计研究	19
审计	异常审计费用与分析师语调——基于分析师报告文本分析	王永海，汪芸倩，唐榕氚	2019	会计研究	10
财务管理	大数据背景下市场竞争与债券信用风险——基于企业多元化发展的实证检验	周宏，赵若瑜，李文洁，何剑波	2020	会计研究	1

权威期刊的会计研究中涉及爬虫的研究较少。原因其一可能是目前各网站对于爬虫限制较高，不正当使用网络爬虫可能会带来法律风险；其二可能是国外现有数据库较全，可以满足大部分研究需求；其三可能是该种类爬虫实现难度较大，会计研究人

员不易实现。目前国内会计研究的主流数据库为 CSMAR、Wind，数据来源较为单一且数据内容有较多限制，且国内的各大政府公开网站对爬虫的限制较多，因此网络爬虫技术在目前的国内研究中未占有一席之地。

（二）搜索引擎的使用

爬虫由于法律限制以及实现难度较高，导致其应用范围较窄。相比之下，较多会计研究利用搜索引擎的搜索结果来构建变量。表6-2中列出近十年使用到该方法的会计领域权威期刊文章中被引量较高的10篇文献。

表6-2　使用搜索引擎数据的相关代表文献

研究主题	标题	作者	年份	期刊	被引次数
财务会计	媒体报道、制度环境与股价崩盘风险	罗进辉，杜兴强	2014	会计研究	674
财务会计	Investor Information Demand：Evidence from Google Searches Around Earnings Announcements	Michael S. Drake, Darren T. Roulstone, Jacob R. Thornock	2012	*Journal of Accounting Research*	524
公司治理	媒体类型、媒体关注与上市公司内部控制质量	逯东，付鹏，杨丹	2015	会计研究	322
公司治理	Corporate Governance and the Information Content of Insider Trades	Alan D. Jagolinzer, David F. Larcker, Daniel J. Taylor	2011	*Journal of Accounting Research*	221
财务管理	媒体曝光度、信息披露环境与权益资本成本	卢文彬，官峰，张佩佩，邓玉洁	2014	会计研究	203
其他	Search-based Peer Firms：Aggregating Investor Perceptions through Internet Co-searches	Charles M. C. Lee, Paul Ma, Charles C. Y. Wang	2015	*Journal of Financial Economics*	186
财务管理	媒体报道与投资效率	张建勇，葛少静，赵经纬	2014	会计研究	143
审计	媒体监督、内部控制与审计意见	张丽达，冯均科，陈军梅	2016	审计研究	115
审计	媒体态度、投资者关注与审计意见	吕敏康，刘拯	2015	审计研究	85
财务会计	Earnings Notifications, Investor Attention, and the Earnings Announcement Premium	Kimball Chapman	2018	*Journal of Accounting and Economics*	38

根据关键词和特定搜索在特定浏览器中进行检索，根据检索到的结果数量构建变量。部分研究是基于百度搜索引擎的搜索结果展开的。在百度搜索引擎中利用股票名称、股票代码等特定关键词，根据公司的新闻检索条目数来反映公司的新闻报道水平（罗进辉和杜兴强，2014；张琦等，2016）、网络媒体关注度（逯东等，2015）、投资者关注度（吕敏康和刘拯，2015）、政府单位媒体报道情况（张琦和郑瑶，2018）。部分研究利用知网《中国重要报纸全文数据库》中八大主流报纸的媒体报道数，衡量媒体对企业的关注程度（卢文彬等，2014；张建勇等，2014）、媒体监督的程度（张丽达等，2016）。特别地，罗一麟等（2020）利用雪球网对个股的讨论帖的数量，构建个人投资者信息获取行为指标。国外研究者对于搜索引擎数据的应用更为多样化。Drake et al.（2012）利用某家企业在谷歌上的搜索量衡量投资者信息需求，Jagolinzer et al.（2011）利用关键词组合在谷歌金融上搜索上市公司的内部交易政策，Lee et al.（2015）和 Chapman（2018）的研究分别利用 EDGAR 数据库中所有用户的搜索记录衡量企业之间的相似程度和投资者关注度指标。

二、利用 Python 实现爬虫功能

很多编程语言都可以用来实现爬虫：C，C++的优点在于效率高、速度快，适合通用搜索引擎进行全网爬取；缺点在于开发速度慢、代码冗长。Perl，Java，Ruby，Python 的优点在于简单、易学、有良好的文本处理功能、方便网页内容的细致提取，但效率往往不高，适合对少量网站的聚焦爬取。相比之下，Python 的优势在于它有大量的开源第三方库，可以直接使用开源且较完善的框架，简单易学。形象地来解释，如果把编写程序比作建造房屋，使用 C 和 C++相当于从沙子、泥土开始，先把它们做成砖瓦（即构造函数），再一点一点地搭建房屋，这样构造的房屋可变化的空间更多，但是效率较低；使用 Python 语言相当于直接使用他人做好的砖瓦、钢筋进行建造，这会使工作效率大大提高，房屋的功能性也不会受到影响。

三、爬虫程序实现的基本流程

爬虫程序的实现可以归纳为以下五个步骤。

第一步：URL 分析。URL 的全称为 Uniform Resource Location，译为"统一资源定位符"。通俗地说，URL 是互联网上用来描述信息资源的字符串，主要用在各种万维网客户程序和服务器程序上。采用 URL 可以用一种统一的格式来描述各种信息资源，包括文件、服务器的地址和目录等。该步骤通过分析关键网页的 URL 结构，寻找其构成规律，该步骤是第三步发送请求、接受响应的基础。

第二步：信息规律分析。该步骤会使用到浏览器的开发者模式，在爬虫实现过程中浏览器的开发者模式较常使用的功能页面为元素（Elements）和网络（Network）。

● 元素：用于查看 HTML 元素的属性，分析网页结构，找到所需数据在网页中的位置。

● 网络：用于查看浏览器与服务器之间交互的相关信息，在该模块中寻找包含目标信息的网络请求，并详细分析该请求的头部信息，是第三步构建头部信息的基础。

第三步：发送请求、接受响应。该步骤通过 Python 构建头部信息，模拟浏览器向服务器发送请求，并接受服务器返回的响应。该步骤涉及的第三方库有 requests 和 fake_useragent。requests 库是 Python 内置的 HTTP 请求库，它可以看作处理 URL 的组件集合。fake_useragent 库可以生成请求头中的 User-Agent 值，便于对同个网站进行多次爬取。

第四步：解析内容、提取信息。服务器返回的信息噪声较多，通常使用正则表达式、json 函数和 BeautifulSoup 三种方式解析返回数据，提取有用信息。正则表达式，又称规则表达式，通常用来检索、替换符合某个模式的文本，需借助 re 库实现。json 是一种数据格式，Python 中的 json 函数可将字符串信息转化为规范化的列表格式信息，便于信息提取。HTML 文档本身是结构化的文本，具有一定的规则，通过搜索它的结构可以简化信息提取。BeautifulSoup 库支持 Python 标准库中的 HTML/XML 解析器，与 lxml 和 pyquery 这两个解析库相比，BeautifulSoup 更加简单易懂。

第五步：保存数据、下载文件。将从服务器返回数据中提取的信息以一定形式（如表格）储存，或者将链接中的文件下载到本地。该步骤涉及的第三方库有 pandas 和 os。pandas 库是 Python 的一个数据分析包，可以分析一维至三维的数据，并且常用于与 Excel 进行交互。os 库是与操作系统相关的库，它提供了通用的基本操作系统交互功能，包括路径操作、进程管理、环境参数设置等几类功能。

第二节　反爬问题处理方法

反爬虫机制是进行页面爬取时面临的最大挑战。爬虫的本质是通过脚本对服务器发送请求得到回应，但是过于频繁地请求会影响网站的正常运行，因此大部分网站都会在一定程度上限制爬虫程序的访问。下面列举常见的反爬虫方式以及解决方案。

1. 请求头 HTTP-Header 屏蔽

User-Agent 是指浏览器或爬虫发出请求时携带的标识字符串，用于告知服务器客户端的类型和版本等信息。许多网站会检查 User-Agent 是否符合正常浏览器的格式，如果不符合会直接返回错误页面。

解决方法：可以在请求头中随机指定一个 User-Agent，模拟浏览器请求；或者利用已有的正常浏览器 User-Agent 进行伪装。

2. 验证码屏蔽方式

验证码是避免自动化机器人或脚本程序访问的常用方式。在访问特定页面之前，用户需要输入一个含有文字或图像的验证码。只有在正确地识别出验证码后，才能继续访问页面。验证码可以帮助网站识别真正的用户并防止进行自动化人工切换。

解决方法：可以使用光学字符识别（Optical Character Recognition，OCR）技术进行识别；或者使用第三方验证码识别 API。

3. 封禁 IP、限制 IP 访问频率

如果网站怀疑某个 IP 地址正在恶意访问该网站，它可以将该 IP 地址添加到封禁列表中。这样一来，该 IP 地址将被永久或暂时地禁止访问该网站。

解决方法：可以使用 IP 代理池搭建代理服务器，轮流使用不同的 IP 地址进行访问；或者使用 Tor 等匿名网络工具隐藏真实的 IP 地址。

4. 动态加载技术实现反爬虫

动态内容是指网站为每个用户呈现不同的视图。如果直接解析 HTTP 会发现返回的信息为空，而真正有用的信息则藏在 JS 文件中，或者通过 ajax 请求得到。

解决方法：这种情况需要进行完全模拟终端用户的正常访问请求以及浏览动作，在浏览器端重现用户行为，才能够获取所需要的信息。

5. 内容的加密与混淆

本地数据为加密后的数据，无法直接使用。这种情况下需要寻找解密语言，但出于对部分信息商业价值的保护，对应解密方法一般不易得到。

第三节　特色数据库和软件

一、会计研究中特色数据库的使用

除了通过设计爬虫程序获取所需信息，还可以利用其他数据库和分析软件来构建变量。表 6-3 中汇总了近十年会计权威期刊研究中使用特色数据库和特殊分析工具的相关代表文献。将地图信息纳入对地理因素变量的构建中：宋玉等（2012）基于任意两点的经纬度测度办公地与机构投资者所在地的距离，在分析我国上市公司地理分布特征的基础上，考察了地理特征变量在机构投资者持股决策中的作用；Beck et al.
（2019）使用谷歌地图应用程序编程接口（API）计算同一公司到最近的大型办事处的
距离，研究地域分权对各事务所审计质量的影响。此外，Li et al.（2020）使用亚马逊
的 Mechanical Turk（MTurk）数据库中对颜值的评级来衡量人的颜值水平；Philipp
Krüger（2015）利用 KLD 数据库量化 ESG（Environmental，Social and Governance）
表现；张继德等（2014）以百度指数用户关注度衡量普通投资者关注度，揭示普通投
资者关注对股票流动性及股票收益的影响机制。部分研究利用其他领域的分析工具对
基础数据进行提炼，进一步构建变量。Ellahie et al.（2016）使用 Onomap 软件将 CEO
的名字与他们的种族、宗教和语言起源联系起来。

表 6-3　使用特色数据库和特殊分析工具的相关代表文献

研究主题	标题	作者	年份	期刊	被引次数
公司治理	Corporate Goodness and Shareholder Wealth	Philipp Krüger	2015	*Journal of Financial Economics*	849
财务会计	Analysts' Industry Expertise	Ohad Kadan, Leonardo Madureira, Rong Wang, Tzachi Zach	2012	*Journal of Accounting and Economics*	213
财务会计	普通投资者关注对股市交易的量价影响——基于百度指数的实证研究	张继德，廖微，张荣武	2014	会计研究	190
财务管理	上市公司的地理特征影响机构投资者的持股决策吗？——来自中国证券市场的经验证据	宋玉，沈吉，范敏虹	2012	会计研究	117
公司治理	Employee Quality and Financial Reporting Outcomes	Andrew C. Call, John L. Campbell, Dan S. Dhaliwal, James R. Moon Jr.	2017	*Journal of Accounting and Economics*	101
财务会计	Earnings Notifications, Investor Attention, and the Earnings Announcement Premium	Kimball Chapman	2018	*Journal of Accounting and Economics*	38
公司治理	Do Common Inherited Beliefs and Values Influence CEO Pay?	Atif Ellahie, Ahmed Tahoun, Irem Tuna	2017	*Journal of Accounting and Economics*	37

续表

研究主题	标题	作者	年份	期刊	被引次数
审计	The Geographic Decentralization of Audit Firms and Audit Quality	Matthew J. Beck, Joshua L. Gunn, Nicholas Hallman	2019	*Journal of Accounting and Economics*	26
财务会计	Gender and Beauty in the Financial Analyst Profession: Evidence from the United States and China	Congcong Li, An-Ping Lin, Hai Lu, Kevin Veenstra	2020	*Review of Accounting Studies*	7

二、百度智能云平台

百度智能云是百度旗下面向企业及开发者的智能云计算服务平台。百度智能云致力于为各行业提供以 "ABC"（人工智能（AI）、大数据（Big Data）、云计算（Cloud Computing））技术为一体的平台服务。目前，百度智能云已发布超过 100 款产品和 30 多个解决方案，正在帮助金融、媒体、游戏、制造、教育、城市及公共安全、物流等领域实现智能化转型，其具体模块如图 6-1 所示。百度智能云的官网为 https://cloud.baidu.com/？from=console。

图 6-1　百度智能云具体模块

　　百度智能云不仅提供企业级的算法服务，个人也可以通过其开放的 API 接口上传数据，实现相关功能。会计研究中常用的功能，如人工智能模块的文字识别、自然语言处理、图像识别和语音技术等，使用者只需按照其技术文档要求上传相关信息即可使用相关功能。平台中部分技术的使用需要缴纳费用，但是其免费的资源即可满足会计研究需要，因此百度智能平台是一个方便实用的科研工具，有助于科研工作者将更多精力放在研究上而不是代码实现中。本书的后续案例会使用百度智能云平台中的自然语言处理和图像识别功能复现文献中的相关步骤，向读者展示具体的使用步骤。

第四节　网络爬虫在会计研究中的应用案例

　　基于上篇中的文献综述，我们对于网络爬虫在会计研究中的应用形成了初步的了解。本节将复现文献中应用到的网络爬虫技术的核心功能，并详细讲解其实现路径。在构建爬虫程序时，向网站服务器发送请求并解析网站返回的信息是十分关键的，因此本节根据网站服务器返回数据结构的不同，就如何获取数据进行举例说明，分别使用 json（案例实现 1 和案例实现 2）、正则表达式（案例实现 3）和 BeautifulSoup（案例实现 3）三种数据解析方法和 GET（案例实现 1 和案例实现 3）、POST（案例实现 2）两种发送请求的方式实现案例复现——三个案例基本覆盖了大部分可获取数据的爬取方法。如果通过以上三种方法无法成功爬取数据，那么可能是网站出于对数据库保护的考虑，采取了适当的反爬措施，不建议读者尝试爬取其中的数据。

　　本书主要是使用 Python 实现网络爬虫功能，旨在通过案例让读者熟悉常用的网络爬虫方法，为后续设计更复杂的网络爬虫程序打下基础。读者也可以同步学习国家精品慕课课程《Python 网络爬虫与信息提取》[1]，该课程由北京理工大学名师嵩天教授开设，对于网络爬虫原理以及涉及的 Python 库进行了简单的介绍。

　　出于网络爬虫合规性考虑，本书在配套网站上的"爬虫案例"模块[2]模拟对应数据获取方式的网页，为读者练习提供便利，网站"爬虫案例"模块页面如图 6-2 所示。该模块目前刚刚起步，仍有待完善，欢迎大家提出宝贵意见。本节的三个案例是基于本书配套网站完成的。

---

[1]　课程链接：https://www.icourse163.org/course/BIT-1001870001? outVendor＝zw_mooc_pclszykctj.

[2]　"爬虫案例"模块链接：www.ecogement.com/spider.

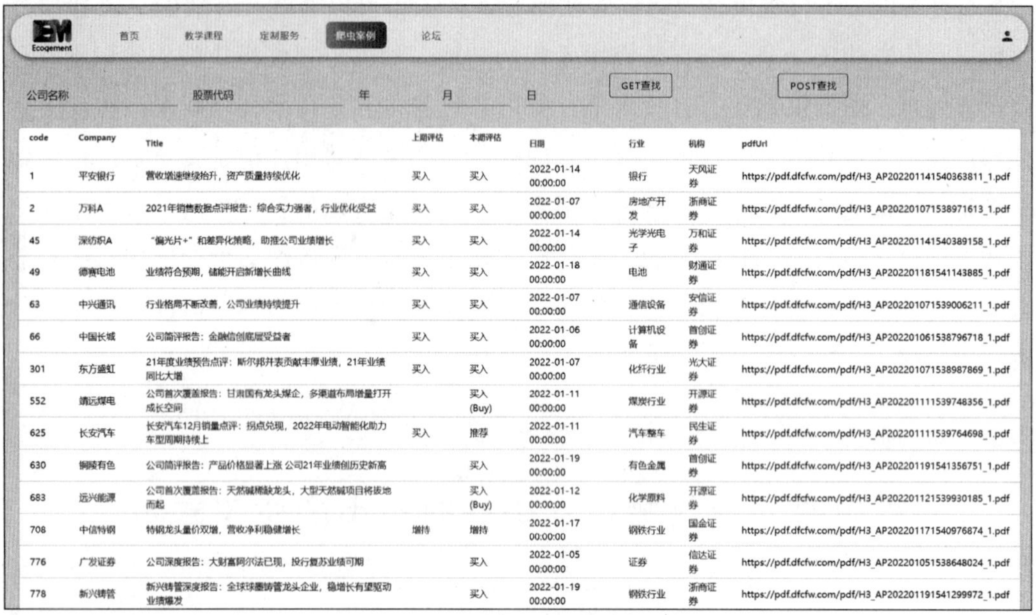

code	Company	Title	上期评估	本期评估	日期	行业	机构	pdfUrl
1	平安银行	营收增速继续抬升，资产质量持续优化	买入	买入	2022-01-14 00:00:00	银行	天风证券	https://pdf.dfcfw.com/pdf/H3_AP202201141540363811_1.pdf
2	万科A	2021年销售数据点评报告：综合实力强者，行业优化受益	买入	买入	2022-01-07 00:00:00	房地产开发	浙商证券	https://pdf.dfcfw.com/pdf/H3_AP202201071538971613_1.pdf
45	深纺织A	“偏光片+”和差异化策略，助推公司业绩增长	买入	买入	2022-01-14 00:00:00	光学光电子	万和证券	https://pdf.dfcfw.com/pdf/H3_AP202201141540389158_1.pdf
49	德赛电池	业绩符合预期，储能开启新增长曲线	买入	买入	2022-01-18 00:00:00	电池	财通证券	https://pdf.dfcfw.com/pdf/H3_AP202201181541143885_1.pdf
63	中兴通讯	行业格局不断改善，公司业绩持续提升	买入	买入	2022-01-07 00:00:00	通信设备	安信证券	https://pdf.dfcfw.com/pdf/H3_AP202201071539006211_1.pdf
66	中国长城	公司简评报告：金融信创底层受益者	买入	买入	2022-01-06 00:00:00	计算机设备	首创证券	https://pdf.dfcfw.com/pdf/H3_AP202201061538796718_1.pdf
301	东方盛虹	21年度业绩预告点评：斯尔邦并表贡献丰厚业绩，21年业绩同比大增	买入	买入	2022-01-07 00:00:00	化纤行业	光大证券	https://pdf.dfcfw.com/pdf/H3_AP202201071538987869_1.pdf
552	靖远煤电	公司首次覆盖报告：甘肃国有龙头煤企，多渠道布局增量打开成长空间		买入 (Buy)	2022-01-11 00:00:00	煤炭行业	开源证券	https://pdf.dfcfw.com/pdf/H3_AP202201111539748356_1.pdf
625	长安汽车	长安汽车12月销量点评：拐点兑现，2022年电动智能化助力车型周期持续上	买入	推荐	2022-01-11 00:00:00	汽车整车	民生证券	https://pdf.dfcfw.com/pdf/H3_AP202201111539764698_1.pdf
630	铜陵有色	公司简评报告：产品价格显著上涨 公司21年业绩创历史新高		买入	2022-01-19 00:00:00	有色金属	首创证券	https://pdf.dfcfw.com/pdf/H3_AP202201191541356751_1.pdf
683	远兴能源	公司首次覆盖报告：天然碱稀缺龙头，大型天然碱项目将拔地而起		买入 (Buy)	2022-01-12 00:00:00	化学原料	开源证券	https://pdf.dfcfw.com/pdf/H3_AP202201121539930185_1.pdf
708	中信特钢	特钢龙头量价双增，营收净利稳健增长	增持	增持	2022-01-17 00:00:00	钢铁行业	国金证券	https://pdf.dfcfw.com/pdf/H3_AP202201171540976874_1.pdf
776	广发证券	公司深度报告：大财富阿尔法已现，投行复苏业绩可期		买入	2022-01-05 00:00:00	证券	信达证券	https://pdf.dfcfw.com/pdf/H3_AP202201051538648024_1.pdf
778	新兴铸管	新兴铸管深度报告：全球球墨铸管龙头企业，稳增长有望驱动业绩爆发		买入	2022-01-19 00:00:00	钢铁行业	浙商证券	https://pdf.dfcfw.com/pdf/H3_AP202201191541299972_1.pdf

图 6-2 配套“爬虫案例”模块

案例实现 1：获取研报信息列表——GET+json 格式解析

本书配套网站中上传了部分企业的研报信息内容，如果我们想获得某家企业的研报信息，应该如何做呢？本案例使用 GET 方法向网站发送请求，并使用 json 函数对返回的信息进行解析。值得注意的是，并不是获取信息的任务只能通过这两种方法的组合实现，本案例仅通过该任务讲解两种方法的实现路径，读者也可以尝试其他方法（如另外两个案例中使用的方法）得到相同的结果。

（一）分析信息规律

在设计网络爬虫程序时，会经常用到网页的开发者模式，该模式包含了网站的详细信息，有利于我们对网站信息规律开展进一步分析。在网页上单击右键，选择“检查”进入开发者模式，此时可能会弹出一个独立的窗口“DevTools”或者在网页中分屏出一版内容，如图 6-3 所示。

开发者模式中包括很多模块如：Elements，Console，Sources，Network 等，其中设计爬虫程序过程中经常用到 Elements 和 Network 两个模块。Elements 模块中展示了网页的 HTML 源码，可以定位到代码对应的网页位置；Network 模块记录了网页中信息传递的详细信息。基于 GET 方法向网页发出请求需要使用 Network 模块记录的信息，单击“Network”进入对应模块（见图 6-4）。

图 6 - 3　网页的开发者模式

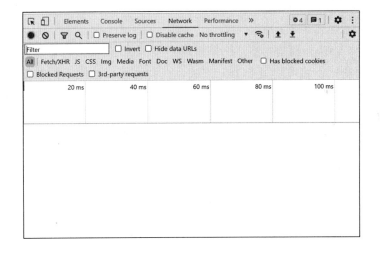

图 6 - 4　开发者模式中的 Network 模块

　　打开开发者模式后网页中所有的信息传递记录都会在该模块中显示。例如，如果我们想获得平安银行的研报信息，我们在爬虫界面的"公司名称"中输入"平安银行"，并单击"GET"查找，爬虫页面中会展示平安银行对应的一条研报记录，Network 模块中也会增加一条访问信息的数据记录，如图 6 - 5 所示。读者可以多尝试几次，便于后续寻找信息规律。

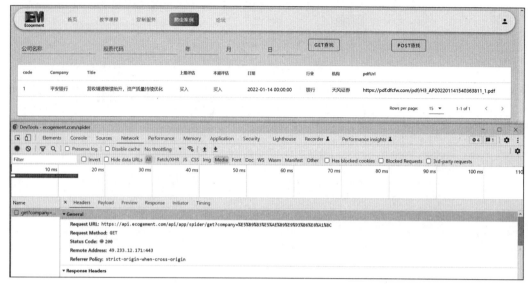

图 6 - 5　信息传递记录

该页面包含获取词条数据所涉及的全部信息，后续编程便是基于这部分信息完成的。后续编程中将使用到的部分如下：

1. Headers

（1）Request URL：对于请求访问的链接，如果使用 GET 方法，该链接会根据访问内容的不同而变化；如果使用 POST 方法，在同一接口访问不同数据时链接是不会变化的。例如本接口访问数据时，使用 GET 方法的 Request URL 结构特征为 http：//ecogement. com/api/app/spider/get? company ＝［ ］或者 http：//ecogement. com/api/app/spider/get?code＝［ ］；使用 POST 方法的 Request URL 为 http：//ecogement. com/api/app/spider/post。

（2）Request Method：请求的方法，分为 GET 和 POST 两种。

（3）Status Code：访问状态代码，不同的数值反映不同的访问结果，常见的情况为：200——访问成功、403——禁止访问、408——请求超时。

（4）User-Agent：请求头，网站服务器通过识别它来确定用户所使用的操作系统版本、CPU 类型、浏览器版本等信息，并判断用户类型。正如前面所讲，我们可以通过更换 User-Agent 实现更快速地爬取数据。

2. Payload

体现请求信息的参数，如搜索"平安银行"，则参数为"company：平安银行"；搜索"1"，则参数为"code：1"。

3. Response Headers→content-type

返回信息的数据格式，根据不同的数据格式选用合适的处理方法，可以大幅提高解析效率。

（二）发送请求、接受响应

根据分析得到的信息，使用 Python 的 requests 库和 fake_useragent 库向浏览器发送请求并接受响应。如上所述，requests 库是一个非常好用的 HTTP 请求库，可用于网络请求和网络爬虫等。fake_useragent 库可以自动生成请求头，避免因频繁访问而被网站屏蔽。

（1）引入第三方库。

```
1. import requests
2. from fake_useragent import UserAgent
```

（2）定义请求链接。如上所述，当搜索公司名称时，需要的参数为 company；当搜索股票代码时，参数为 code。在使用 GET 方法时，根据总结的结构特征定义爬虫的请求链接如下。

```
1. url = 'http://ecogement.com/api/app/spider/get?code=1'
```

（3）定义请求头。使用 fake_useragent 库的 UserAgent 函数模拟请求头。

```
1. headers = {'User-Agent': str(UserAgent().random)}
```

（4）发送请求。使用 requests 库中的 get 函数。

```
1. response = requests.get(url,headers=headers,verify=False)
```

verify 参数表示请求网站时是否需要验证，本书网站不需要验证，因此参数值为 False；其他参数根据前面的定义赋值。

（三）解析内容、提取信息

（1）解析返回内容。本案例中 Response Headers→content-type 为 application/json，则此次返回的信息为 json 格式，使用 requests 库中的 json 函数解析。实现代码如下。

```
1. js = response.json()
```

（2）将 json 信息整理为表格。pandas 库是 Python 中数据处理的第三方库，可以将数据以二维表格的形式储存。将返回的信息储存在表格中，可以更直观地展示数据。实现代码如下，需将 file_path 替换为待写入文件的地址。

```
1. import pandas as pd
2. frame = pd.DataFrame(js['data'])
3. frame.to_excel(r'___YOUR PATH___.xlsx')
```

最终将该条数据存储在本地文件中，结果如图 6-6 所示。

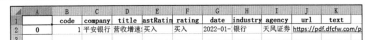

图 6-6 以表格形式存储数据

实现该功能的全部代码如下。

```
1. import requests
2. from fake_useragent import UserAgent
3. import pandas as pd
4.
5. url = 'http://ecogement.com/api/app/spider/get?code=1'
6. headers = {'User-Agent': str(UserAgent().random)}
7. response = requests.get(url,headers=headers,verify=False)
8. js = response.json()
9. frame = pd.DataFrame(js['data'])
10. frame.to_excel(r"___YOUR PATH___.xlsx")
```

练习题

使用 GET+json 的方法获取多家公司的研报信息。

案例实现 2：下载网络文件——POST+写入文件

除网页上的文本信息外，网络中的文件、图片、音频、视频等也是十分重要的信息。本案例将讲述使用 POST 发送请求获取信息，并下载网络文件的方法。

（一）使用 POST+json 获取信息列表

案例实现 1 讲述了 GET 方法的实现思路，POST 方法的实现思路与 GET 方法一脉相承，仅存在部分差异，因此本部分将着重讲解差异之处。

POST 方法和 GET 方法之间最大的差异在于 POST 方法将目标信息以参数的形式传递到相同的链接中，而 GET 方法是将不同的参数体现在链接中再发出请求。因此，使用 POST 方法时需要先定义上传的参数。根据上述分析，本网页主要有 company 和 code 两种参数，因此定义参数 params 为：

```
1. params = {
2.     'code':'1',
3.     'company':''}
```

在发送请求时，使用 requests 库中的 post() 函数，并上传 params 参数，即可实现使用 POST 方法获取信息。其实现代码如下，需替换 file_path 为待写入文件的地址。

```
1. import requests
2. from fake_useragent import UserAgent
3. import pandas as pd
4.
5. url = 'http://ecogement.com/api/app/spider/post'
6. headers = {'User-Agent': str(UserAgent().random)}
```

```
7. params = {
8.     'code':'1',
9.     'company':''}
10. response = requests.post(url, headers = headers, params = params, verify =
    False)
11. js = response.json()
12. frame = pd.DataFrame(js['data'])
13. frame.to_excel(r"___YOUR PATH___.xlsx")
```

使用 GET 方法和 POST 方法得到的数据内容是完全相同的。

（二）使用 GET 方法获取文件信息

研报信息 url 对应的是研报的 PDF 文件，如何批量下载这些文件呢？下载文件和获取文本信息的原理一样，获取文本信息是向网站服务器发送获取特定文本信息的请求，将返回的数据通过一定方法（如上述封装的 json 函数）解析成所需的文本信息并存入文件。下载文件同理，向网站服务器发送获取相应文件的请求，经过解析后存入相匹配的文件夹中，即完成文件的自动下载。下面以平安银行的文件为例，实现网络文件的下载流程，其链接为：https://pdf.dfcfw.com/pdf/H3_AP202201141540363811_1.pdf。

（1）通过 GET 方法向网站发送请求。

```
1. import requests
2. from fake_useragent import UserAgent
3.
4. url = 'https://pdf.dfcfw.com/pdf/H3_AP202201141540363811_1.pdf'
5. #发送请求，得到的响应为文件的数据
6. headers = {'User-Agent':str(UserAgent().random)}
7. response= requests.get(url,headers=headers)
```

（2）指定文件夹，存入数据：需替换 file_path 为待写入文件的地址。

```
1. #定义文件名
2. file_path= r'___YOUR PATH___.pdf'        #文件路径
3. #写入文件
4. f= open(file_path,"wb")                  #打开被写入的文件
5. f.write(response.content)                #写入数据
6. f.close()                                #关闭写入的文件
```

练习题

批量下载公司研报。

案例实现 3：定位网页信息——GET＋BeautifulSoup/Re 定位

网页中往往包含较多信息，而我们通常只需要其中的部分内容，这就需要通过网

页源码定位信息内容。常用的定位方法有两种：基于正则表达式（Re）的定位和基于BeautifulSoup 的定位，其中基于 BeautifulSoup 的定位往往更加精准，效率更高，推荐读者优先掌握该方法。本案例讲解不同方式实现特定信息的定位和获取，并通过实例说明 BeautifulSoup 的优越性。出于对爬虫合规化问题的考虑，将本书配套网站中的定制服务页面作为案例。[①]

（一）发送请求、接受响应

定位网页信息的第一步为向网站发送请求并接受响应。该步骤与前面两个案例相同，实现代码如下。

```
1.import requests
2.from fake_useragent import UserAgent
3.
4.url = 'http://www.ecogement.com/about'
5.headers = {'User-Agent': str(UserAgent().random)}
6.response = requests.get(url,headers=headers,verify=False)
```

（二）基于 BeautifulSoup 定位

BeautifulSoup 是既灵活又方便的网页解析库，处理高效并支持多种解析器。解析器的作用可以理解为将原本平铺的文字根据 HTML 的层级关系建立一个树状的立体结构，使用者可以通过特定路径查找，准确定位到所需的信息。利用 BeautifulSoup 无须编写正则表达式即可方便实现网页信息的提取。利用 BeautifulSoup 库定位网页信息的步骤如下。

（1）使用解析器解析 HTML 文本，建立 BeautifulSoup 的分析对象。

```
1.from bs4 import BeautifulSoup
2.
3.soup = BeautifulSoup(response.text,features="html.parser")
```

（2）根据路径定位信息内容。我们想获取的信息是页面中的"（注：本服务保证数据的合法性和有效性）"这段内容，如图 6-7 所示。

首先，需要获得该信息在网页中的路径。在该文本上单击右键，选择"检查"并进入开发者模式，如图 6-8 所示。

然后，在开发者模式对应位置单击右键，选择 Copy→Copy selector 从而得到该元素的 selector 路径：#app>div>main>div>div>div>div>div:nth-child(1)>div>div.text.px-12.py-8>p:nth-child(9)，如图 6-9 所示。

---

① 定制服务页面链接：www.ecogement.com/about。

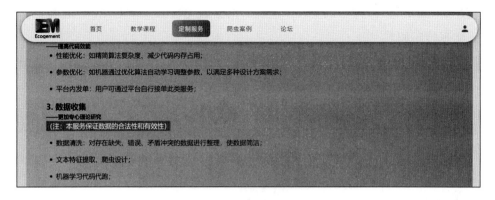

图 6 - 7　定位网页信息

图 6 - 8　获取目标信息路径（一）

图 6 - 9　获取目标信息路径（二）

使用 BeautifulSoup 库中的 select 函数，根据该元素的 selector 路径准确定位到该信息。实现代码如下。

```
1. target = soup. select ('#app>div>main>div>div>div>div>div:nth-child(1)>
   div>div. text. px-12. py-8>p:nth-child(9) ') [0]
2. print (target. text)
```

输出的结果如图 6 - 10 所示。

图 6 - 10   输出结果

（三）基于正则表达式 Re 定位

正则表达式描述了一种字符串匹配的模式，可以用来检查一个字符串是否含有某个子字符串、替换匹配的子字符串或者从某个字符串中提取出符合某个条件的子字符串等。不同于 BeautifulSoup 根据路径检索信息的方式，正则表达式更关注文本结构的匹配，能够批量检索出符合结构特征的文本，但如果只是针对个别内容的定位，效率会低于 BeautifulSoup。

继续通过上面的例子进行说明，如果使用正则表达式定位到这句话，首先要提取出一个可以匹配到该句话的框架，即<p> …</p>。然后，使用正则表达式来体现该框架。

```
1. import re
2.
3. rframe = r'<p>(. +)</p>'
```

正则表达式有一套严谨的表达方式，感兴趣的读者可以自行在网上搜索。r'<p>(. +)</p>'的含义为：括号内是最终得到的匹配文本；"."表示任何非空白字符；"＋"表示前面一个字符出现了一次以上。

使用 re 库中的 findall 函数在网页源码中搜索所有匹配该模板的信息。

```
1. match = re. findall(rframe, response. text)
```

共得到了如图 6 - 11 所示的 33 条匹配结果。

通过上述两种定位方法的比较可以看出：如果定位是为了批量匹配对应结构的文本，正则表达式的效率会更高；但是如果想精确定位某一条信息，那么 BeautifulSoup 更容易实现精准定位。

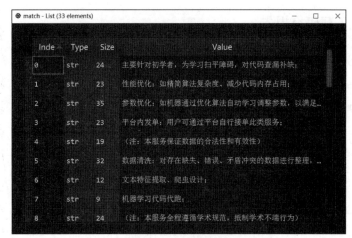

图 6 - 11　匹配结果

第五节　练习题解析

一、使用 GET＋json 获取多家企业研报信息

该任务的关键在于针对不同的企业，拼接完成不同的 url，再向服务器发送请求。

```python
1. import requests
2. from fake_useragent import UserAgent
3. import pandas as pd
4.
5. frame = pd.DataFrame()                              #将全部信息存储在表格中
6. code = [1, 2, 45, 49, 63, 66]                       #选取部分股票代码
7. for i in code:
8.     url = 'http://ecogement.com/api/app/spider/get? code={}'.format(i)
       #不同的公司填入不同的股票代码
9.     headers = {'User-Agent': str(UserAgent().random)}      #每次访问网站都需
                                                               要更改请求头
10.    response = requests.get(url, headers=headers, verify=False)
11.    js = response.json()
12.    temp = pd.DataFrame(js['data'])   #将单个公司信息存储在表格中
13.    frame = frame.append(temp)        #将单个公司信息添加到全部信息中
14.    print(i)                          #将已经处理完成的股票代码输出,方便查看进度
15. frame.to_excel(r"____ YOUR PATH ____.xlsx")
```

二、批量下载研究报告

实现该任务的核心在于按行遍历表格，并对文件进行特征化命名。

```
1. import requests
2. from fake_useragent import UserAgent
3.
4. for index, row in frame.iterrows():
5.     headers = {'User-Agent':str(UserAgent().random)}
6.     response= requests.get(row['url'].replace('\r',''),headers=headers)
7. #定义文件名
8.     file_path= r'___YOUR FOLDER___\{}'.format(str(row['code']).zfill(6)+'_'+row
    ['title'])    #将不同文件下载到同一个文件夹中,并按股票代码+原标题格式对文件命名
9. #写入文件
10.    f= open(file_path,"wb")        #打开被写入的文件
11.    f.write(response.content)      #写入数据
12.    f.close()                      #关闭写入的文件
13.    print(row['code'])            #将已经处理完成的股票代码输出,方便查看进度
```

第7章 ▸ 数据分析工具（一）：机器学习

将会计研究话题与机器学习相结合是目前较为热门的一个研究方向，计算机利用其算力帮助会计研究进行大样本处理，构建特殊变量并进行数据预测和分类。本章第一节对机器学习进行简要介绍，对目前的机器学习算法进行分类汇总，并梳理会计研究中与机器学习相结合的文献；第二节对机器学习算法计算前的数据预处理流程进行梳理；第三节介绍经典的传统机器学习方法；第四节介绍机器学习模型的评估方法；第五节通过两个案例讲解如何利用 Python 和 R 语言实现机器学习算法；第六节为练习题的解析。

第一节 概念引入

一、机器学习概况

随着计算机算力的逐步发展，机器学习的实现成为可能。机器学习是一门涉及概率论、统计学、逼近论、凸分析等多学科多领域的大数据方法，专门研究计算机如何模拟或实现人类的学习行为，以获取新的知识或技能，重新组织已有的知识结构使之不断完善自身的性能。它是人工智能的核心，是使计算机具有智能的根本。

机器学习与传统的统计学模型在本质上有很大区别，有学者说："机器学习的出现使统计模型从参数不确定转变为模型不确定。"传统的统计学模型基于现有研究结论和理论基础提出假设，构建统计模型，用样本数据直接计算出统计模型中的参数，进而验证假设。机器学习则从数据入手，根据所得到的数据不断调整模型参数，最终得到使评估指标最优的模型。

机器学习应用广泛，无论是在军事领域还是在民用领域，都有其施展的空间，主要应用到的机器学习算法包括数据分析与挖掘、模式识别、生物信息工程等。在会计研究中，机器学习主要用于数据分析与挖掘。数据分析与挖掘技术是机器学习算法和数据存取技术的结合，利用机器学习提供的统计分析、知识发现等手段分析海量数据，同时利用数据存取机制实现数据的高效读写。机器学习在数据分析与挖掘领域中拥有无可取代的地位。

二、机器学习解决的问题

机器学习主要解决三类问题：回归、分类和聚类。

回归的任务主要是对连续值进行预测，比如预测某个位置的房价、企业未来收益等。值得注意的是，实证会计研究中使用的 OLS 回归方法不属于机器学习模型。OLS 回归根据现有数据样本直接得到各个自变量和控制变量的参数，在模型生成的过程中不涉及参数的调整，因此属于统计学模型。从另一个角度来讲，实证研究中，研究者根据假设构建参数模型，即模型是确定的，然后利用 OLS 回归基于样本数据得到模型参数来验证假设，这属于统计学模型构建的研究思路。

分类是算法经过训练后得到不连续的分类值，如积极、消极的情绪分类，判断企业是否舞弊等。会计研究中分类任务较多，通常使用准确率作为模型的评价指标。

聚类是将个体按照某些特征进行分类，将得到的不同类别称为簇。聚类算法的目的是使得簇内各个个体的相似性较高，不同簇之间的个体相似性较低。目前在会计研究中，聚类算法使用较少。

三、机器学习算法分类

从机器学习产生至今，根据需要已经衍生出多种学习方法，分类方法也十分多样，其中根据学习数据特征分类的方法被广泛接受。该分类将机器学习分为监督学习、无监督学习和强化学习，详细内容如图 7-1 所示。

监督学习是从标记的训练数据来推断一个功能的机器学习任务。在监督学习中，每个实例都是由一组特征数据和一个已知的数据结果（即标签）组成。监督学习算法通过分析训练数据中的特征和数据标签的关系构建模型，用于预测未知特征数据的数据结果。比如，根据银行中已有的借款人的特征数据（包括信用评分、工资收入、资产等）和对应申请贷款是否违约的标签构建贷款违约模型，用于判断后续贷款是否应该发放。常用的监督学习方法包括支持向量机、K 近邻分类器、朴素贝叶斯分类器、决策树、随机森林、逻辑回归、神经网络、集成学习等。

无监督学习相比监督学习没有标签数据，该类算法从特征数据中学习其内在统计规律或内在结构。这些模型可以实现对数据的聚类、降维、可视化、概率估计和关联规则学习。比如，根据消费者的特征数据（包括性别、年龄、消费金额、下单时间等）对消费者进行聚类，根据聚类结果对消费者进行细分，从而制定更有针对性的营销策

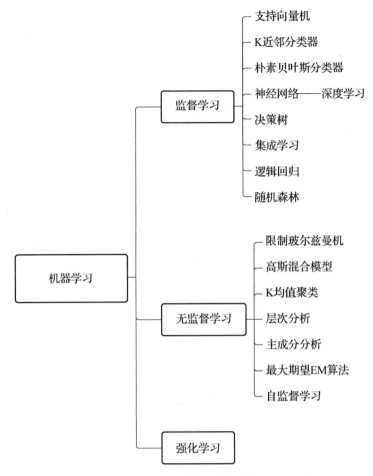

图 7 - 1　机器学习算法分类

略。常用的无监督学习方法包括限制玻尔兹曼机、高斯混合模型、K 均值聚类、层次分析、主成分分析、最大期望 EM 算法、自监督学习等。

自监督学习属于无监督学习的一种，是机器学习的一种理想状态。利用没有标签的数据，训练过程主要是通过辅助任务从大规模的无监督数据中挖掘自身的监督信息，再进行监督训练，从而学习到数据间的联系。比如，在训练语义模型中，将句子中的某个单词遮挡起来作为标签，用句子中的其他信息作为特征数据来预测被遮挡部分的词汇。通过这种方式训练出的自然语言处理模型能够考虑文本的上下文语境，这是 BERT 算法的底层逻辑之一。可以发现，找到合适的辅助任务对于自监督学习是十分重要的。常见的自监督学习算法有 BERT，SimCLR，SimSiam 等。

强化学习旨在让计算机代理通过与环境的交互来学习最优的行为策略。与监督学习不同，强化学习代理系统可以直接探索环境并从中获得反馈，而不是在带有标签的数据集中进行学习。在强化学习中，代理系统会在特定的环境中执行一系列的操作

（动作），这些操作可能会对环境产生影响，并且代理系统可以根据环境的反馈情况，调整自己的行为策略，以获得最大的奖励。但是，由于环境的动态性和不确定性，强化学习面临着很多挑战。例如，在学习过程中，代理系统可能面临时间延迟、非稳定性、局部观察等问题。强化学习中的关键概念包括状态、动作和奖励。状态表示环境的观察值，动作是代理系统所执行的某个操作，奖励用于评估智能代理系统的性能。根据奖励信号的设置方式，强化学习可以分为基于值函数和基于策略的方法。值函数方法试图学习每个状态下的值函数，以指导代理系统进行最优决策；而基于策略的方法则直接学习最优策略。

目前监督学习和无监督学习算法已发展得较为全面，在会计研究中应用较多；但无监督学习中的自监督学习和强化学习仍处于探索阶段，交叉应用较少。本书将着重介绍前两种算法，并会提供对自监督学习算法 BERT 的讲解以启发读者。

四、机器学习在会计研究中的应用

（一）机器学习预测

会计研究中利用机器学习算法进行预测的相关代表文献如表 7-1 所示。部分会计研究通过有监督的机器学习算法，利用已知信息预测未来情况。具有代表性的例子是对企业舞弊状况的预测（Cecchini et al.，2010）、企业应计收入水平预测（Frankel et al.，2016）、保险公司损失准备金预测（Ding et al.，2020）、审计意见预测（张庆龙和何斯佳，2019）等。研究者分析影响企业舞弊的因素并寻找衡量指标，与企业对应的舞弊状况相匹配，再通过机器学习算法对企业未来的状况进行预测。常用的算法有：支持向量机（Cecchini et al.，2010；Frankel et al.，2016）、随机森林（Ding et al.，2020）、决策树（Ding et al.，2020）、BP 神经网络（反向传播神经网络）（Ding et al.，2020；张庆龙和何斯佳，2019）等。机器学习的无监督算法中，最常用的是 K 均值聚类算法。杨蕴毅等（2015）利用财报数据进行多次迭代的 K 均值聚类，通过分析包含实例较少的簇有助于自主发现财报疑点。

表 7-1　会计研究中利用机器学习算法进行预测的相关代表文献

研究主题	标题	作者	年份	期刊	被引次数
财务会计＋公司治理＋审计	Detecting Management Fraud in Public Companies	Mark Cecchini, Haldun Aytug, Gary J. Koehler, Praveen Pathak	2010	*Management Science*	220

续表

研究主题	标题	作者	年份	期刊	被引次数
财务会计＋审计	Using Unstructured and Qualitative Disclosures to Explain Accruals	Richard M. Frankel，Jared N. Jennings，Joshua A. Lee	2016	*Journal of Accounting and Economics*	55
财务会计	Machine Learning Improves Accounting Estimates：Evidence From Insurance Payments	Kexing Ding，Baruch Lev，Xuan Peng，Ting Sun，Miklos A. Vasarhelyi	2020	*Review of Accounting Studies*	29
审计	基于迭代式聚类的审计疑点发现——以上市公司财报数据为例	杨蕴毅，孙中和，卢靖	2015	审计研究	19
审计	多类别审计意见预测研究——基于SMOTE算法—BP神经网络模型	张庆龙，何斯佳	2019	审计研究	6

（二）机器学习与文本分析

机器学习与文本分析的交叉应用主要为各类报告文本的情感分析，目前使用较多的方法是朴素贝叶斯分类器（Li，2010；Huang et al.，2014；王永海等，2019）和支持向量机（马黎珺等，2019）。除此之外，机器学习法在文本可读性研究中也有所应用（Richard et al.，2016）。该部分内容将在文本分析中进行详细阐述。

（三）机器学习与社会网络分析

社会网络分析作为一类特殊的非结构化数据解析方法，广泛应用于关联交易识别、舞弊侦测等方面。社会网络分析的结果可以作为机器学习材料的一个重要维度，补充单纯从界面与个体层面无法识别与提取的特征指标，辅助建立更加有效率的机器学习模型，进而解决研究问题。

目前社会网络分析与机器学习的结合应用较少，如表7-2所示，主要通过现有数据构建网络，计算关键性指标，与其他数据共同加入模型中进行训练。Vlasselaer et al.（2017）利用公共数据集建立时间加权网络，并计算网络特征，如中心度等，与公开数据共同加入随机森林模型训练，用于预测企业舞弊现象。

表 7 - 2   网络分析与机器学习结合应用的相关代表文献

研究主题	标题	作者	年份	期刊	被引次数
公司治理＋审计	GOTCHA! Network-Based Fraud Detection for Social Security Fraud	Véronique Van Vlasselaer, Tina Eliassi-Rad, Leman Akoglu, Monique Snoeck, Bart Baesens	2017	*Management Science*	108

第二节   机器学习前的数据处理

机器学习本质上是将各种数据转化为矩阵，通过算法优化各类参数。在将数据输入算法之前，需要对原始数据进行预处理，使数据更规范，便于算法的运行并得出较为准确的结果。

计算机领域的算法优化研究往往是基于已经整理好的公共数据集，数据集大多不存在缺失值问题；但是在会计研究中，每个研究都会使用不同的数据和变量，各个变量组合到一起往往会出现大量的缺失值，因此缺失值处理一直是一项浩大的工程。本节第一部分梳理数据缺失的类型，并汇总目前常用的缺失值处理方法，解决数据缺失问题，接下来需要将数据进一步处理为便于机器学习算法训练的数据集，处理的步骤包括特征缩放、异常值识别与处理、数据降维和非平衡数据的处理。每一个处理步骤都可以选择多种方法进行优化，供读者选择。

一、缺失值处理

数据处理的第一步就是处理数据中的缺失值。在收集数据的过程中，部分原始数据库存在缺失值或者不同来源的数据之间不匹配，这些都会导致缺失值的产生，这在一定程度上是无法避免的。当缺失比例很小时，可直接对缺失记录进行舍弃或进行手工处理。但在实际数据中，缺失数据往往占有相当大的比重。这时如果手工处理就会非常低效，如果舍弃缺失记录，则会丢失大量信息，使不完全观测数据与完全观测数据间产生系统差异，对这样的数据进行分析，得到的结论很有可能是错误的。

（一）数据缺失的类型

数据缺失的类型可以分为以下三类[①]：

---

① 沈琳，陈千红，谭红专. 缺失数据的识别与处理. 中南大学学报（医学版），2013，38（2）：1289 - 1294.

（1）完全随机缺失（MCAR）：数据的缺失是完全随机的，不依赖于任何不完全变量或完全变量。它是缺失问题中最简单的一种，即缺失数据与非缺失数据之间不存在系统差异，是总体的一个随机子样本，但这种情况非常少见。

（2）随机缺失（MAR）：不完全变量数据的缺失与其他变量有关。例如财务数据缺失情况与企业所属领域有关。

（3）非随机缺失（NMAR），也称为不可忽略的缺失（NIM）：缺失数据依赖于不完整变量本身。例如财务数据缺失情况与企业的财务状况有关。

（二）缺失值处理方法

对于缺失数据，基于不同的实验目的可以选择不同的处理方法。缺失值处理方法可以归为四类：删除元组、填充、参数似然和加权调整[①]。在会计研究中，前两种方法经常使用。常见的缺失值处理方法如图7-2所示。

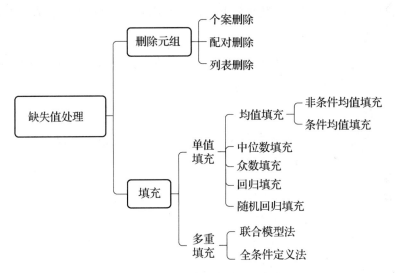

图7-2 常见的缺失值处理方法

1. 删除元组

删除元组也就是将存在缺失信息的元组记录或对象删除，得到一个完整的信息矩阵。常用的删除方法有个案删除、配对删除和列表删除。

（1）个案删除：如果任何一个观测对象含有缺失值则删除该对象，仅对其余完整观测对象进行分析。

（2）配对删除：如果配对的两个变量之一或者两个变量都包含缺失值时，将两个变量的该条数据同时删除。该方法多用于因子分析、区组设计资料分析、重复测量设

---

① 邓建新，单路宝，贺德强等. 缺失数据的处理方法及其发展弱势. 统计与决策，2019，35(23)：28-34.

计以及回归相关分析中。

（3）列表删除：如果任何一个分析变量含有缺失值，则删除整列数据。

删除元组的方法局限性很大，它是以减少原始数据来换取数据集的完备，会浪费大量有用信息。因此，只有在缺失率很小的情况下，才表现出简单有效；当缺失率较大或缺失值不是随机来自样本时，此方法就容易产生不相合估计，甚至是错误的结果。

2. 填充

该方法的优点在于研究者可以对填充后的数据集采用完全数据的分析方法，而不需要采用单独的复杂的算法；在一些情况下，填充可以减少由于无应答等造成的估计偏差，尤其是在拥有比较高质量的辅助信息时。其缺点在于填充过程可能很困难且不容易实现，特别是数据维度较高、结构复杂时；另外，一些简单的填充可能歪曲数据的分布和变量间的真实关系。

根据对每个缺失值的填充个数来分类，填充数据的方法可分为单值填充和多重填充。

（1）单值填充。

单值填充就是给每一个缺失值构造一个替代值，再对填充后的完整数据集使用传统针对完整数据集分析的方法进行分析。替代值的获取方法如下。

1）均值填充。

均值填充指使用已观测数据的均值作为缺失值的替代值。这仅在变量服从或近似服从正态分布的情形下适用，若分布为偏态，则应以中位数或众数替代均值进行填充。均值填充可分为非条件均值填充和条件均值填充。

非条件均值填充是指用所有观测值的均值对全部缺失值进行填充，因此所有填充值都是相同的。条件均值填充是利用辅助信息，对总体进行分层，使各层中的各单元尽可能相似，然后在每层中用该层全部有效值的均值填充该层中的缺失值。条件均值填充比非条件均值填充的填充效果好。但是条件均值填充通常改变了变量的变异程度，低估填充变量的方差。因此一般情况下条件均值填充比较适合简单的描述性研究，不适用较复杂的需要方差估计的分析。

2）回归填充。

回归填充是由缺失项对观测项进行回归，用回归的预测值代替缺失值。利用观测变量和缺失变量都有观测值的单元进行回归计算。但是利用回归模型进行填充的方法，人为增大了变量间的相关关系。因此，要使得回归填充效果明显有效，因变量与自变量必须高度相关才行。

填充中还可以给填充值增加一个随机成分，这种方法称为随机回归填充。它是用回归填充值加上一个随机项，预测出一个缺失值的替代值，该随机项反映预测值的不

确定性影响。随机回归填充法能够较好地利用数据提供的信息，解决因预测变量高度
相关引起的共线性问题。构造随机成分的方法有很多种，最典型的有三种：

①残差估计调整：从完整个案的观察值残差中随机选择误差项，添加到回归估计中；

②正态变异估计调整：从期望值为 0，标准差等于回归误差项均方的平方根分布中
随机提取误差项；

③Student 变异：从 t 分布中随机提取误差项，且尺度为误差均方的方根。

单值填充法的优势在于操作较为简单，但是通常可能会扭曲目标变量的分布，使
填充变量的方差被低估，还可能歪曲变量与变量间的关系，无法得到真实的效应结果；
另外一个问题是基于单值填充的数据推断参数，无法解释填充的不确定性。

（2）多重填充。

多重填充指通过某种方法对每个缺失值都构造 d 个替代值（$d \geq 2$），以形成 d 个
完整的数据集，对每个数据集均采用相同的针对完整数据集的统计方法分析，综合得
到的结果，产生最终的统计推断。与单一的填充方法相比，多重填充能反映由缺失数
据带来的不确定性。

采用多重填充法最关键的是如何有效地填充，从理论上讲缺失值可以从联合后验
预测分布中进行抽取。但在实际中尤其是复杂问题中要做到这点并不容易，特别是在
多变量数据和涉及非线性关系等情况下。多重填充处理缺失数据的优势日益被重视并
得到广泛应用，许多软件开发了相应程序。SAS 中的 PROC MI 和 PROC MIANA-
LYZE、S-Plus6.0、SOLAS、NORM 以及 LISREL 等均可以进行多重填充运算。软件
R 中含有多个可以处理缺失数据的软件包，如 norm、cat、mix、pan、mi 等。此外 R
中的 mice 则利用全条件定义法的思想，即链式方程的方法进行多重填充。

1）联合模型法（JM）。

联合模型法在给定数据 Y 和模型参数 θ 下，假定参数的多元分布密度为 $P(Y|\theta)$，
在给定一个 θ 的适当先验分布和上述假定下，利用贝叶斯理论从联合后验预测分布中
抽取填充值，通常是在随机缺失机制（MAR）下。该方法能产生对参数的有效推断，
被认为是适当的填充。

JM 理论是可靠的，但模型设定缺乏灵活性，尤其在数据特征比较特殊时，可能还
会导致结论偏倚。有学者通过模拟研究分析发现 JM 在一些情况下表现不佳，认为"分
别进行回归可能比联合模型更有意义"。

2）全条件定义法（FCS）。

全条件定义法的优势在于将一个 K 维问题分解成 K 个一维问题，可以创建更加灵
活的除常见多元模型外的其他形式模型，解决在多元密度下难以进行填充的问题，在

建立不可忽略缺失机制的模型时也相对较容易。FCS 在很多实际应用中表现良好，模拟研究也证明能得到无偏估计，具有较好的收敛性。

FCS 在填充时不考虑被填充变量和已观测变量的联合分布，而是利用单个变量的条件分布建立一系列回归模型逐一进行填充。FCS 通常迭代次数比较少，一般为 5～10 次。n 次迭代全部结束后，取第 n 次的填充值作为最终结果，形成一个完整数据集。要得到 d 个数据集，需要将上面的 n 次迭代独立进行 d 次。

二、特征缩放

特征缩放（Feature Scaling）是将数据集中的每个特征按照一定比例进行缩小或放大，使得各特征具有相近的取值范围，这样可以提高一些机器学习算法的性能。

常用的特征缩放算法有两种，归一化和标准化。归一化是将需要处理的数据限制在一定范围内，标准化是将数据的分布缩放为近似某种分布（通常为正态分布）。

特征缩放的方法分类列举如图 7-3 所示。不同的特征缩放方法，对系统的评价结果会产生不同的影响，但是在特征缩放方法的选择上，还没有通用的法则可以遵循。在会计研究中，常用的是标准差法，即 z-score 法。

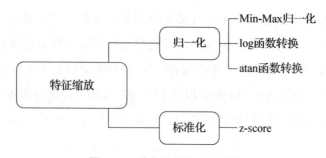

图 7-3　特征缩放的方法分类

1. Min-Max 归一化

该方法是对原始数据的线性变换，使结果落到 $[0,1]$ 区间，转换函数为 $y_i = \dfrac{x_i - \min\limits_{1 \leqslant i \leqslant n}\{x_i\}}{\max\limits_{1 \leqslant i \leqslant n}\{x_i\} - \min\limits_{1 \leqslant i \leqslant n}\{x_i\}}$，其中 $\max x_i$ 为样本数据的最大值，$\min x_i$ 为样本数据的最小值。离差标准化保留了原数据中存在的关系，是消除量纲和数据取值范围影响最简单的方法。这种处理方法的缺点是若数值集中且某个数值很大，则规范化后各值接近 0，并且相差不大；且当有新数据加入时，可能导致 $\max x_i$ 和 $\min x_i$ 发生变化，需要重新定义。

2. log 函数转换

通过以 10 为底的 log 函数转换实现标准化，转换公式为 $y_i = \dfrac{\log_{10} x_i}{\log_{10} \max\limits_{1 \leqslant i \leqslant n}\{x_i\}}$，其中

$\max x_i$ 为样本数据最大值且所有数据都要大于等于 1。

3. atan 函数转换

用反正切函数实现数据归一化，需要注意的是如果使用这个方法将数据映射到 $[0，1]$ 区间，则数据应该大于等于 0，小于 0 的数据将被映射到 $[-1，0]$ 区间上。

4. z-score

z-score 方法是会计研究中最常用的标准化方法，在各主流分析软件（如 SPSS，Python 等）中均有相应的转换应用。该方法使得经过处理的数据符合标准正态分布，即均值为 0，标准差为 1，其转化函数为 $y_i = \dfrac{x_i - \mu}{\sigma}$，其中 μ 为所有样本数据的均值，σ 为所有样本数据的标准差。z-score 方法适用于变量最大值和最小值未知或有超出取值范围的离群数据的情况。

三、异常值识别与处理

异常值，又称离群点（outlier），是指数据集中存在不合理的个别值，其数值明显偏离所属样本的其余观测值。

对于异常值的识别与处理方法（见图 7-4）需要根据所研究的问题以及使用的机器学习方法确定。会计研究中经常使用简单的数据缩尾方法，即去除数值大小前 1% 和后 1% 的数据，然后用特定百分位数值填补去除位置数据。

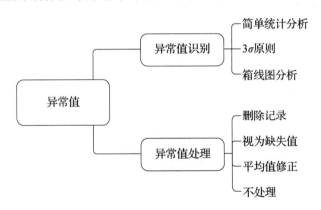

图 7-4 异常值的识别与处理方法

（一）异常值识别

下面介绍几种常见的异常值识别方法。

1. 简单统计分析

对属性值进行描述性统计，从而查看哪些值是不合理的。比如对年龄这个属性进行判别：年龄的区间在 $[0，120]$，如果样本中的某条记录的年龄值不在该区间范围内，则表示该记录的年龄值属于异常值。

2. 3σ 原则

如图 7-5 所示，当数据服从正态分布时，大部分数据都分布在偏离平均值三个标准差（3σ）的距离内，数值偏离平均值 3σ 属于小概率事件。因此，当样本点距离平均值大于 3σ，则认定该样本点为高度异常的数值。

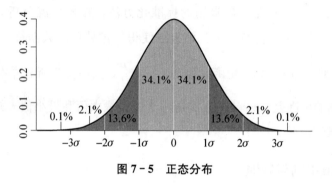

图 7-5　正态分布

3. 箱线图分析

箱线图提供了一个识别异常值的标准，即大于或小于箱线图设定的上下界的数值即为异常值，箱线图如图 7-6 所示。

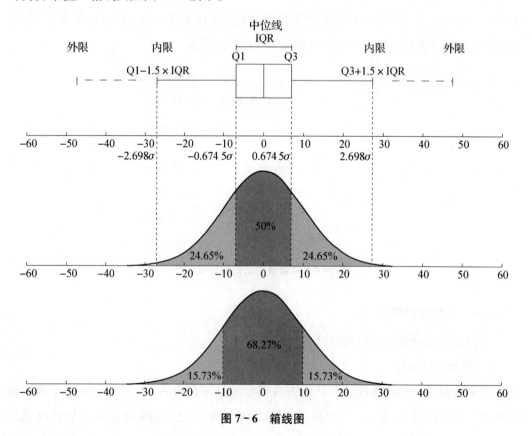

图 7-6　箱线图

（二）异常值处理

在进行数据预处理时，异常值是否应剔除，需视具体情况而定，因为有些异常值可能蕴含着有用的信息。常见的异常值处理方法包括：（1）删除含有异常值的记录；（2）将异常值视为缺失值，利用缺失值处理的方法对异常值进行处理；（3）使用前后两个观测值的平均值修正该异常值；（4）不处理异常值，直接在具有异常值的数据集上进行挖掘建模。

四、数据降维

近年来，数据降维在许多领域发挥着越来越重要的作用。通过数据降维可以减轻维数灾难和高维空间中其他不相关属性，从而促进高维数据的分类、可视化及压缩。所谓数据降维是指通过线性或非线性映射将样本从高维空间映射到低维空间，从而获得高维数据的低维表示的过程。下面对几种常用的降维方法进行介绍。

1. 主成分分析（PCA）

主成分分析是一种无监督降维技术，将可能存在相关性的变量转换为一组线性不相关的变量，转换后的变量即为主成分。在训练模型时，常添加多种变量衡量目标因素的变化，但是变量过多会导致"维数灾难"，使模型的稳健性降低。主成成分分析综合全部变量并从中提取出较为独立的特征，有利于算法的进一步进行。

2. 线性判别分析（LDA）

LDA 基本和 PCA 是一对双生子，它们之间的区别就是 PCA 是一种无监督的映射方法而 LDA 是一种有监督的映射方法，图 7-7 以二维空间数据降至一维空间的过程为例阐述二者的区别。左侧采用 PCA 算法降维，它所做的只是将整组数据整体映射到最方便表示这组数据的某条直线上，映射时没有利用任何数据内部的分类信息。因此，虽然 PCA 降低了维数并将信息损失降到最低，整组数据在表示上更加方便，但在分类

二维空间映射

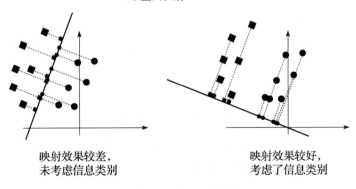

映射效果较差，　　　　　映射效果较好，
未考虑信息类别　　　　　考虑了信息类别

图 7-7　数据降维举例

上也许会变得更加困难。右侧采用 LDA 算法降维，可以明显看出，在增加了分类信息之后，两组输入映射到了另外一条直线上，有了这样一个映射，两组数据在低维上就可以被区分，极大地减少了运算量。

在实际应用中，最常用的一种 LDA 方法叫 Fisher Linear Discriminant，其简要原理就是求取一个线性变换，使样本数据中不同种类数据间的协方差矩阵和同一类数据内部的各个数据间协方差矩阵之比达到最大。该方法可由 Python 中 sklearn 库的 decomposition. LatentDirichletAllocation 函数实现，实现过程将在案例中进行展示。

3. 核主成分分析（KPCA）

一般来说，主成分分析适用于数据的线性降维。而核主成分分析（Kernel PCA，KPCA）可实现数据的非线性降维，用于处理线性不可分的数据集，线性降维和非线性降维的区别如图 7 - 8 所示。左侧的数据是线性可分的，但是右侧的数据只有非线性函数才能将其分类，核主成分分析便是用于解决右侧数据分布问题的算法。该方法可由 Python 中 sklearn 库的 decomposition. KernelPCA 函数实现。

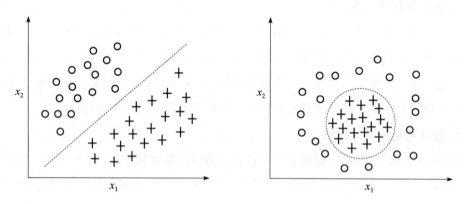

图 7 - 8　线性降维和非线性降维的区别

五、非平衡数据的处理

在分类问题上，当存在某类标签占总体比例较低时（低于 20%），就属于非平衡数据。如果直接使用该数据进行训练，训练效果可能会很差。例如，在企业舞弊预测的案例中，实际数据中存在财务舞弊公司的样本量占上市公司总体数量的比例为 1.3%（120/（120＋9 208）），是典型的非平衡数据，因此需要对数据进行预处理。

非平衡数据的处理经过长时间发展已经形成了很多不同的方法，目前最常用的两种方法是对数据进行处理或选择特定算法，其分类概况如图 7 - 9 所示。Python 的 imblearn 库已对其中绝大部分方法的实现进行封装，使其方便使用。

采样方法可分为欠采样和过采样。欠采样（下采样）通过减少多数类样本的数量，

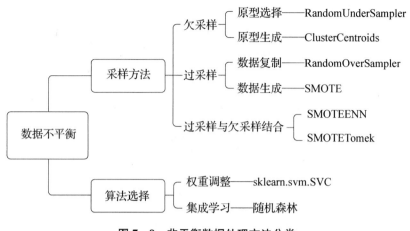

图 7-9 非平衡数据处理方法分类

使数据量达到平衡，包括原型选择和原型生成两类方法。原型选择是指从多数类样本中抽取一部分并舍弃其余部分，Python 中的 RandomUnderSampler 函数可以实现随机选取数据的子集。原型生成是指根据大数据样本生成数据量较少的样本与小数据样本进行匹配。Python 中的 ClusterCentroids 通过 K 均值聚类算法合成新的样本集，样本集中的每个数据都是原来样本数据的中心点，而不是从原始样本中随机进行抽取。欠采样的优点是方法较为简单，缺点是容易丢失重要信息。

过采样（重采样、上采样）指对少数类样本进行重复抽取或者生成新的少数类样本，包括数据复制和数据生成两类方法。数据复制可由 Python 中 RandomOverSampler 函数实现，即从少数类的样本中进行随机采样来增加新的样本。数据生成的方法中，最常用的是 SMOTE 算法，该算法的思路为：对于少数类样本 a，随机选择一个最近邻的样本 b，然后从 a 与 b 的连线上随机选取一个点 c 作为新的少数类样本，该方法可由 Python 中 SMOTE 函数实现。过采样的优点是原数据集的重要信息得以保存，缺点是容易过拟合。

在之前的 SMOTE 方法中，当有边界的样本与其他样本进行过采样差值时，很容易生成一些噪声数据，因此在过采样之后需要对样本进行清洗。欠采样与过采样结合的方法综合了两种方法的优点，可以由 Python 中 SMOTETomek、SMOTEENN 两个函数实现。

从算法选择的角度来看，部分算法可以针对不平衡数据采取不同的策略，进而解决数据不平衡对模型训练的影响。目前主要集中于两个方面：权重调整和集成学习。权重调整是指对不同样本数量的类别赋予不同的权重，从而使模型更加重视少数类样本，通常将权重设置为与样本量成反比。支持向量机便可以根据样本量调整权重，权重调整方法的难点在于设置合理的权重，该方法可由 Python 中的 sklearn. svm. SVC 函数实现。集成学习通过将一个不均衡的数据集拆分为多个均衡的子集来实现均衡。随机森林是一个典型的集成学习的算法，根据拆分后的数据子集训练出多棵分类树，将分类结果整合起来得到最终的结果。

第三节　机器学习方法介绍

对原始数据进行一定的预处理之后，接下来需要依据这些数据训练模型，使其学习数据之间的联系，并基于学习到的规律对未来情况进行预测。本节将介绍监督学习中的几种常用模型，分别是支持向量机、逻辑回归、决策树、随机森林、BP神经网络、朴素贝叶斯分类器和K近邻分类器。以上模型由Python中的sklearn库支持，这大大降低了实现难度，同时sklearn库提供了参数自动优化的函数，本节也将讲解其实现语句，方便读者实现调节参数的过程。

一、支持向量机

支持向量机，因其英文名为Support Vector Machine，故一般简称SVM。样本有很多特征数据，所有样本点根据特征数据形成的高维空间即为样本空间。如果样本有两个特征，则样本空间是二维的；如果样本有三个特征，则样本空间是三维的。如图7-10所示，黑色和白色代表两类数据标签，各个数据点分散在二维平面内。在由样本点构成的向量空间内，SVM通过找到一个可以将两类数据正确分隔在两侧的划分

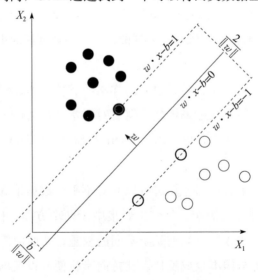

图 7-10　SVM 模型分类原理

超平面（在二维空间内是分界线，在三维空间中是分界面，在高维空间内为超平面），达到对数据分类及预测的效果。图中的黑色实线便是一条可行的分界线。从图中可以发现，有多条直线可以划分黑色点与白色点，即实现相同分类结果的超平面有很多，那么如何选择一个最佳的超平面呢？SVM 通过加大与超平面最近的样本点的距离，来寻找最佳的超平面。图中虚线上被加粗的点是模型的支持向量，SVM 模型最终会选择一个距离支持向量（即样本点）总距离最短的直线作为最终的分类标准，即最终的模型，故 SVM 是通过支持向量确定划分超平面，从而实现分类及预测的算法。

该算法的优缺点如下：

● 优点：可以解决高维问题，即大型特征空间；使用核函数能够处理非线性特征的相互作用；无须依赖整个数据；可以提高泛化能力。

● 缺点：当观测样本很多时，效率并不是很高；对非线性问题没有通用的解决方案，有时很难找到一个合适的核函数；对缺失数据敏感。

二、逻辑回归

逻辑回归（Logistic Regression）是一种二分类模型，用于预测特定事件发生的概率。例如判断用户是否会购买某个商品，预测学生能否够通过考试等。

逻辑回归的名称来源于其使用的 logistic 函数，其公式为：$g(z) = \dfrac{1}{1+e^{-z}}$，其中 z 是自变量和系数的线性组合，即：$z = \theta_0 x_0 + \theta_1 x_1 + \cdots + \theta_n x_n$，式中 θ_i 是参数，x_i 表示输入向量的第 i 个特征值，将 $x_0 = 1$ 作为常数项。

逻辑回归的核心就在于将自变量与对应特征的系数相结合得到一个输出值，并将此值作为参数代入 logistic 函数中进行转换，从而得到该类别的预测概率，也可以理解为对输入值进行二分类预测。对于样本集中的每个样例，模型基于特征权重计算出第 i 个样本的输出值，这个分数值表示数据属于正样本的可能性。然后再把这个分数值代入 logistic 函数中，使其取值在 0～1 之间。当输出值大于 0.5 时，则预测样本属于正分类；反之，当输出值小于等于 0.5 时，则预测样本属于负分类。

逻辑回归的优缺点如下：

● 优点：实现简单，广泛地应用于工业问题；分类时计算量非常小，速度很快，占用资源少；便利的观测样本概率分布；不存在多重共线性问题（多重共线性指线性回归模型中的解释变量之间，由于存在精确相关关系或高度相关关系而使模型估计失真或难以估计准确）。

● 缺点：当特征空间很大时，逻辑回归的性能不是很好；容易欠拟合，一般准确度不太高，不能很好地处理大量多类特征或变量；只能处理二分类问题（在此基础上衍生出来的 softmax 可以用于多分类），且必须线性可分；对于非线性特征，需要进行转换。

三、决策树

决策树（Decision Tree）是一种通过分类和回归的方法构建层次结构模型的算法。其基本原理是将数据集分成多个条件集，直到最终决策结果达成为止。决策树根据指定的特征属性选择最佳的决策点创建二叉树。成千上万的观察值被放置在决策树的不同节点中。在每个节点上，根据选定的特征属性创建子节点，然后将样本分配给子节点。该过程重复进行，直到达成终止条件为止。决策树的根节点包含数据集中的所有数据，而其他节点包含根据特征属性分配后的数据子集。使用决策树进行决策的过程就是从根节点开始，测试待分类项中相应的特征属性，并按照其值选择输出分支，直到到达叶子节点，将叶子节点存放的类别作为决策结果。

图 7-11 是一个简化的决策树的例子，用于判断是否应该发放某一笔贷款。首先判断该申请人是否有违约经历，如果有违约经历，则不发放；如果没有，则考虑申请人是否有稳定的收入进行偿债。如果申请人有稳定的收入，则发放这笔贷款；如果没有，则不发放。该决策树中，"是否有违约经历"和"是否有稳定的收入"是特征属性，"发放"和"不发放"为决策结果。实际应用的决策树模型会复杂许多，模型会考虑更多的特征属性使预测效果更理想。

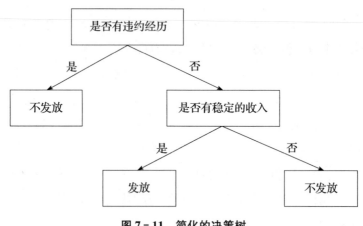

图 7-11　简化的决策树

决策树的优缺点如下：

● 优点：计算简单，易于理解，可解释性强；比较适合处理有缺失属性的样本；能够处理不相关的特征；在相对短的时间内能够对大型数据源做出可行且效果良好的处理。

● 缺点：容易发生过拟合（下文中介绍的随机森林可以很大程度上减少过拟合）；忽略了数据之间的相关性；对于那些各类别样本数量不一致的数据，在决策树当中，信息增益的结果偏向于那些具有更多数值的特征（只要是使用了信息增益，都有这个缺点）。

四、随机森林

随机森林是一种集成学习算法，其原理基于决策树。它通过随机选取数据子集和特征子集，在每个子集上分别构建多棵决策树，并将各决策树的输出结果通过投票或平均化等方式综合得到最终预测结果。

随机森林通过两个步骤实现对决策树的集成：Bootstrap 重采样和投票决策。如图 7-12 所示，该数据集有 M 个样本和 N 个特征。在算法执行时，首先利用 Bootstrap 重采样技术将训练数据集随机分为 K 个子训练集，然后基于每个训练集建立一个单独的决策树。每个子训练集是独立的，由此产生的 K 个决策树分别学习到了数据中的不同特征，形成了 K 个不同的决策树。在对数据进行预测时，K 个决策树会产生 K 个结果，随机森林算法的投票决策机制将整合 K 个结果，按投票多少形成的分数而定，返回最终的预测结果。可以发现，随机森林算法实质是对决策树算法的改进，它将多个决策树合并在一起，每个决策树的建立依赖于一个独立抽取的样本。

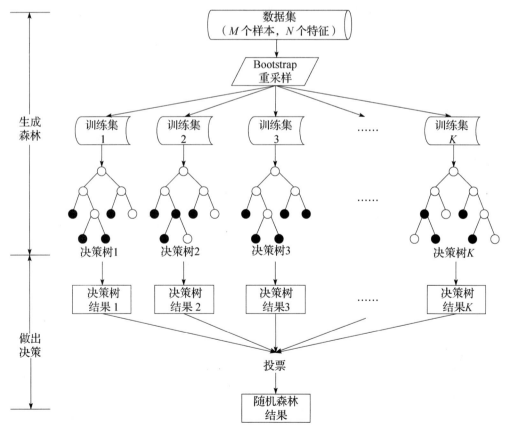

图 7-12 随机森林实现步骤

随机森林算法的优缺点如下：

● 优点：在数据集上表现良好，不容易陷入过拟合；具有很好的抗噪声能力；能够处理很高维度（特征较多）的数据，并且不用做特征选择，对数据集的适应能力强；训练速度快，可以得到变量重要性排序（基于 OOB（Out of Bag）误分率的增加量和基于分裂时的 GINI 下降量）；在训练过程中，能够检测到特征之间的相互影响；实现比较简单；善于处理不平衡数据问题。

● 缺点：可能有很多相似的决策树，掩盖了真实的结果；对于小样本数据或者低维数据（特征较少的数据），可能不能产生很好的分类；执行数据速度比单个决策树慢。

五、BP 神经网络

神经网络是指模拟人脑神经系统的计算模型。它由多个节点或神经元组成，每个节点接受来自其他节点的输入，并通过非线性变换函数完成信号处理并输出结果。在神经网络中，节点之间的连接权重代表信息传递时的强度和方向，这使得神经网络能够区分合适的输入和输出数据。在训练过程中，神经网络接受一组已知的输入输出对，并通过调整神经元之间的连接权重来使输出更接近目标。换言之，神经网络通过反复调整参数来不断优化模型，减少误差函数（例如均方误差），所以神经网络可被视为一种需要反馈的机器学习算法模型。通常情况下，更深层次的神经网络模型将更具有可分离和有效表示数据特征的能力，因此，在不同领域中都取得了比较好的应用效果。

神经网络由许多被称为神经元的基本单元组成，这些神经元通过连接形成神经网络。神经元分为输入层、输出层和中间层。输入层接收和处理来自外部环境的信息，输出层向外部环境提供结果，中间层则负责处理和传递输入层和输出层之间的信息。每个神经元都有一个或多个输入，它们通过权重进行连接。该权重表示了特定输入对神经元的重要程度。神经元将每个输入值乘以其相应的权重并将结果进行加总。然后，神经元将这个加权总和通过激活函数进行转换，并将其作为输出值传递到下一个神经元。激活函数通常为非线性函数，如 sigmoid 函数。这使得神经网络能够捕捉到数据的非线性关系，从而更好地适应复杂的问题。在训练时，我们将输入数据输入神经网络中，然后比较神经网络的输出和目标输出之间的差异。通过反向传播算法，将误差分布到每个神经元的输入权重上，并使用梯度下降算法调整这些权重以减小误差。图 7-13 为一个简单的神经网络的结构框架，该网络结构分为输入层，隐藏层和输出层。

BP（Back Propagation，反向传播）神经网络是一种常见的神经网络，它可用于分类或回归问题，也是深度学习的基础模型之一。BP 神经网络的训练算法借鉴了梯度下降方法的思想。神经网络的训练过程主要分为两个部分：前向传播和反向传播。在前

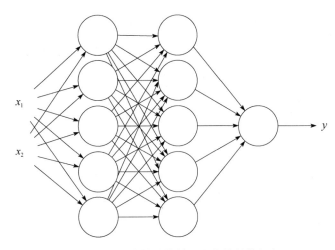

图 7 - 13　一个简单的神经网络的结构框架

向传播阶段，输入数据沿着神经网络的输入层传递到输出层。在每个神经元处，输入信号通过加权并施加一个非线性的函数（如 sigmoid 函数）进行转换。这个计算过程会被重复执行直到神经网络输出目标值。在反向传播阶段，先计算神经网络的误差，误差的计算通常采用最小二乘法。然后根据误差大小来调整神经网络中的各个权重，使误差最小化。使用梯度下降法实现权重的调整，即按照误差的方向来调整权重。总之，BP 神经网络借助前向传播计算处理结果，使用反向传播根据误差计算权重，从而实现对神经网络的训练。神经网络的隐藏层数量及其结构决定了 BP 神经网络的学习能力和适用场景。

BP 神经网络的优缺点如下：

● 优点：具有很强的非线性映射能力和柔性的网络结构；网络的中间层数、各层的神经元个数可根据具体情况任意设定，并且随着结构的差异其性能也有所不同。

● 缺点：学习速度慢，即使是一个简单的问题，一般也需要几百次甚至上千次的学习才能收敛；容易陷入局部极小值；网络层数、神经元个数的选择没有相应的理论指导；网络推广能力有限。对于上述问题，已经采取了许多改进措施，研究最多的就是如何加快网络的收敛速度和尽量避免陷入局部极小值。

六、朴素贝叶斯分类器

朴素贝叶斯算法是一种基于概率论的分类方法。该算法基于贝叶斯定理，即根据先验概率和样本来求解后验概率。先验概率是指根据历史经验和相关分析，事先可估计的样本属于各类别的概率；后验概率是在给定某些特征的情况下，样本属于某一类别的概率。具体地，朴素贝叶斯算法采用最大似然估计法来求解先验概率和后验概率，进而得出分类结果。此外，朴素贝叶斯算法假设所有特征之间相互独立，这意味着每一个特征对于最终结果的影响是相同且独立的。在分类任务中，利用贝叶斯定理计算出给定样本属于某一类别的概率，并选择概率最大的类别作为该样本所属的类别。例如，在对电子邮件进行分类时，将每个词汇视为一个特征，并将每个词汇在文档中是否出现作为一个特征值。因此，预处理数据时需要提取特征并计算其概率分布。

贝叶斯公式解决了逆向概率的问题。如图 7 - 14 所示，我们可以通过很多特征（X_i）判断某公司是否为舞弊公司（Y_j），其中 $Y_j = 1$ 表示公司 j 为舞弊公司，$Y_j = 0$ 表示公司 j 为非舞弊公司。根据公司的某一特征 X_i（如收到退市警告）来判断公司 j 属于舞弊企业的概率 $P(Y_j = 1 | X_i)$，为后验概率。根据现有公司舞弊数据得到公司 j 属于舞弊企业的概率 $P(Y_j = 1)$，为先验概率。在舞弊公司 j（$Y_j = 1$）中特征 X_i 出现的概率 $P(X_i | Y_j = 1)$ 可以通过已有数据得出，如果特征 X_i 出现概率较高，则判断其对于公司的舞弊现象有重要作用。那么如何根据特征 X_i 判断公司 j 是否有舞弊行为呢？可以通过计算概率 $P(Y_j = 1 | X_i)$ 得出结论：

$$P(Y_j = 1 | X_i) = \frac{P(Y_j = 1) P(X_i | Y_j = 1)}{P(X_i)}$$

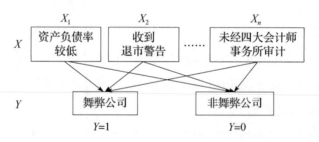

图 7 - 14　利用贝叶斯公式解决逆向概率问题举例

上面是只考虑"收到退市警告"一种特征，现实中有很多因素可能会对企业选择采取舞弊行为产生影响，即 $X = (X_1, X_2, \cdots, X_n)$。此时我们通过所有特征判断公司 j 为舞弊公司的概率为 $P(Y_j = 1 | X_1, X_2, \cdots, X_n)$，基于朴素贝叶斯的"朴素"假设，各特征之间条件独立，因此 $P(X | Y_j = 1) = P(X_1 | Y_j = 1) P(X_2 | Y_j = 1) \cdots P(X_n | Y_j = 1)$，所以朴素贝叶斯公式为：

$$P(Y_j = 1 | X_1, X_2, \cdots, X_n) = \frac{P(Y_j = 1) P(X_1 | Y_j = 1) P(X_2 | Y_j = 1) \cdots P(X_n | Y_j = 1)}{P(X_1) P(X_2) \cdots P(X_n)}$$

朴素贝叶斯分类器的优缺点如下：

● 优点：有稳定的分类效率；对小规模的数据表现很好，能够处理多分类任务，适合增量式训练，尤其是数据量超出内存时，可以一批批地去增量训练；对缺失数据不太敏感，算法也比较简单，常用于文本分类。

● 缺点：理论上，朴素贝叶斯模型与其他分类方法相比具有较小的误差率。但是实际上并非总是如此，这是因为朴素贝叶斯模型给定输出类别的情况下，假设属性之间相互独立，这个假设在实际应用中往往是不成立的，在属性个数比较多或者属性之间相关性较大时，分类效果不好；而在属性相关性较小时，朴素贝叶斯性能最为良好。

七、K 近邻分类器

K 近邻分类器的核心思想是少数服从多数：对于新输入的实例，在训练数据集中找到与该实例最邻近的 K 个实例，这 K 个实例中的多数属于某个类，就把该输入实例分类到这个类中。其中距离可以使用欧氏距离、汉明距离、曼哈顿距离、切比雪夫距离、余弦距离、杰卡德距离等，具体哪一种应用在模型中的结果较好，需要结合具体的数据建模分析。会计研究中常用的是欧氏距离：

$$d(x,y)=\sqrt{(x_1-y_1)^2+(x_2-y_2)^2+\cdots+(x_n-y_n)^2}=\sqrt{\sum_{i=1}^{n}(x_i-y_i)^2}$$

使用企业舞弊预测的例子来讲解。如图 7-15 所示，现有数据集中有两类不同的样本数据，正方形表示该企业为非舞弊公司，三角形表示该企业为舞弊公司。对于一个未知分类的企业（圆圈），如何判断其是否为舞弊企业呢？当 $K=3$ 时，取距离新样本最近的三个样本点判断，有两个样本点属于舞弊公司，一个样本点属于非舞弊公司，则判断新的企业是舞弊公司。当 $K=5$ 时，取距离新样本最近的五个样本点判断，有两个样本点属于舞弊公司，三个样本点属于非舞弊公司，则判断新的企业是非舞弊公司。由此可见，K 值的选择对于模型影响较大，需要通过实验确定。

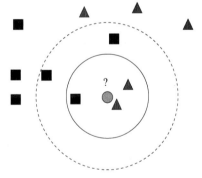

图 7-15 两类样本数据

K 近邻分类器的优缺点如下：

● 优点：K 近邻分类器是一种在线技术，新数据可以直接加入数据集而不必重新进行训练；理论简单，容易实现；准确性高，对异常值和噪声有较高的容忍度；支持多分类，区别于感知机、逻辑回归、SVM。

● 缺点：基本的 K 近邻分类器每预测一个"点"的分类都会重新进行一次全局运算，对于样本容量大的数据集计算量比较大；容易导致维度灾难，在高维空间中计算距离的时候，就会变得非常远；样本不平衡时，预测偏差比较大；K 值大小的选择需依靠经验或者交叉验证得到。K 值的选择可以使用交叉验证，也可以使用网格搜索。K 值越大，模型的偏差越大，对噪声数据越不敏感，当 K 值很大时，可能造成模型欠拟合。K 值小，模型的方差就会越大，当 K 值很小时，就会造成模型的过拟合。

第四节　机器学习模型评估方法

在第二节中提到，会计研究中机器学习主要用于解决回归、分类和聚类问题，本节从这三方面分别介绍常用的评估方法，细分方法如图 7-16 所示，所有方法均可以由 Python 中的第三方库实现。除上述三种任务，部分机器学习任务不存在直接评估模型效果的方法，比如推荐算法。

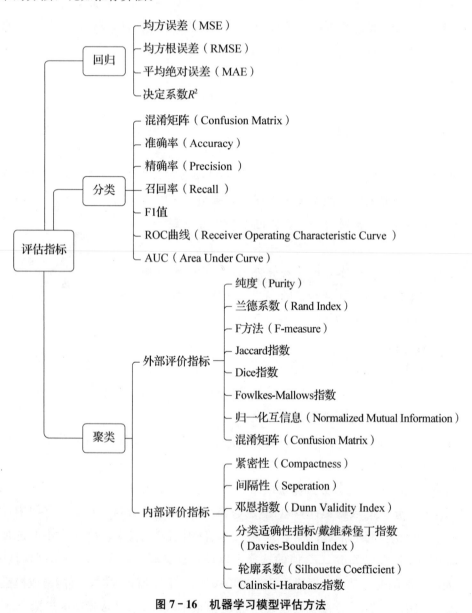

图 7-16　机器学习模型评估方法

一、回归问题

衡量回归结果效果的常用指标包括：平均绝对误差、均方误差、均方根误差、决定系数 R^2。在第一节中介绍，会计的实证研究中经常使用 OLS 回归研究各变量之间的因果关系，并使用决定系数 R^2 评估模型的拟合效果。虽然 OLS 不属于机器学习方法，但是评价指标是互通的。

下面通过一个简单的例子来说明各个指标的算法。原始数据 $Y_{true} = [1，3，5，7]$，模型预测数据 $Y_{predict} = [0，3，4，9]$。

1. 均方误差（Mean-Square Error，MSE）

均方误差是预测值和观测值之间差异（称为残差）平方的平均值。

$$MSE = \frac{1}{n} \sum_{i=1}^{n} (y_{i|predict} - y_{i|true})^2$$

由案例数据来看，$MSE = \frac{1}{4} \left[(0-1)^2 + (3-3)^2 + (4-5)^2 + (9-7)^2 \right] = \frac{3}{2}$。

2. 均方根误差（Root Mean Square Error，RMSE）

均方根误差是预测值和观测值之间差异（称为残差）的样本标准差。均方根误差可以说明样本的离散程度。做非线性拟合时，RMSE 越小表示模型的拟合效果越好。对差异较高的数据，RMSE 比 MAE 惩罚更多。

$$RMSE = \sqrt{\frac{1}{n} \sum_{i=1}^{n} (y_{i|predict} - y_{i|true})^2} = \sqrt{MSE}$$

由案例数据来看，$RMSE = \sqrt{\frac{1}{4} \left[(0-1)^2 + (3-3)^2 + (4-5)^2 + (9-7)^2 \right]} = \sqrt{\frac{3}{2}}$。

3. 平均绝对误差（Mean Absolute Error，MAE）

平均绝对误差是预测值和观测值之间绝对误差的平均值。

$$MAE = \frac{1}{n} \sum_{i=1}^{n} |y_{i|predict} - y_{i|true}|$$

由案例数据来看，$MAE = \frac{1}{4} (|0-1| + |3-3| + |4-5| + |9-7|) = 1$。

4. 决定系数 R^2

决定系数 R^2 常用于衡量线性回归模型的准确程度。

$$R^2 = 1 - \frac{\sum_{i=1}^{n} (y_{i|predict} - y_{i|true})^2}{\sum_{i=1}^{n} (\overline{y}_{i|true} - y_{i|true})^2} = 1 - \frac{\sum_{i=1}^{n} (y_{i|predict} - y_{i|true})^2 / n}{\sum_{i=1}^{n} (\overline{y}_{i|true} - y_{i|true})^2 / n} = 1 - \frac{MSE}{Var}$$

式中，分子 MSE 体现建立的模型预测产生的误差，分母 Var 体现使用平均值作为预测结果产生的误差。由案例数据来看，$R^2 = 1 - \dfrac{(0-1)^2 + (3-3)^2 + (4-5)^2 + (9-7)^2}{(4-1)^2 + (4-3)^2 + (4-5)^2 + (4-7)^2} = 1 - \dfrac{6}{20} = 0.7$。

- $R^2 = 1$ 时，模型的预测结果没有错误。
- $R^2 \in (0，1)$ 时，R^2 越大表明模型的训练效果越好。
- $R^2 = 0$ 时，模型相当于使用数值的平均值作为预测结果，即基准模型。
- $R^2 < 0$ 时，模型不如基准模型，很可能数据间不存在任何线性关系。

二、分类问题

为便于读者理解，本节采用一个简单的例子来解释各指标的含义。从股吧评论中选取五条评论，并对评论的情绪进行人工标注，其中 1 代表文本情绪积极，0 代表文本情绪消极。假设我们将数据提供给机器学习算法进行训练，得到的结果为最后一列的数据。结果如表 7-3 所示，可以发现机器学习的结果中有三条与人工标注的结果相同，有两条与人工标注的结果不同。本节利用这个例子对各个计算指标进行讲解。

表 7-3　人工和机器学习进行情绪分类举例

评论内容	人工标注结果	机器学习结果
以为出利好能涨呢，结果阴跌，折磨……	0	0
大家别慌，技术性回调。	1	1
不理解为什么那么多人看好格林美。	0	1
三天流出 41 亿元，主力你是有多不看好隆基啊，有必要这样砸吗?	0	0
人气上来了，看来来了不少散户。	1	0

1. 混淆矩阵

混淆矩阵（Confusion Matrix）是监督学习中的一种可视化工具，主要用于比较分类结果和实例的真实信息。矩阵中的每一行代表实例的预测类别，每一列代表实例的真实类别。下面引入四个定义：

（1）真阳性（True Positive，TP）：实际为正例，判断为正例；

（2）假阳性（False Positive，FP）：实际为负例，判断为正例；

（3）真阴性（True Negative，TN）：实际为负例，判断为负例；

（4）假阴性（False Negative，FN）：实际为正例，判断为负例。

混淆矩阵		真实值	
		积极	消极
预测值	积极	TP	FP
	消极	FN	TN

以股吧评论为例，人工标注的结果作为真实值，机器学习的结果作为预测值。那么人工标注为积极的语句在机器学习的结果中也是积极的数量为1，即第二条评论；人工标注为积极的语句在机器学习的结果中是消极的数量为1，即最后一条评论。以此类推，得到混淆矩阵的结果。此时，TP＝1，FP＝1，FN＝1，TN＝2。

混淆矩阵		真实值	
		积极	消极
预测值	积极	1	1
	消极	1	2

2. 准确率

准确率（Accuracy）是最常用的分类性能指标。$\text{Accuracy}=\dfrac{\text{TP}+\text{TN}}{\text{TP}+\text{FN}+\text{FP}+\text{TN}}$，即$\dfrac{\text{正确预测的例数}}{\text{总数}}$。在股吧的例子中，预测正确的例数为3，总数为5，则准确率为$\dfrac{3}{5}$；如果用公式计算，则 $\text{Accuracy}=\dfrac{\text{TP}+\text{TN}}{\text{TP}+\text{FN}+\text{FP}+\text{TN}}=\dfrac{1+2}{1+1+1+2}=\dfrac{3}{5}$。

3. 精确率

精确率（Precision）容易和准确率混为一谈。其实，精确率只是针对预测正确的正样本而不是所有预测正确的样本。表现为预测结果为正的里面有多少真正是正的。可理解为查准率。$\text{Precision}=\dfrac{\text{TP}}{\text{TP}+\text{FP}}$，即$\dfrac{\text{正确预测的正例数}}{\text{预测正例总数}}$。在股吧的例子中，正确预测的正例数为1，预测正例总数为2，则精确率为$\dfrac{1}{2}$；如果用公式计算，则 $\text{Precision}=\dfrac{\text{TP}}{\text{TP}+\text{FP}}=\dfrac{1}{1+1}=\dfrac{1}{2}$。

4. 召回率

召回率（Recall）表现为在实际正样本中，分类器能预测出多少。与真正率相等，可理解为查全率。$\text{Recall}=\dfrac{\text{TP}}{\text{TP}+\text{FN}}$，即$\dfrac{\text{正确预测的正例数}}{\text{实际正例总数}}$。在股吧的例子中，正确预测的正例数为1，实际正例总数为2，则召回率为$\dfrac{1}{2}$；如果用公式计算，则 $\text{Recall}=$

$$\frac{TP}{TP+FN}=\frac{1}{1+1}=\frac{1}{2}。$$

5. F1 值

F1 值是精确率和召回率的调和值，更接近两个数中较小的那个，所以精确率和召回率接近时，F1 值最大。很多推荐系统的评测指标就是 F1 值，其计算公式为 F1＝2×

$\frac{Precision×Recall}{Precision+Recall}$。在股吧的例子中，精确率为 $\frac{1}{2}$，召回率为 $\frac{1}{2}$，则 $F1=2\times\frac{\frac{1}{2}\times\frac{1}{2}}{\frac{1}{2}+\frac{1}{2}}=\frac{1}{2}$。

6. ROC 曲线

以股吧评论情感分类为例，这是一个二分类模型，即把情绪分为两类，且模型对每个样本的预测结果为一个概率值，需要选取一个阈值来判断情感是否为积极的，这里选择 0 为阈值。机器学习训练的结果大于 0，则为积极的情绪；小于 0 则为消极的情绪，从而得出混淆矩阵。

如果减小这个阈值，更多的样本会被识别为正类，提高正类的识别率，但同时也会使得更多的负类被错误识别为正类。为了直观表示这一现象，引入 ROC。将模型预测结果从高到低排序，将每次概率值依次作为阈值，得到多个混淆矩阵。对于每个混淆矩阵计算两个指标真正率（True Positive Rate，TPR）和假正率（False Positive Rate，FPR），以 FPR 为 x 轴、TPR 为 y 轴画图，就得到了 ROC 曲线（Receiver Operating Characteristic Curve）。一般情况下，这条曲线应该处于（0，0）和（1，1）连线的上方。

7. AUC

AUC（Area Under Curve）是 ROC 曲线下的面积，即 ROC 的积分，通常大于 0.5 小于 1。随机挑选一个正样本以及一个负样本，分类器判定正样本的值高于负样本的概率就是 AUC 值。AUC 值越大分类器性能越好：

- AUC＝1，是完美分类器；
- AUC∈[0.85，0.95]，效果很好；
- AUC∈[0.7，0.85]，效果一般；
- AUC∈[0.5，0.7]，效果较差，但用于预测股票已经很不错了；
- AUC＝0.5，跟随机猜测一样（例如抛硬币），模型没有预测价值；
- AUC<0.5，比随机猜测还差，但只要总是反预测而行，就优于随机猜测。

三、聚类问题

聚类是一种无监督学习方法，主要的目标是将相似的对象划分到同一个簇中，同时尽量保证不同簇之间具有差异性。聚类可以用来发现数据中存在的固有群集，或者在数据准备阶段进行特征提取、预处理以及降维等。聚类的评价指标按照是否使用先验知识分为外部评价和内部评价。外部评价利用先验知识，对样本的类别特征有预先的判别，如标签类别和外部评级指标。此时，对于聚类结果的评价更类似评价分类任务，通过分辨正确和错误聚类的样本量来评价模型的优劣程度。常见的外部评价方法有：纯度（Purity）、兰德系数（Rand Index，RI）、F 方法（F-measure）、Jaccard 指数、Dice 指数、Fowlkes-Mallows 指数、归一化互信息（Normalized Mutual Information，NMI）、混淆矩阵（Confusion Matrix）等。外部评价方法适用于机器学习的训练集或者通过程序生成的数据，但是可能不适用于完成实际任务，因为实际任务中，先验知识的获取是十分受限的。

内部评价基于聚类数据本身进行评估，该类方法将赋予集群内相似度高、集群间相似度低的聚类较高的分数。常见的外部评价方法有：分类适确性指标/戴维森堡丁指数（Davies-Bouldin Index）、Calinski-Harabasz 指数、紧密性（Compactness，CP）、间隔性（Seperation，SP）、轮廓系数（Silhouette Coefficient）等。内部评价方法不需要先验知识辅助，但是内部指标评价较高的算法不一定意味着其得到的结果更有效，例如，K 均值聚类会自然优化对象距离，而基于距离的内部标准可能会高估聚类水平。

下面将分别列举常见的评价指标。

（一）外部评价指标

1. 纯度

纯度是一种简单而透明的评价手段。计算方法为，将每个簇中最多的类作为这个簇所代表的类，然后计算正确分配的类的数量，然后除以 N。纯度值在 0～1 之间，越接近 1 表示聚类结果越好。

2. 归一化互信息

归一化互信息用来衡量两个数据分布的吻合程度。也是一种有用的信息度量，它是指两个事件集合之间的相关性。归一化互信息越大，词条和类别的相关程度也越大。

利用基于归一化互信息的方法来衡量聚类效果需要实际类别信息。归一化互信息取值范围为 $[0，1]$，值越大意味着聚类结果与真实情况越吻合。

（二）内部评价指标

1. 戴维森堡丁指数

戴维森堡丁指数的计算方法为，任意两类别的类内平均距离之和除以两聚类中心距离，并求最大值。其值越小，意味着类内距离越小，类间距离越大。该指数下限为 0，接近 0 表示聚类结果好。由于使用欧式距离，所以对于除圆形分布聚类以外的聚类算法评测效果很差。

2. 轮廓系数

对于单个样本，设 a 是与它同类别其他样本间的平均距离，b 是与它距离最近不同类别样本间的平均距离，其轮廓系数为：

$$s = \frac{b-a}{\max(a,b)}$$

对于一个样本集合，它的轮廓系数是所有样本轮廓系数的平均值。轮廓系数的取值范围是 $[-1，1]$，同类别样本距离越近，不同类别样本距离越远，轮廓系数值越大。当轮廓系数值为负数时，说明聚类效果很差。

3. Calinski-Harabasz 指数

Calinski-Harabasz 指数通过计算类中各点与类中心距离的平方和来度量类内的紧密度，通过计算各类中心点与数据集中心点距离平方和来度量数据集的分离度，该指标由分离度与紧密度的比值得到。从而，Calinski-Harabasz 指数越大代表着类自身越紧密，类与类之间越分散，即聚类结果更优。

第五节　机器学习的案例实现

本节通过两个案例——上市公司舞弊行为预测和会计师事务所审计收费预测，分别讲解基于 Python 和 R 语言实现传统的机器学习算法，包括支持向量机、逻辑回归、决策树、随机森林、BP 神经网络、朴素贝叶斯分类器和 K 近邻分类器。

案例实现 1：基于 Python 语句中 sklearn 库的舞弊预测

通过多重指标进行公司舞弊预测通常采用监督算法实现，对于监督学习的实现，需要先收集到一份有标签的数据集，并基于此进行训练。首先列出对于企业舞弊有解释性的影响因素并寻找其代理指标，将已有上市公司的舞弊数据作为标签，输入机器学习算法进行训练。本案例采用王嘉欣（2019）的研究，利用上市公司数据对于其舞弊情况进行预测。该案例的全部数据可在网站 www.ecogement.com 获取。首先，根据论文描述进行数据收集，然后，利用上述监督学习方法分别进行预测实现，并进行横向比较。

（一）数据收集

我们在中国证监会及其 38 个派出机构的官方网站上查找 2013—2018 年受到行政

处罚的公司名单。上市公司被行政处罚的原因有很多种，如欺诈发行、信息披露违规、内幕交易、操纵市场、挪用公司资产等，此案例中选取因进行财务报表舞弊而被行政处罚的公司，包括虚增资产、营业收入或利润，未按照规定如实披露如关联方交易等重大事项或存在重大遗漏等，共有69家企业，部分名单如表7-4所示。

表7-4　部分财务舞弊公司名称及舞弊时间

股票名称	股票代码	公司名称	被处罚时间	财务舞弊时间
亚星化学	600319	亚星化学	2013-01-23	2011年
启迪古汉	000590	紫光古汉	2013-02-19	2005—2008年
云投生态	002200	新大地	2013-05-13	2004—2009年
佳沃股份	300268	万福生科	2013-09-24	2008—2011年
南纺股份	600250	南纺股份	2014-04-30	2006—2010年
莲花健康	600186	莲花味精	2014-05-21	2007—2008年
欣龙控股	000955	欣龙控股	2014-06-25	2011—2012年
*ST中基	000972	新中基	2014-06-27	2006—2011年
康芝药业	300086	康芝药业	2014-06-30	2011—2012年
华创阳安	600155	宝硕股份	2014-07-01	1999—2006年
华塑控股	000509	华塑控股	2014-08-14	2010—2011年
康达新材	002669	康达新材	2014-09-28	2012年
海联讯	300277	海联讯	2014-11-14	2009—2012年
ST慧球	600556	北生药业	2014-11-15	2004—2007年
迪威迅	300167	迪威视讯	2014-12-31	2010—2012年
三峡新材	600293	三峡新材	2015-01-27	2011—2012年
神开股份	002278	神开股份	2015-02-15	2010—2012年
博汇纸业	600966	博汇纸业	2015-03-02	2013年
亚联发展	002316	键桥通讯	2015-03-02	2009—2012年
风神股份	600469	风神股份	2015-03-09	2011—2012年
康欣新材	600076	青鸟华光	2015-04-08	2012年
协鑫集成	002506	超日股份	2015-05-26	2012年
北讯集团	002359	齐星铁塔	2015-06-04	2014年
上海物贸	600822	上海物贸	2015-06-18	2008—2011年
皖江物流	600575	皖江物流	2015-07-23	2012—2013年
ST新亿	600145	国创能源	2015-08-25	2012年
南华生物	000504	赛迪传媒	2015-09-17	2012年

续表

股票名称	股票代码	公司名称	被处罚时间	财务舞弊时间
ST 锐电	601558	华锐风电	2015 - 11 - 05	2011 年
天目药业	600671	天目药业	2015 - 11 - 19	2013 年
*ST 云网	002306	中科云网	2015 - 12 - 02	2012 年 2014 年
亚太实业	000691	亚太实业	2016 - 01 - 26	2010—2014 年
荣丰控股	000668	荣丰控股	2016 - 03 - 22	2012—2013 年
恒邦股份	002237	恒邦股份	2016 - 05 - 11	2013—2015 年

上市公司因财务舞弊而受到证监会处罚具有一定的滞后性，一般都会在财务舞弊的两年之后被披露，有的公司甚至过了十年才被发现存在财务舞弊问题。这是因为证监会履行职责要经历调查取证、案件审理、听证复议等环节。

相对于内控环境等具有一定主观判断的定性指标，来自财务报表数据的定量指标显然更加客观且容易获得。定量的财务指标可以分为两类，一类为与公司规模有关的绝对数值财务指标，另一类为无量纲的财务比率指标。绝对指标在不同规模的企业中数值差异很大，比如利润总额标准对于跨国企业和地方性企业是完全不同的，但其值大小和企业的诚信度却没有直接关系，显然这种比较的说服力较弱。相比之下，通过财务比率来比较不同规模的企业各方面的状况更为合理。因此，我们主要考虑财务比率指标。随后，对于得到的公司名单，下载其每一舞弊年度的年度财务报表，并从中提取相关数据和财务比率指标。为考虑到尽可能多的影响因素，我们共选取了 119 项财务数据和指标作为待筛选变量。

对于部分公司舞弊年份不止出现一次的情况，根据不同的舞弊时间，将其拆分出对应时间的年报数据，并将每个拆分作为一个样本。由于收集到的财务报表数据仅包含 2018 年 6 月底之前被处罚的 69 家公司，因此在后面的分析中，我们选取其中舞弊时间为 2015 年及以前的年度财务报表数据作为舞弊样本总体，共得到 120 个舞弊样本，每一个样本对应一家公司和一个年份。对于对照样本，论文选取 2012—2015 年未被认定是财务舞弊的公司作为对照样本，共得到 9 208 个非舞弊样本。

（二）数据预处理

由于下载的数据中存在缺失值，在进一步分析前，要先对数据进行初步的处理。

首先，根据实际数据情况，我们删除缺失值占比大于 50% 的指标，并对剩余数据中的缺失值进行填充。这样做是因为若直接剔除整条数据会导致样本量大大减少，在数据量不是足够大时，这样做可能会丢失很多隐藏的重要信息，或导致数据的特征和分布发生变化。由于填充的是我们对缺失值的主观估计，不一定与实际情况相符，而且不恰当的填充可能会增加噪声，因此我们统一将缺失值填充为 0。

其次，由于每家公司的规模不同，而公司的资产负债表、利润表和现金流量表中的数据均为绝对数值，如果不做处理会对预测结果产生很大影响，因此将这三个表中的相关指标除以该样本公司的总资产，用此相对值替换原样本中的对应指标。同时比率形式的主要财务指标保持不变。

最后，我们对每一个样本添加类标签，其中舞弊样本为 1，非舞弊样本为 0。另外，对于每一个财务指标，我们将其按照属性进行分类。由于财务指标的选取和分类都具有一定的主观性，而我们获得的数据中既有绝对数值指标又有相对值指标，因此本案例将所有指标分为规模指标、流动性指标、营运指标、盈利指标、每股能力指标、增长指标六类，共 65 个指标。

由于数据中舞弊企业的数量远低于非舞弊企业，两类数据处于极度不平衡的状态，将数据直接放入模型进行训练可能会造成模型无法充分学习样本较少的舞弊企业的特征。数据不平衡处理相关知识已在第二节中讲述，现在进行实现。imblearn 库包含实现非平衡数据处理的大部分方法，且实现语法类似。下面我们使用 imblearn 库中的函数实现 SMOTE 算法，其他方法读者可以自行类比使用。

```
1. from imblearn.over_sampling import SMOTE        #导入库
2. import pandas as pd
3.
4. data=pd.read_csv(r"allsample.csv")              #利用 pandas 库读入数据
5. data=data.dropna()                              #删除缺失值
6.
7. #删除类别标签列,提取全部预测指标列为 X
8. X=data.drop('fraud',axis=(1)
9. #定义类别标签列为 y
10. y=data['fraud']
11.
12. #建立 SMOTE 模型对象
13. model_smote=SMOTE(sampling_strategy='auto',random_state=10)
14. #输入过采样处理数据 X,y,得到比例平衡的舞弊公司和非舞弊公司样本
15. x_smote_resampled,y_smote_resampled=model_smote.fit_resample(X,y)
```

最后得到利用 SMOTE 算法处理后的样本 x_smote_resampled 和 y_smote_re-sampled。

(三) 模型构建

解决完数据不平衡的问题，接下来通过这些数据训练模型，使其学习数据之间的

联系，并基于学习到的规律对未来情况进行预测。本节将实现监督学习中的几种常用模型，分别是支持向量机、逻辑回归、决策树、随机森林、BP 神经网络、朴素贝叶斯分类器和 K 近邻分类器。以上模型由 Python 中的 sklearn 库支持，大大降低了实现难度，同时 sklearn 库也提供了参数自动优化的函数，本节也将讲解其实现语句，方便读者实现调节参数的过程。

首先，我们要将处理后的平衡数据划分为训练集和测试集。参考王嘉欣（2019）的研究，我们将数据中 20％作为测试集，其余作为训练集，其实现语句如下。

```
1. from sklearn.model_selection import train_test_split
2.
3. #将预测指标和标签类别的数据合并
4. smote_resampled=pd.concat([x_smote_resampled,y_smote_resampled],axis=1)
5.
6. #对标签进行重命名
7. X=x_smote_resampled
8. y=y_smote_resampled
9. #划分训练集和测试集,20%为测试集
10. X_train,X_test,y_train,y_test = train_test_split(X,y,test_size = 0.20,
    random_state=10)
```

然后，用训练集对模型进行训练。

1. 支持向量机

其实现方法如下。

第一步：训练模型。

```
1. from sklearn.svm import SVC        #SVC算法
2.
3. svm = SVC()          #表示支持向量机选择的核函数类型,还可选择 linear,rbf,sigmoid
4. svm.fit(X_train,y_train)           #使用训练数据集拟合模型
```

第二步：参数优化。

通过 fit 函数得到的模型较为粗糙，需要对于模型中的重要参数进行优化。sklearn 中的 GridSearchCV 可以根据需要输出最优化参数和结果。

SVC 函数在调参过程中需要根据不同的核函数估计不同参数的取值范围，输入 GridSearchCV 函数进行求解。

对于所有核函数来讲，惩罚系数 C 和参数 gamma 较为重要。惩罚系数 C 可理解为调节优化方向中两个指标（间隔大小、分类准确度）偏好的权重，C 过高可能导致过拟合，C 过低可能导致欠拟合，C 的不恰当选择会使模型的泛化程度降低。参数 gamma 主要是对低维的样本进行高维映射，gamma 值越大，映射的维度越高，决策平面

越扭曲，训练的结果越好，但是越容易引起过拟合，即泛化能力低。如果使用多项式核函数，则需要调整多项式的最高项次数 degree 和函数常数值 coef0。如果使用 Sigmoid 核函数，则需要调整函数常数值 coef0。

（1）根据经验估计出各参数的可能取值范围，代码如下。

```
1. param = [{"kernel":["rbf"],"C":[0.1,1,10],"gamma":[1,0.1,0.01]},
2.          {"kernel":["poly"],"C":[0.1,1,10],"gamma":[1,0.1,0.01],"de-
   gree":[3,5,10],"coef0":[0,0.1,1]},
3.          {"kernel":["sigmoid"],"C":[0.1,1,10],"gamma":[1,0.1,0.01],"
   coef0":[0,0.1,1]}]
```

（2）利用 GridSearchCV 函数，以 F1 值为评判标准，对最佳 param 进行选择。

```
1. grid=GridSearchCV(svm,param,scoring='f1')
2. grid.fit(X_train,y_train)
3. print(grid.best_params_)
```

（3）根据输出结果，重复步骤（2）的过程。如果最优参数出现在取值范围的边缘，则向该方向扩大取值范围继续搜索；如果最优参数出现在取值范围中，则缩小并细化取值范围直至满足精度要求。

（4）将最优参数代入原模型中，生成最终的学习模型。

```
1. model = grid.best_estimator_     #最优参数模型
```

将参数优化功能封装成函数，代码如下。

```
1. def best_param(param,model):
2.     grid=GridSearchCV(model,param,scoring='f1')
3.     grid.fit(X_train,y_train)
4.     print(grid.best_params_)
5.     return grid.best_estimator_
```

第三步：将模型应用于测试集并做出评价。

（1）将训练模型应用于测试集，得到测试集的预测结果。

```
1. y_pred = model.predict(X_test)          #得到预测结果
```

（2）利用混淆矩阵比较预测结果与原结果。

```
1. confusion = confusion_matrix(y_test,y_pred)
```

（3）根据评价指标衡量模型的优劣。

```
1. from sklearn.metrics import accuracy_score,recall_score,f1_score
2. import pandas as pd
3.
4. #建立列表储存预测数据
5. result = pd.DataFrame(columns=['model','accuracy','recall','F1','confu-
   sion[1,1]','confusion[1,2]','confusion[2,1]','confusion[2,2]'])
```

```
6.
7. acu = accuracy_score(y_test, y_pred)                    #准确率
8. recall = recall_score(y_test, y_pred, average='binary')  #召回率
9. f1 = f1_score(y_test, y_pred)                           #F1 值
10. print('accuracy: {}, recall: {}, F1: {}'.format(acu, recall, f1))
11. print(confusion)
```

将模型预测功能封装成函数,代码如下。

```
1. def prediction(model, name):
2.     y_pred = model.predict(X_test)
3.     confusion = confusion_matrix(y_test, y_pred)
4.     acu = accuracy_score(y_test, y_pred)                    #准确率
5.     recall = recall_score(y_test, y_pred, average='binary')  #召回率
6.     f1 = f1_score(y_test, y_pred)                           #F1 值
7.     result.loc[len(result)] = [name, acu, recall, f1, \
8.     confusion[0,0], confusion[0,1], confusion[1,0], confusion[1,1]]
9.     print(result.loc[len(result)-1])
```

2. BP 神经网络

实现方法如下。

```
1. from sklearn.neural_network import MLPClassifier
2.
3. NN = MLPClassifier(hidden_layer_sizes=(200,400,))
4. NN.fit(X_train, y_train)
5. param = {'hidden_layer_sizes': [(10,10,10,)], \
6.          'learning_rate': [0.001, 0.003, 0.01, 0.03, 0.1, 0.3, 1]. \
7.          'batch_size': [16, 32, 64, 128]}
8. model = best_param(param, NN)
9. prediction(model, 'BP Network')
```

MLP 算法中,hidden_layer_sizes,batch_size 和 learning_rate 对于神经网络的学习效果影响较大。hidden_layer_sizes 接受一个数组 tuple,数组内第 i 个元素表示第 i 个隐藏层中的神经元数量。不论是回归还是分类任务,选择合适的层数以及隐藏层节点数,在很大程度上都会影响神经网络的性能。

(1)隐藏层数量的确定。输入层和输出层的节点数量很容易得到,输入层的神经元数量等于待处理数据中输入变量的数量,输出层的神经元的数量等于与每个输入关联的输出的数量。但是困难之处在于确定合适的隐藏层及其神经元的数量。对于一般简单的数据集,一两层隐藏层通常就足够了;但对于涉及时间序列或计算机视觉的复杂数据集,则需要额外增加层数。

（2）隐藏神经元数量的确定。在隐藏层中使用太少的神经元将导致欠拟合，使用过多的神经元可能会导致过拟合。通常对所有隐藏层使用相同数量的神经元就足够了。神经元数量可以由下面几个原则大致确定：

- 隐藏神经元的数量应在输入层数量的大小和输出层数量的大小之间。
- 隐藏神经元的数量应为输入层数量大小的 2/3 加上输出层数量大小的 2/3。
- 隐藏神经元的数量应小于输入层数量大小的两倍。

与在每一层中添加更多的神经元相比，添加层层数将获得更大的性能提升。因此，不要在一个隐藏层中加入过多的神经元。总而言之，隐藏层神经元的最佳数量需要通过不断试验获得，建议从一个较小数值比如 1 到 5 层和 1 到 100 个神经元开始，如果欠拟合就慢慢添加更多的层和神经元，如果过拟合就减小层数和神经元。此外，在实际过程中还可以考虑引入 Batch Normalization、Dropout、正则化等降低过拟合的方法。

（3）learning_rate 表示在训练期间权重更新的量，被称为步长或"学习率"。具体而言，学习率是在神经网络训练中使用的可配置超参数，其具有小的正值，通常在 0 至 1 的范围内。学习率选择不当会造成神经网络学习速度过慢、停止学习、陷入局部最优或者无法找到最优解。根据经验，可以从以下几个数值开始试验 α 的值，0.001、0.003、0.01、0.03、0.1、0.3、1。

（4）batch_size 在神经网络的学习过程中的影响：首先选择 n 个样本组成一个 batch，将这个 batch 内的样本输入进神经网络得到输出结果，再将输出结果与样本 label 计算本轮的损失 loss，然后根据 BP 算法实现参数更新。

- 如果没有引入 batch_size 这一参数，那么在训练过程中将所有的训练数据直接输入网络，经过计算之后得到网络输出值及目标函数值，并以此来调整网络参数使目标函数取极小值，这种方法为批量梯度下降算法（Batch Gradient Descent）。这种方法的缺点在于：当训练集样本非常多时，直接将这些数据输入到神经网络的话会导致计算量非常大，同时对极端集的内存要求也比较高；当所有样本同时输入到网络中时，往往很难确定一个使得训练效果最佳的全局最优学习率。

- 另外一种极端情况是：每次只读取一个样本作为输入，这种方法称为随机梯度下降算法（Stochastic Gradient Descent，SGD）。这种情况下，可以充分考虑每一个样本的特殊性。但是其缺点同样非常明显：在每个训练样本上得到的目标函数值差别可能较大，因此最后通过求和或者求平均值的方法得到的目标函数值不足以代表每个样本。也就是说，这种方法得到的模型对样本的泛化能力差。

- 为了改善以上两种极端情况，每次只输入一定数量的训练样本对模型进行训练，这个数量就是 batch_size 的大小。

- 选取 batch_size 的值时往往采取 2 的幂数，常见的如 16、32、64、128 等。

练习题

基于 Python 中的 sklearn 库，分别利用逻辑回归、决策树、随机森林、朴素贝叶斯分类器、K 近邻分类器算法实现案例 1 中的舞弊预测。

案例实现 2：基于 R 语言实现的机器学习

R 语言是一种开源、免费，并且是数据分析、数据挖掘和数据科学领域最受欢迎的语言之一。它不仅是一门编程语言，相关软件还提供交互式的开发环境，支持运行各种数据分析任务。与 Python 相比，R 语言的编程更加简单，并且很多种常用的机器学习方法，如决策树、随机森林、人工神经网络、支持向量机等在 R 语言中已有封装好的程序包，用户直接下载安装即可导入使用。

本节以利用机器学习构建模型预测审计收费为例，简要介绍如何使用 R 语言实现机器学习模型预测。

（一）数据收集

选取 2010—2014 年 A 股上市公司的数据作为训练集和测试集，利用机器学习方法构建审计收费预测模型，对 2015—2019 年的审计费用进行估计。选取预测模型的特征变量时，借鉴现有文献的方法（Ding et al.，2020；Gu et al.，2020），主要选取审计客户特征变量、事务所特征变量以及外在宏观环境变量三个维度，具体包括：审计客户总资产、流动资产比率、资产收益率、资产负债率、存货比率、盈利情况、流动比率、收入增长、股权性质、并购情况、所处行业、审计意见类型；事务所类型、审计师行业专长、审计任期、事务所变更；通货膨胀率、GDP 增长率。

（二）数据预处理

首先是对缺失值的处理。由于本案例中存在缺失值的样本数量相对较少，故直接剔除。若存在缺失的样本过多，直接剔除会导致剩余样本量不够大，从而影响预测模型的准确性，可以根据具体的研究情况，选择合适的方式对缺失值进行填充。

预测模型涉及的特征变量一般可以划分为两大类：连续变量和类别变量，而类别变量又可细分为名义型和有序型。连续变量的数字代表具体的含义，而类别变量的数字仅用于区分不同的类别，不同的是名义型类别变量不同类别之间完全对等，而有序类别变量的不同取值往往代表一定的比较意义。如本案例中的行业变量，取值为 3 代表制造业，取值为 5 代表建筑业，两个取值之间并不可比；而对于审计意见类型，1 代表"无法表示意见"，5 代表"标准无保留意见"，取值越大财务报表可信度越强。对于连续变量，其取值可能很大，并且不同样本之间也可能存在较大差异，如本案例的因变量审计收费，最大值为 7.6×10^7，最小值仅为 $1\,000$，为了提高预测模型的准确性，往往会将此类变量的取值处理为 0 到 1 之间，或 -1 到 1 之间，常用的方法有标准化或归一化。而对于类别变量，则需要保证在利用得到的模型进行预测时，不会出现训练集中未出现的新类别，如对于特征变量事务所变更，在训练集中仅出现 0，1 两个类别，若在利用模型进行预测时出现了取值为 2 的新类别，则无法利用模型进行预测。

本案例中利用 R 语言对数据进行预处理，代码如下。

```
1. #导入 RSQLite 包
2. library(RSQLite)
3. #与本地数据库建立联系,"notbig4_1014.db"和"notbig4_1519.db"为数据库名字,默认
   相同路径
4. con <-dbConnect(RSQLite::SQLite(),"notbig4_1014.db")
5. con2 <-dbConnect(RSQLite::SQLite(),"notbig4_1519.db")
6. #读取数据库中命名为"data"的数据表并导入 R 中,分别命名为 dataA 和 dataB
7. dataA<-dbReadTable(con,"data")
8. dataB<-dbReadTable(con2,"data")
9. #断开连接
10. dbDisconnect(con)
11. dbDisconnect(con2)
12.
13. #处理缺失值
14. dataA<-subset(dataA,lauditfee!="NA")
15. dataB<-subset(dataA,lauditfee!="NA")
16. dataA<-subset(dataA,asset!="NA")
17. dataB<-subset(dataB,asset!="NA")
18. dataA<-subset(dataA,soe!="NA")
19. dataB<-subset(dataB,soe!="NA")
20.
21. #类别变量赋值
22. #levels 按照给定顺序依次赋值,ordered=True 表示有序类别变量
23. dataA$audit_typ<-factor(dataA$audit_typ,levels=c("无法表示意见","否定
    意见","保留意见","带强调事项段的无保留意见","标准的无保留意见"),ordered=
    True)
24. dataB$audit_typ<-factor(dataB$audit_typ,levels=c("无法表示意见","否定
    意见","保留意见","带强调事项段的无保留意见","标准的无保留意见"),ordered=
    True)
25.
26. #soe 在原始数据表中已经为 0,1 变量,首先转化为字符串类型
27. dataA$soe<-as.character(dataA$soe)
28. #对转换后的 soe 重新赋值,ordered=False 表示名义型类别变量
```

```
29. dataA$soe<-factor(dataA$soe,levels=c("0","1"),ordered=False)
30. dataB$soe<-as.character(dataB$soe)
31. dataB$soe<-factor(dataB$soe,levels=c("0","1"),ordered=False)
32.
33. #连续变量标准化
34. dataA$asset<-scale(dataA$asset)
35. dataB$asset<-scale(dataB$asset)
36. #连续变量归一化
37. #构造函数 normalize 进行归一化处理
38. normalize <-function(x) {
39. return((x -min(x)) / (max(x) -min(x)))
40. }
41. dataA$lauditfee<-normalize(dataA$lauditfee)
42. dataB$lauditfee<-normalize(dataB$lauditfee)
```

（三）模型构建

对于几种常用的机器学习方法，R 语言中已有封装好的程序包可直接导入使用，只需根据自己的研究问题替换参数即可。

1. 随机森林

```
1. #安装并导入随机森林程序包
2. install.packages('randomForest')
3. library(randomForest)
```

重要参数：

formula：$y \sim x_1 + x_2 + \cdots + x_n$，确定自变量和因变量。

data：使用的数据集。

ntree：决策树的个数，默认为 500。

mtry：每棵树使用的特征个数。

importance：是否计算变量的特征重要性，默认为 False。

proximity：是否计算各个观测之间的相似性。

```
1. #利用训练集数据生成预测模型 fit.rf,dataA 是训练集,决策树数量取 800
2. fit.rf<-randomForest(lauditfee~asset+roa+cata+lev+invasset+loss+
   cratio+growth+expert+soe+ma+opinion+tenure+audma+change+big4,
   data=dataA,ntree=800)
3. #利用生成的模型对 dataA 中的样本进行预测,并将预测值写入 dataA 中
4. training.rf<-predict(fit.rf,dataA)
5. dataA$pred<-training.rf
6. #利用生成的模型对 dataB 中的样本进行预测,并将预测值写入 dataB 中
```

```
7. test.rf<-predict(fit.rf,dataB)
```

```
8. dataB$pred<-test.rf
```

2. 神经网络

本案例中采用 nnet，为单层隐藏层神经网络，即隐藏层只有一层。

重要参数：

formula：$y\sim x_1+x_2+\cdots+x_n$，确定自变量和因变量。

data：使用的数据集。

size：隐藏层的节点个数，一般为自变量个数的 1.2~1.5 倍。

rang：初始权重范围 [−rang，rang]，一般与自变量中最大取值乘积为 1。

decay：模型权重值的衰减精度。

maxit：最大迭代次数。

```
1. #导入神经网络程序包
```

```
2. library(nnet)
```

```
3. #生成预测模型 new.nnet
```

```
4. new.nnet <-   nnet
(lauditfee~asset+roa+cata+lev+invasset+loss+cratio+growth+expert+soe
+ma+opinion+tenure+audma+change+big4,data=dataA,size = 20,rang = 0.001,
decay = 5e-4,maxit = 500)
```

```
5. prediction.nnet<-predict(new.nnet,dataB)
```

```
6. training.nnet<-predict(new.nnet,dataA)
```

```
7. dataA$pred_nnet<-training.nnet
```

```
8. dataB$pred_nnet<-prediction.nnet
```

练习题

本案例中主要选取以上两种机器学习方法进行预测，R 语言中还有很多其他方法的程序包可直接导入后使用。请分别使用决策树、支持向量机实现案例 2 中的审计师收费预测。具体实现代码见练习题解析部分。

第六节　练习题解析

一、基于 Python 中 sklearn 库的案例实现

（一）逻辑回归

logistic 函数中惩罚系数 C 和正则化方法 penalty 较为重要。惩罚系数 C 可理解为

调节优化方向中两个指标（间隔大小、分类准确度）偏好的权重，C 过高可能导致过拟合，C 过低可能导致欠拟合，C 的不恰当确定会使模型的泛化程度降低。正则化方法 penalty 是用来防止模型过拟合的方法，常用的有 L1 正则化和 L2 正则化两种选项，分别通过在损失函数后加上参数 ω 向量的 L1 范式和 L2 范式的倍数来实现。这个增加的范式称为"正则项"，也称"惩罚项"。

在 sklearn 函数中，两个参数的设置如下。

C：正则化强度的倒数，必须是一个大于 0 的浮点数，不填写默认 1.0，即默认正则项与损失函数的比值是 1∶1。C 越小，损失函数越小，模型对损失函数的惩罚越重，正则化的效力越强，参数会逐渐被压缩得越来越小。

penalty：惩罚项，str 类型，可选参数为 L1 和 L2，默认为 L2。用于指定惩罚项中使用的规范。若选择 L1 正则化，参数 solver 仅能够使用求解方式"liblinear"和"saga"，若使用 L2 正则化，参数 solver 中所有的求解方式都可以使用。

```
1. from sklearn.linear_model import LogisticRegression
2.
3. log = LogisticRegression()
4. log.fit(X_train, y_train)
5. param = {'penalty': ['l1','l2'],'C': [0.001,0.01,0.1,1,10,100,1000]}
6. model = best_param(param, log)
7. prediction(model, 'Logistic')
```

（二）决策树

在 sklearn 函数中，决策树函数的关键参数如下。考虑到会计研究样本量不大的特点，将需要调整的参数缩减为以下四个。

criterion：特征选择标准，可选参数为"gini"或"entropy"（default＝"gini"），前者是基尼系数，后者是信息熵。两种算法差异不大对准确率无影响，信息熵运算效率低一点，因为它有对数运算。一般使用默认的基尼系数"gini"就可以了，即 CART 算法。

splitter：特征划分标准，可选参数为"best"或"random"（default＝"best"）。前者在特征的所有划分点中找出最优的划分点；后者是随机的在部分划分点中找出局部最优的划分点。默认的"best"适合样本量不大的时候，而如果样本数据量非常大，此时决策树构建推荐"random"。

min_samples_leaf：叶子节点最少样本数，可选参数如果是 int，则取传入值本身作为最小样本数；如果是 float，则取 ceil（min_samples_leaf ∗ 样本数量）的值作为最小样本数，即向上取整。这个值限制了叶子节点最少的样本数，如果某叶子节点数目小于样本数，则会和兄弟节点一起被剪枝。

min_impurity_decrease：节点划分最小不纯度，float，optional（default＝0.），这个值限制了决策树的增长，如果某节点的不纯度（基尼系数，信息增益，均方差，绝对差）小于这个阈值，则该节点不再生成子节点。sklearn 0.19.1 版本之前叫 min_impurity_split。

```
1. from sklearn.tree import DecisionTreeClassifier
2.
3. tree = DecisionTreeClassifier(criterion='entropy',splitter='best')
4. tree.fit(X_train,y_train)
5. param = {'max_depth': [10,30,60,90],'min_samples_leaf': [0.1,0.2,0.5]}
6. model = best_param(param,tree)
7. prediction(model,'Decision Tree')
```

（三）随机森林

```
1. from sklearn.ensemble import RandomForestClassifier
2.
3. forest = RandomForestClassifier()
4. forest.fit(X_train,y_train)
5. param = {'n_estimators': [5,10,15,20],'max_depth': [10,30,60,90],'min_sam-
   ples_leaf': [0.1,0.2,0.5]}
6. model = best_param(param,forest)
7. prediction(model,'Random Forest')
```

（四）朴素贝叶斯分类器

朴素贝叶斯分类器不需要调参，直接使用即可。

```
1. from sklearn.naive_bayes import GaussianNB
2.
3. bayes = GaussianNB()
4. bayes.fit(X_train,y_train)
5. prediction(bayes,'BP Network')
```

（五）K 近邻分类器

在 sklearn 函数中，K 近邻分类器函数的关键参数如下。考虑到会计研究样本量不大的特点，将需要调整的参数缩减为以下两个。

n_neighbors：一个整数，指定 K 值。指定了某个节点所属类型时，同时计算其与周围节点关系的数量。

weights：参数可以是 uniform、distance，也可以是用户自己定义的函数。该参数定义了如何计算相邻节点之间的距离，uniform 是均等的权重，即所有的邻近点的权重都是相等的。distance 是不均等的权重，即距离近的点比距离远的点的影响大。用户自定义的函数，接收数组并通过用户定义的方式计算距离，返回一组维数相同的权重。

```
1. from sklearn.neighbors import KNeighborsClassifier
2.
3. kn = KNeighborsClassifier()
4. kn.fit(X_train,y_train)
5. param = {'n_neighbors': range(1,31),'weights': ['uniform','distance']}
6. model = best_param(param,kn)
7. prediction(model,'K Neighbors')
```

二、基于 R 语言的机器学习实现

(一) 决策树

主要参数：

method：决策树的类型，包括 anova 回归树、class 分类树、exp、poisson。

minisplit：每个节点中所含样本数最小值。

minbucket：每个叶节点中所含样本数最小值。

maxdepth：节点层次最大值。

cp：复杂度参数。

```
1. #导入决策树程序包
2. library(rpart)
3. fit<-rpart
   (lauditfee~asset+roa+cata+lev+invasset+loss+cratio+growth+expert+
   soe+ma+opinion+tenure+audma+change+big4,method="anova",data=dataA)
```

(二) 支持向量机

```
1. #导入支持向量机程序包
2. library(e1071)
3. svr.model <-svm(lauditfee~asset+roa+cata+lev+invasset+loss+cratio+
   growth+expert+soe+ma+opinion+tenure+audma+change+big4,data=dataA,
   type = "eps- regression",kernel = "radial")
```

读者可根据不同方法的特点以及自己具体的研究问题进行选择，或者尝试多种方法，最终选取预测效果最佳的方法进行预测。

第8章、数据分析工具（二）：文本分析

文本分析技术起源于第二次世界大战期间，目的是利用计算机批量分析文本内容，提取关键信息，节省人力阅读的时间成本。在互联网时代，信息量暴涨，自然语言处理在研究工作中被越来越多地使用。会计研究中，文本分析的对象主要是企业的年报、各类别公告、财经新闻以及大众舆论，根据文本构建变量，用于研究影响机制。但是，目前会计研究对于文本分析的应用仍处于较为浅显的阶段，有待科研工作者进一步探究其应用的可能性。

会计研究中常用的文本分析方法包括关键词识别、文本情感分析、文本相似度分析和文本可读性分析，本章将根据各技术对会计学文献进行梳理，并通过案例讲解利用 Python 实现各功能的方式。我们也提供本章的理论原理和案例录制的讲解视频，读者可通过网站 www.ecogement.com 进行学习。

第一节 概念引入

一、文本分析法的由来

对文本分析法的研究始于 20 世纪初，在报业较为发达的美国，陆续有人对报纸内容进行定量分析，通过对报纸的版面、题材、内容进行分类统计，说明各家报纸的风格特色。第一次世界大战结束后，美国著名专栏作家李普曼与他人合作，以《纽约时报》为对象，统计其 3 年内有关俄国革命的报道，最后证实美国新闻存在严重失实的弊病。这种研究方式的出现和应用使文本分析法初具雏形，因其可操作性强、适用面广的特点而得以不断发展。

第二次世界大战期间，文本分析研究达到了第一个高潮。美国著名传播学者哈罗德·拉斯韦尔等人在美国国会图书馆组织了一项名为"战时通讯研究"的工作，这项工作系统地发展和完善了文本分析法。他们以德国公开发行的报纸为研究对象，通过文本分析法获取重要的军政机密情报，取得了出乎意料的成功。这项工作采用的方法

和取得的效果，为战后文本分析法的发展和应用奠定了基础。战后，研究者们热衷于对报纸、电台、电视台的内容进行分析，以此方法研究社会各阶层、个人或团体的态度、兴趣和价值观等。

1952 年美国学者贝雷尔森发表了一部论述文本分析法的著作《传播研究的内容分析》，对文本分析做出权威定义。而美国未来学家约翰·奈斯比特所著《大趋势——改变我们生活的十个新方向》一书的出版，则是文本分析法走向成熟的里程碑。他的咨询公司运用文本分析法对 200 份美国报纸进行分析、综合，经过几年的积累，归纳出美国从工业社会过渡到信息社会的十大趋势。在这部著作取得成功的同时，众多的研究者开始意识到文本分析法在社会研究中的巨大作用和潜力，如今该方法已广泛运用于新闻传播、图书情报、政治军事、社会学、心理学等社会科学领域中，并取得了显著的成效。

近年来，计算机技术应用于文本分析领域，对文本分析法的发展产生了根本性的影响，全文数据库的发展又为文本分析提供了便利条件，数据挖掘和知识发现技术的应用也给文本分析法研究带来了蓬勃生机。自然语言处理被确立为计算机领域的一个独立研究方向，专注于分析语言的多维度特性，并广泛利用互联网中的文本使计算机理解人类的语言。但会计领域的文本分析仍较为有限，缺乏整体上的系统研究，缺少具有普遍规律意义的成果，相关理论和方法的许多问题尚未得到解决。因此，文本分析法在会计领域的研究仍有待完善，是一个新的学科生长点和研究热点，我们应该尽快加强这方面的研究，这也是社会发展和科学研究的需要。

二、文本分析法在会计研究中的应用

会计研究领域中，文本分析法主要用于关键词识别、文本情感分析、文本可读性的衡量和文本相似度的计算，可以通过词典法或机器学习法实现这些功能。下面将分别对上述四个功能进行详细描述。

（一）关键词识别

1. 研究问题

在文本分析法的应用中，关键词识别技术实现门槛较低，实现途径较为灵活，在会计研究中占据了半壁江山。应用关键词识别技术的相关代表文献见表 8-1。研究中经常使用关键词出现的次数或者关键词占总词数的比例来构建变量。现有研究通过该方法衡量企业的风险因素（Campbell et al. , 2014）、电话会议中高管的欺骗行为（Larcker and Zakolyukina, 2012）、企业分散程度（García and Norli, 2012）、企业的竞争环境（Li et al. , 2012）、媒体监督指数（戴亦一等，2013；刘笑霞等，2017）、推迟投资情况（姜付秀等，2017）、媒体关注度（吕敏康和刘拯，2015）、年报风险信息披露水平（王雄元等，2017）、并购重组报告书信息披露水平（李晓溪等，2019）、业务预告文本信息披露程度（李晓溪等，2019）、私人借贷协议特征（Baylis et al.，2017）、文化多样性（Merkley et al.，2020）、企业"互联网＋"实施水平（杨德明和夏小，2020）、实现年报主题分类（李岩琼和姚颐，2020）、股权质押企业年报文本信息的披露特点（王秀丽等，2020）等。

现有研究也通过关键词定位特征信息，并将得到的信息用于进一步分析。马黎珺等（2019）识别前瞻性陈述，并利用SVM对文本的情感倾向进行分类（积极/中性/消极），检验分析师报告的文字内容是否传递增量信息。

表 8-1 应用关键词识别技术的相关代表文献

研究主题	标题	作者	年份	期刊	被引次数
财务会计	The Information Content of Mandatory Risk Factor Disclosures in Corporate Filings	John L. Campbell, Hsinchun Chen, Dan S. Dhaliwal, Hsin-Min Lu, Logan B. Steele	2014	*Review of Accounting Studies*	572
财务会计	Detecting Deceptive Discussions in Conference Calls	David F. Larcker, Anastasia A. Zakolyukina	2012	*Journal of Accounting Research*	539
财务管理	Geographic Dispersion and Stock Returns	Diego García, Øyvind Norli	2012	*Journal of Financial Economics*	356
财务会计＋公司治理	A Measure of Competition Based on 10-K Filings	Feng Li, Russell Lundholm, Michael Minnis	2012	*Journal of Accounting Research*	296
审计	媒体监督、政府质量与审计师变更	戴亦一，潘越，陈芬	2013	会计研究	227
财务管理	多个大股东与企业融资约束——基于文本分析的经验证据	姜付秀，王运通，田园，吴恺	2017	管理世界	137
审计	媒体负面报道、审计定价与审计延迟	刘笑霞，李明辉，孙蕾	2017	会计研究	100
财务会计	年报风险信息披露有助于提高分析师预测准确度吗？	王雄元，李岩琼，肖忞	2017	会计研究	82
财务会计	交易所问询函有监管作用吗？——基于并购重组报告书的文本分析	李晓溪，杨国超，饶品贵	2019	经济研究	70
财务会计	年报问询函与管理层业绩预告	李晓溪，饶品贵，岳衡	2019	管理世界	67

2. 技术实现

首先，研究人员根据研究内容整理出关键词词典列表。如赵宸宇（2021）从数字化技术应用、互联网商业模式、智能制造和信息化四个方面识别企业的数字化程度，分别构建了四个词典。然后，利用编程语言在目标文本中搜索词语出现的频率，并基于此构建变量。本章的案例实现1中将对该技术进行讲解。

（二）文本情感分析

文本情感分析（Sentiment Analysis）是指利用自然语言处理和文本挖掘技术，对带有情感色彩的主观性文本进行处理、抽取和分析的过程。纵观会计研究中文本情感分析的应用，主要为针对态度的分类。为实现这一目的，首先需要对文本来源进行处理，对文本进行主客观分类，即分成客观性文本和主观性文本。客观性文本是我们对于实体、事件及其属性的客观性陈述；主观性文本通常是我们对于实体、事件及其属性的主观性评价，包含着丰富的主观性意见、情感、观点和态度等。主客观分类从主客观混合的文本中将描述事实的客观性文本与表达意见的主观性文本区分开来，将主观语言的文本抽取出来，过滤掉不带情感色彩的文本。这一阶段的主要研究目的是为文本情感极性分析提供主观性文本。

文本情感分析的下一步是对主观性文本的分析，主要包括文本情感极性分析和文本情感极性强度分析。文本情感极性分析的任务是识别主观文本的情感极性。情感极性通常分为两类（正面、反面）或三类（正面、反面和中立），其中正面类别是指主题中含有积极的（支持的、健康的）态度和立场；负面类别是指文本中含有消极的（反对的、不健康的）态度和立场；中立的类别是指文本中持中立的态度和立场。厉小军等（2011）采用情感极性强度分析判定主观文本情感极性强度，包括强烈贬抑、一般贬抑、客观、一般褒扬、强烈褒扬五个类别。

按照文本的颗粒度，文本情感分析可以划分为针对文本中的词、句子、篇章三个级别的识别与分析。词的情感分析是文本情感分析的基础，它既是判定文本情感的基础，又是句子和篇章情感分析的前提。基于词的情感分析研究主要包括情感词抽取、情感词判定、语料库与情感词典的研究等。句子的情感分析是文本情感分析的核心，一方面，它综合了词的情感分析结果，得出全句的情感分析的完整结果；另一方面，句子可以视为短篇章，句子的情感分析结果在很大程度上决定了篇章的情感分析结果。篇章的情感分析是最具不确定性的研究，因为需要综合篇章各个粒度下的情感分析结果，结合上下文和领域知识库做出判断（杨立公等，2013）。

在会计研究领域中，文本情感分析以考虑两类别的篇章级研究居多，其主要研究方法可分为基于情感词典的词典法、基于机器学习的方法和使用数据库及文本分析软件的方法。本书对两分类和三分类文本情感分析的实现路径进行讲解。

1. 词典法

词典法是通过预先定义的情感词典分析文本信息、提取关键特征，并基于这些特征对文本的情感倾向进行判断。说到词典法在会计研究中的兴起，就一定要提到 Loughran 和 McDonald 在 2011 年发表的论文 "When Is a Liability Not a Liability? Textual Analysis, Dictionaries, and 10-Ks"。二人在该研究中建立了金融领域的英文情感词典（即 LM 词典），开启了会计研究利用词典法分析文本情感倾向的先河。

事实上，应用词典法分析文本情感倾向在 2011 年之前便已较为成熟，但是限于金融领域文本信息的特殊性，即部分词汇在日常语境中与金融语境中所表达的情感倾向有所差异，使金融文本的情感分析始终没有得到发展。Loughran 和 McDonald 建立了应用于金融领域的情感词典，使金融领域的文本情感分析成为可能。相较于机器学习方法，词典法由于其灵活性和容易理解性成为国内外会计研究的常用方法。其主要思路为：

● 首先，构建情感词典，标识出词汇带有的积极和消极的情感倾向。如上所述，目前会计研究中最常用的词典为 LM 词典，以及其同义词衍生版、翻译版。

● 其次，利用程序在文中分别识别出积极词汇和消极词汇的数量。该步骤与关键词识别大同小异，均为在文章中识别出词典中包含的关键词数量。

● 最后，利用公式计算出文章的情感倾向程度。常用的公式有两个：

$$Tone_1 = \frac{负面词汇数 - 正面词汇数}{负面词汇数 + 正面词汇数}$$

$$Tone_2 = \frac{负面词汇数 - 正面词汇数}{文章总词数}$$

上述思路为词典法应用的常见路径，经过多年发展，出现多种其他金融词典和计算方式，但上述方法仍为主流。本小节在"研究问题"部分概述词典法在会计研究中的应用，在"技术实现"部分对词典法应用的全部方法进行总结。

（1）研究问题。

应用文本情感分析的相关代表文献见表 8-2。国外的会计研究中，大多使用 LM 词典衡量年报中 MD&A 部分和新闻文本的情感倾向。Feldman et al.（2010）研究年报中 MD&A 部分是否有超出财务指标（如超额收益和应计项目）的增量信息；Xuan et al.（2014）发现新闻中管理层发言的情感倾向预测了未来的负面收益和现金流；Durnev and Mangen（2020）探讨了年报中 MD&A 部分的信息披露是否对投资和投资效率有溢出效应。此外，仍有部分研究使用其他情感词典，并通过同义词典扩充情感词典涵盖的内容。Larcker and Zakolyukina（2012）使用 LIWC 情感词典并利用 Wordnet 同义词典扩充该词典，构建指标衡量电话会议中 CEO/CFO 的语言特征，检测高管欺骗行为。研究发现如果具有自我引用的情况较少、使用第三人称代词和语气词（否定、焦虑、咒骂、愤怒、赞同）、使用极端词语等特征，则表示高管在发言中存在欺骗行为。

表 8-2　应用文本情感分析的相关代表文献

研究主题	标题	作者	年份	期刊	被引次数
财务会计	Detecting Deceptive Discussions in Conference Calls	David F. Larcker, Anastasia A. Zakolyukina	2012	*Journal of Accounting Research*	539
财务会计	Management's Tone Change, Post Earnings Announcement Drift and Accruals	Ronen Feldman, Suresh Govindaraj, Joshua Livnat, Benjamin Segal	2010	*Review of Accounting Studies*	523
财务会计	Tone Management	Xuan Huang, Siew Hong Teoh, Yinglei Zhang,	2014	*The Accounting Review*	492
财务会计	年报语调与内部人交易："表里如一"还是"口是心非"？	曾庆生，周波，张程，陈信元	2018	管理世界	116
财务会计	分析师荐股更新利用管理层语调吗？——基于业绩说明会的文本分析	林乐，谢德仁	2017	管理世界	94
审计	媒体态度、投资者关注与审计意见	吕敏康，刘拯	2015	审计研究	85
财务会计	年报语调与股价崩盘风险——来自中国 A 股上市公司的经验证据	周波，张程，曾庆生	2019	会计研究	21
财务会计+财务管理	The Spillover Effects of MD&A Disclosures for Real Investment: The Role of Industry Competition	Art Durnev, Claudine Mangen	2020	*Journal of Accounting and Economics*	14
财务管理	客户年报语调具有供应链传染效应吗？——企业现金持有的视角	底璐璐，罗勇根，江伟，陈灿	2020	管理世界	10
审计	上市公司年报文本信息语调影响审计意见吗？	李世刚，蒋尧明	2020	会计研究	4

国内的会计研究中，部分学者使用翻译后的 LM 词典作为中文的情感词典进行分析。曾庆生等（2018）研究年报语调与年报披露后的内部人交易行为之间的关系；周波等（2019）研究年报语调对股价崩盘风险的影响机理与相关关系；李世刚和蒋尧明

（2020）以信息心理学的框架效应理论为基础，考察年报文本信息语调对审计意见的影响。林乐和谢德仁（2017）根据 LM 词典建立中文金融情感词典衡量业绩说明会上管理层回答的语调，研究发现管理层净正面语调提高了分析师更新其荐股报告的可能性及更新人数比例，并会提高分析师荐股评级水平及其变动。此外，底璐璐等（2020）手工收集并汇总财务管理、成本会计、管理会计和财务会计教材中的具体词汇，建立了财务与会计领域的专用词典，考察跨企业关系情形下客户年报语调对供应商企业现金持有决策的影响。

（2）技术实现。

基于词典的情感词抽取及判别方法主要使用词典中词语之间的词义联系来挖掘评价词语，其优点在于获取情感词全面、准确，但是由于存在一词多义现象，构建的情感词典往往含有较多的歧义词。词典法的使用步骤及每个步骤的实现方法如图 8-1 所示。本节将对其中的常用方法进行详细介绍，其他内容可以登录本书配套网站学习。

1）文本预处理。

文本的预处理是进行文本情感分析的第一步，预处理结果的好坏直接影响到后续的分析处理能否顺利进行。文本预处理的目的是从文本语料库中规范地提取出主要内容，去除与文本情感分析不相关的信息，实现对原始文本数据的降噪。对于中文文本的预处理，主要包括分词处理和停用词处理。

分词处理：在英文文本中，空格为英文文本提供了天然的分割字符，然而中文文本并没有这个特征，因此在提取特征之前，首先要对中文文本进行分词处理。分词处理能够将连续的汉字序列按照一定的规则重新切分为词或词组，将切分好的词或词组进一步与情感词典中的词汇进行匹配，进而作为文本特征用于后续情感分析，因此，能否高效准确地切分词汇对中文情感分析有着较大影响。如图 8-1 所示，目前用于分词的技术有很多，会计领域常用 Python 的 jieba 库实现分词功能，jieba 库是一款非常流行中文开源分词包，具有高性能、高准确率、可扩展性等特点。本章案例将对 jieba 功能的实现进行详细阐述，本书配套的网站介绍了图中展示的其他功能。

停用词处理：原始文本通过分词得到的短语中包含许多助词、虚词等词性的短语以及对情感分析意义不大的高频词汇（如我、他等），这些词汇被统称为停用词。停用词表的构造一般有两种方式，人工方式或机器自动统计。停用词的存在不但会增加存储空间、提高文本维度，而且很可能形成噪声，影响情感分析的精度，因此需要过滤文本中的停用词。目前常用的停用词表有哈工大停用词表、百度停用词表和四川大学机器智能实验室停用词库。在本书配套的网站中，我们提供了以上三种停用词表的选项，并且对三个停用词表进行合并，便于读者进行操作。

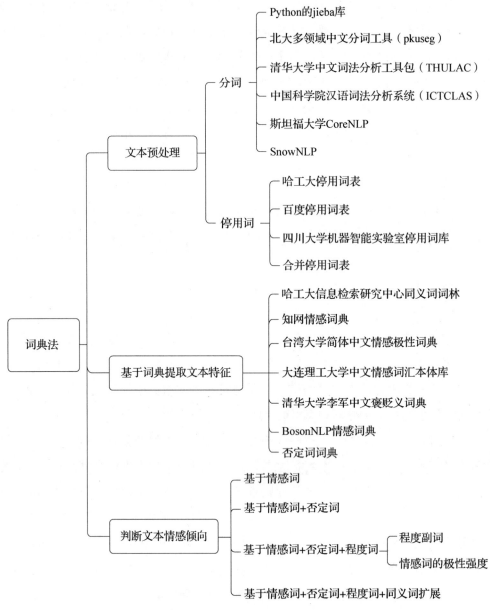

图 8 - 1　词典法使用步骤的实现方法

2）基于词典提取文本特征。

情感词又称极性词、评价词语，特指带有情感倾向的词。通常情况下，情感词有褒义和贬义两类倾向。情感词抽取和判别既是词汇级情感分析的基础工作，也是句子级和篇章级情感分析的基础。在对文本进行分词并除去停用词后，利用情感词典从切分的文本中提取出对文本情感倾向产生影响的主观性词组，根据识别出词组的特征对文本的情感倾向进行进一步判断。

目前研究中较为常用的中文情感词典包括知网情感词典、台湾大学简体中文情感极性词典、大连理工大学中文情感词汇本体库、清华大学李军中文褒贬义词典、BosonNLP 情感词典、哈工大信息检索研究中心同义词词林及否定词词典。每个词典的构建思路和内容都不尽相同，因此基于不同词典对文本情感倾向的判断方法也有所差异。

清华大学李军中文褒贬义词典：该情感词典是由清华大学自然语言处理与人文社科实验室的李军老师于 2011 年整理发布的。该词典由积极词典（praise）和消极词典（degrade）两个文件构成，共包含 5 568 个积极词汇和 4 470 个消极词汇，不包含程度词和否定词，部分内容如图 8－2 所示。

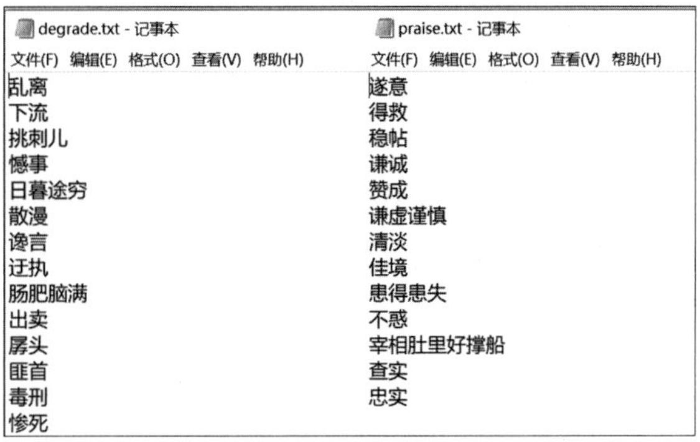
degrade.txt - 记事本
文件(F) 编辑(E) 格式(O) 查看(V) 帮助(H)
乱离
下流
挑刺儿
憾事
日暮途穷
散漫
谗言
迂执
肠肥脑满
出卖
孱头
匪首
毒刑
惨死

praise.txt - 记事本
文件(F) 编辑(E) 格式(O) 查看(V) 帮助(H)
遂意
得救
稳帖
谦诚
赞成
谦虚谨慎
清淡
佳境
患得患失
不惑
宰相肚里好撑船
查实
忠实

图 8－2　清华大学李军中文褒贬义词典部分内容

台湾大学简体中文情感极性词典：该词典由积极词典（positive）和消极词典（negative）两个文件构成，将 11 086 个词语分为 2 810 个积极属性词语和 8 276 个消极属性词语，部分内容如图 8－3 所示。

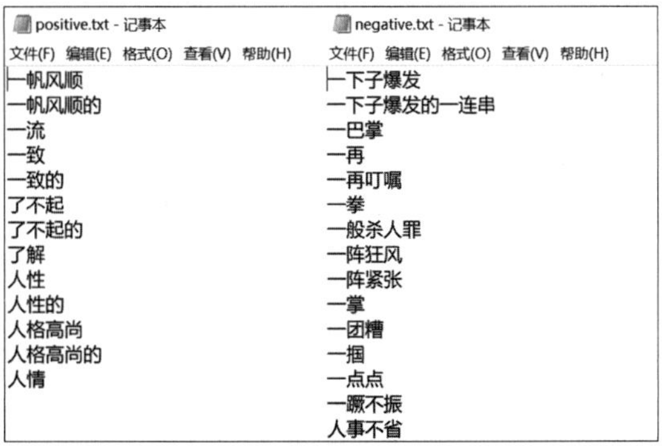
positive.txt - 记事本
文件(F) 编辑(E) 格式(O) 查看(V) 帮助(H)
一帆风顺
一帆风顺的
一流
一致
一致的
了不起
了不起的
了解
人性
人性的
人格高尚
人格高尚的
人情

negative.txt - 记事本
文件(F) 编辑(E) 格式(O) 查看(V) 帮助(H)
一下子爆发
一下子爆发的一连串
一巴掌
一再
一再叮嘱
一拳
一般杀人罪
一阵狂风
一阵紧张
一掌
一团糟
一掴
一点点
一蹶不振
人事不省

图 8－3　台湾大学简体中文情感极性词典部分内容

BosonNLP 情感词典：该情感词典是由波森自然语言处理公司推出的一款已经做好标注的情感词典，词典中对每个情感词进行情感值评分，该评分包含了词语的极性因素以及词语情感强烈的程度，但该词典未包含否定词。使用该词典进行评分时，将预处理后的文本与词典进行逐个匹配，计算匹配到的情感词分值的总和。如果分值大于 0，则表示情感倾向为积极；如果小于 0，则表示情感倾向为消极。该词典的结构如图 8－4 所示。

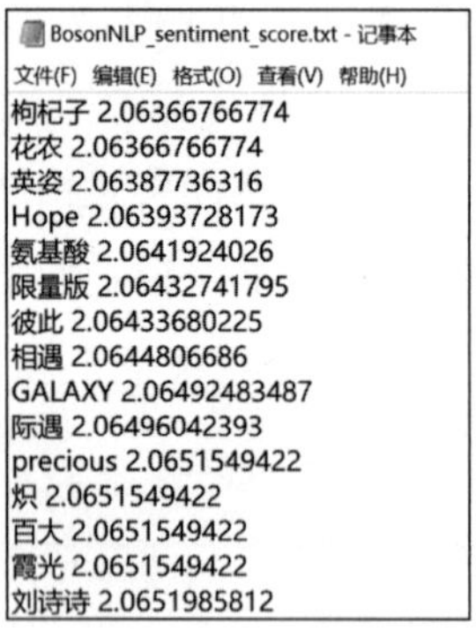

BosonNLP_sentiment_score.txt - 记事本
文件(F) 编辑(E) 格式(O) 查看(V) 帮助(H)
枸杞子 2.06366766774
花农 2.06366766774
英姿 2.06387736316
Hope 2.06393728173
氨基酸 2.0641924026
限量版 2.06432741795
彼此 2.06433680225
相遇 2.0644806686
GALAXY 2.06492483487
际遇 2.06496042393
precious 2.0651549422
炽 2.0651549422
百大 2.0651549422
霞光 2.0651549422
刘诗诗 2.0651985812

图 8－4　BosonNLP 情感词典部分内容

知网情感词典：该词典是目前国内为数不多同时包含情感极性词分类表和程度词汇表的词典。词典主要分为中文和英文两部分，包含如下数据：中文正面评价词语 3 730 个、中文负面评价词语 3 116 个、中文正面情感词语 836 个、中文负面情感词语 1 254 个；英文正面评价词语 3 594 个、英文负面评价词语 3 563 个、英文正面情感词语 769 个、英文负面情感词语 1 011 个。其中评价词语和情感词语在文本情感分析的任务中没有太大差别，可合并使用。程度级别词语按照语气程度分为 6 个级别。该词典的结构如图 8－5 所示。

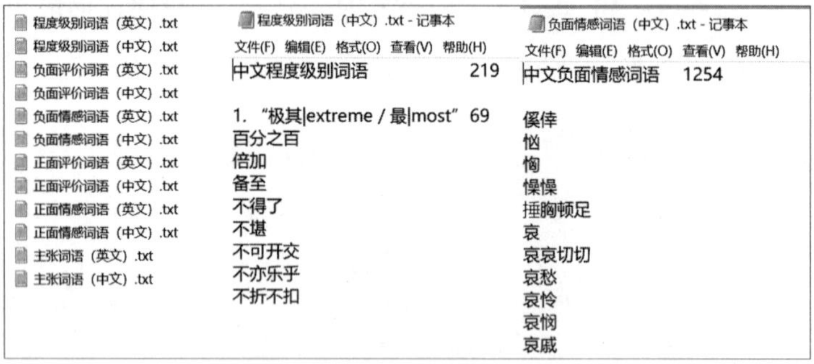

程度级别词语（英文）.txt
程度级别词语（中文）.txt
负面评价词语（英文）.txt
负面评价词语（中文）.txt
负面情感词语（英文）.txt
负面情感词语（中文）.txt
正面评价词语（英文）.txt
正面评价词语（中文）.txt
正面情感词语（英文）.txt
正面情感词语（中文）.txt
主张词语（英文）.txt
主张词语（中文）.txt

程度级别词语（中文）.txt - 记事本
文件(F) 编辑(E) 格式(O) 查看(V) 帮助(H)
中文程度级别词语 219
1. “极其|extreme / 最|most” 69
百分之百
倍加
备至
不得了
不堪
不可开交
不亦乐乎
不折不扣

负面情感词语（中文）.txt - 记事本
文件(F) 编辑(E) 格式(O) 查看(V) 帮助(H)
中文负面情感词语 1254
偞侼
怮
恟
懆懆
捶胸顿足
哀
哀哀切切
哀愁
哀怜
哀悯
哀戚

图 8－5　知网情感词典部分内容

大连理工大学中文情感词汇本体库：该词典对于词语的词性、词义数、情感极性、情感类别和极性程度做了较为细致的归纳。词典中每个情感词都被分为正向、负向、中性三个情感极性，0～10 个等级的情感程度，7 个情感大类（乐、好、怒、哀、惧、恶、惊）和 21 个小类。该词典不仅可用于判别情感极性，也可用于识别更多种类的文本情感倾向。该词典的部分内容如图 8－6 所示。

	A	B	C	D	E	F	G	H	I	J
1	词语	词性种类	词义数	词义序号	情感分类	强度	极性	辅助情感分类	强度	极性
2	脏乱	adj	1	1	NN	7	2		0	0
3	糟糕	adj	1	1	NN	5	2		0	0
4	早衰	adj	1	1	NE	5	2		0	0
5	责备	verb	1	1	NN	5	2		0	0
6	贼眼	noun	1	1	NN	5	2		0	0
7	战祸	noun	1	1	ND	5	2	NC	5	2
8	招灾	adj	1	1	NN	5	2		0	0
9	折辱	noun	1	1	NE	5	2	NN	5	2
10	中山狼	noun	1	1	NN	5	2		0	0
11	清峻	adj	1	1	PH	5	0		0	0
12	清莹	adj	1	1	PH	5	1		0	0
13	轻倩	adj	1	1	PH	5	1		0	0
14	晴丽	adj	1	1	PH	5	1		0	0
15	求索	adj	1	1	PH	3	1		0	0
16	热潮	noun	1	1	PH	5	1		0	0
17	仁政	noun	1	1	PH	5	1		0	0
18	荣名	noun	1	1	PH	5	1		0	0
19	柔腻	adj	1	1	PH	5	1		0	0
20	瑞雪	noun	1	1	PA	5	1		0	0
21	擅名	noun	1	1	PD	7	1		0	0
22	神采	adj	1	1	PA	5	1	PH	1	1
23	省便	adj	1	1	PH	5	1		0	0
24	盛开	verb	1	1	PH	5	1		0	0
25	盛誉	noun	1	1	PH	5	1	PA	1	1

图 8－6　大连理工大学中文情感词汇本体库部分内容

否定词词典：否定词词典目前没有较为公认的词典，该类词典普遍由常用词语中的否定用语整理得到。

哈工大信息检索研究中心同义词词林：该同义词词林参照多部电子词典资源，并按照人民日报语料库中词语的出现频度，保留频度不低于 3 的词语，剔除罕用词和非常用词，最终的词表包含 77 343 条词语。它按照树状的层次结构把所有收录的词条组织到一起，把词汇分成大、中、小三类，大类有 12 个，中类有 97 个，小类有 1 400 个。每个小类里都有很多的词，这些词又根据词义的远近和相关性分成了若干个词群。

该同义词词林只提供了三层编码，即大类用大写英文字母表示，中类用小写英文字母表示，小类用二位十进制整数表示。表中的编码位是按照从左到右的顺序排列。第八位的标记有 3 种，分别是“＝”“＃”“@”，“＝”代表“相等”“同义”；末尾的“＃”代表“不等”“同类”，属于相关词语；末尾的“@”代表“自我封闭”“独立”，它在词典中既没有同义词，也没有相关词。

利用该同义词词典可以对前述词典进行同义扩充，丰富词典内容。其编码的具体情况和词典内容如图 8－7 所示。

3）判断文本情感倾向。

在经过文本预处理和提取文本特征后，获得了文本中的特征词，利用这些特征词判断文本的情感倾向。在词典法进行文本情感分析的任务中，基于情感词典包含的信息水平不同，衍生出四种逐级递进的文本情感判断方法。

方法一：基于情感词的方法。基于词典中归纳的词汇的积极、消极倾向，对语句中所包含的特征词进行分数加和，使用前文所述公式进行计算，通过句子最终得分判

编码位	1	2	3	4	5	6	7	8
符号举例	D	a	1	5	B	0	2	= \ # \ @
符号性质	大类	中类	小类		词群	原子词群		
级别	第1级	第2级	第3级		第4级	第5级		

```
哈工大信息检索研究中心同义词词林.txt - 记事本
文件(F)  编辑(E)  格式(O)  查看(V)  帮助(H)
Aa03B01= 你们 尔等
Aa03B02= 诸位 各位 诸君
Aa04A01= 他 她 彼 其 渠 伊 人家
Aa04B01= 他们 她们 他俩 她俩
Aa05A01= 自己 自家 自个儿 自各儿 自身 本身 自我 本人 小我 我 自己
Aa05B01= 别人 旁人 他人 人家
Aa05B02= 谁 哪个 哪位 张三李四
Aa05B03@ 其他人
Aa05C01= 某人 某
Aa05D01@ 任何人
Aa05E01@ 克隆人
Aa06A01= 谁 孰 谁人 谁个 何人 哪个 哪位 何许人也
Aa06B01@ 有人
Ab01A01= 男人 男子 男子汉 男儿 汉子 汉 士 丈夫 官人 男人家 单身汉 须眉 壮汉 男士
Ab01A02= 爷儿 爷们 爷儿们
Ab01A03= 先生 子 君 郎 哥 小先生
Ab01B01= 女人 女子 女性 女士 女儿 女 娘 妇 妇女 妇道 妇人 女人家 小娘子 女郎 巾帼 半边天 娘子军 红装 家庭妇女 农妇 才女
Ab01B02= 女流 女人家 妇道人家
```

图8-7　哈工大信息检索研究中心同义词词林部分内容

断句子的情感倾向。该方法对情感词典的要求较低，只需要词典归纳积极和消极的词汇即可，因此该方法对于全部词典均适用；同时较为简单直接，易于实现。但是该方法仅考虑了文本中情感词的意义，忽略了句子中其他成分对于语义的影响。

方法二：基于情感词＋否定词的方法。句子中否定词的出现可能会改变句子的情感倾向，因此在提取主观情感词前的文本预处理阶段需同时对文本进行分句和分词，并在提取文本主观词组时基于否定词词典保留句子中的否定词。在计算文本情感倾向时，若某句子中存在一个否定词，则该句子的情感得分乘-1，即逆转其情感极性。若存在双否句式，其情感极性不会改变。由此初步实现了在句子中考虑文本的整体情感倾向，增强了对文本语义的运用。

方法三：基于情感词＋否定词＋程度词的方法。该方法有两种实现途径：考虑语句中的程度副词、考虑情感词的极性强度。语句中的程度词不会改变文本的情感极性，但是会影响语句情感极性的强弱，因此在提取文本主观词组时，需同时基于程度副词词典提取文本中的程度词。在计算文本情感倾向时，若某句子中存在程度词，则该句子的情感得分乘该程度词对应的权重，即调整文本情感极性的强度。相同极性的情感词强度也有所差别，例如，"不喜欢"和"厌恶"都是消极的情感词汇，但是明显"厌恶"的极性强度会高于"不喜欢"，因此考虑情感词的极性强度是有必要的。但是目前情感词极性的归纳大多由人工完成，目前只有大连理工大学中文情感词汇本体库词典包含了该项内容。

方法四：基于情感词＋否定词＋程度词＋同义词扩展的方法。该方法主要通过同义词词典扩充情感词词典、否定词词典和程度词词典，可以极大丰富词典内容。但由于中文词语的多义性，不同词汇的近义关系无法完全重合，因此可能降低词典的准确性，这个方面对情感词典的影响较大，建议仅对否定词和程度词进行同义扩展。

2. 机器学习法

目前国内外会计权威期刊的研究中，进行情感分析常用的机器学习方法为朴素贝叶斯分类器和支持向量机。两种算法的基本思路均在第二章中进行过讲解。但是这两种方法也有其内在缺陷，研究者可以进一步了解其他算法，更合理地衡量文本的情感倾向，发现文本中蕴含的更多增量信息。应用机器学习法的相关代表文献见表 8 - 3。

表 8 - 3 应用机器学习法的相关代表文献

研究主题	标题	作者	年份	期刊	被引次数
财务会计	The Information Content of Forward-Looking Statements in Corporate Filings—A Naïve Bayesian Machine Learning Approach	Feng Li	2010	*Journal of Accounting Research*	1003
财务会计	Evidence on the Information Content of Text in Analyst Reports	Allen H. Huang, Amy Y. Zang, Rong Zheng	2014	*The Accounting Review*	290
财务会计	廉价交谈还是言之有据？——分析师报告文本的信息含量研究	马黎珺，伊志宏，张澈	2019	管理世界	27
审计	异常审计费用与分析师语调——基于分析师报告文本分析	王永海，汪芸倩，唐榕氚	2019	审计研究	10

（1）研究问题。

朴素贝叶斯分类器在会计研究中被广泛应用，其中最著名的是 Feng Li 在 2010 年的研究。该研究利用朴素贝叶斯分类器分析年报前瞻性陈述（FLS）的情感倾向，并证明朴素贝叶斯分类器优于词典法。研究发现当前业绩较好、应计项目较少、规模较小、市账率较低、回报波动较小、MD&A 部分 FOG 指数较低、历史较长的公司往往有更积极的 FLS。此外，Huang et al.（2014）利用朴素贝叶斯分类器判断分析师报告的情感倾向，发现投资者对负面文本的反应比正面文本更强烈。王永海等（2019）利用网络爬虫技术爬取上市公司分析师报告，采用贝叶斯模型构建分析师语调，研究异常审计费用对分析师语调的影响。

支持向量机在文本分析中也有较好的表现且易于实现，因此在会计研究中有所应用。马黎珺等（2019）根据关键词筛选前瞻性陈述，利用 SVM 判断其情感倾向，检验分析师报告的文字内容是否传递增量信息。

（2）技术实现。

机器学习在文本情感分析中的应用通常为监督学习，其主要思想是通过文本预处理将文本用计算机语言编码，再将编码的文本以及人工标注好的情感倾向标签放入预先选择的算法，通过运行代码实现机器学习模型的构建，之后将待识别情感倾向的文本进行相同的预处理编码后放入训练好的机器学习模型，得到情感倾向的结果。

应用于文本情感分析的机器学习算法较多，在会计领域中最常用的机器学习算法为朴素贝叶斯分类器。在第三节的案例实现中，介绍了朴素贝叶斯分类器的实现方法。除此之外，由于文本语义的复杂性，深度学习算法即深层次的神经网络，也在文本情感分析中被广泛应用。BERT 是由谷歌公司开发的一个自然语言处理算法，该方法能够识别上下文语境，在多项自然语言任务中的表现已经超越了人类选手。目前已有学者应用该方法解决会计研究中的问题，我们将在本章的案例实现 4 中进行详细介绍。

3. 数据库及文本分析软件

除上述方法，也有研究者利用数据库和文本分析软件辅助研究见表 8 - 4。Krüger（2015）利用 KLD 数据库，研究股票市场如何对与企业的企业社会责任（CSR）有关的积极和消极事件做出反应。为了量化 ESG 表现，KLD 的分析师在很大程度上依赖于通过定制的新闻搜索收集的公开信息，将事件分类到利益相关者关注的七个领域之一：社区、公司治理、多元化、员工关系、环境、人权、产品。然后，KLD 将事件标注为正面的（优势）或负面的（关注）。Davis and Tama-Sweet（2012）使用 DICTION 来衡量管理者在新闻发言和季报、年报中 MD&A 部分的情感倾向，研究收益新闻发布中报告的消极语气占比是否与管理者的战略报告激励强度有关。

表 8 - 4　应用数据库和文本分析软件辅助研究的相关代表文献

研究主题	标题	作者	年份	期刊	被引次数
公司治理	Corporate Goodness and Shareholder Wealth	Philipp Krüger	2015	*Journal of Financial Economics*	849
财务会计	Managers' Use of Language Across Alternative Disclosure Outlets: Earnings Press Releases versus MD&A	Angela K. Davis, Isho Tama-Sweet	2012	*Contemporary Accounting Research*	389

（三）文本相似度分析

1. 研究问题

文本相似度分析的主要思想是通过提取文本特征计算不同文本之间包含信息的相似程度，在会计领域的研究中，大部分研究是对年报 MD&A 部分的文本进行比较。

Browm and Tucker（2011）通过衡量企业前后两年、行业内不同企业、行业间不同企业年报MD&A部分的信息差异度，研究企业对年报文本的修改程度对股票价格改变的影响。Lang and Stice-Lawrence（2015）将各企业年报文本的余弦相似度与行业中全部企业年报余弦相似度的中位数的比作为企业会计可比性指标，研究外界环境对年报质量的影响。Hanley and Hoberg（2012）使用爬虫从证券数据公司的新闻发布数据集抓取1996年1月1日至2005年10月31日的初始招股说明书以及所有后续修订内容，得到8 199份文件；用PERL和APL两种语法的组合编写读取每份招股说明书的算法，根据英文词根词典对文本中的单次建立长度相同的词向量，利用余弦相似度计算文档的相似度。姜付秀等（2017）利用余弦相似度计算出全体样本和融资约束样本的相似度，构建融资约束指标识别全体样本的融资约束程度，实证检验了多个大股东对企业融资约束的影响以及相应的作用机理。钱爱民和朱大鹏（2020）根据余弦相似度计算财报MD&A部分的相似度，考察上市公司财务报告相似度对违规处罚概率的影响。也有研究基于其他文本进行相似度分析。任宏达和王琨（2019）定义公司的产品市场竞争程度为该公司与20家竞争公司的产品业务词汇相似度的平均值，利用清华大学中文词法分析工具包（THULAC）对董事会报告部分分词并去除停用词，度量出公司年度层面的产品市场竞争程度，研究了上市公司面临的产品市场竞争对信息披露质量的影响。相关代表文献见表8-5。

表8-5 应用文本相似度分析的相关代表文献

研究主题	标题	作者	年份	期刊	被引次数
财务会计	Large-Sample Evidence on Firms' Year-over-Year MD&A Modifications	Stephen V. Brown, Jennifer Wu Tucker	2011	*Journal of Accounting Research*	469
财务会计	Textual Analysis and International Financial Reporting：Large Sample Evidence	Mark Lang, Lorien Stice-Lawrence	2015	*Journal of Accounting and Economics*	317
财务会计	Litigation Risk, Strategic Disclosure and the Underpricing of Initial Public Offerings	Kathleen Weiss Hanley, Gerard Hoberg	2012	*Journal of Financial Economics*	246
财务管理	多个大股东与企业融资约束——基于文本分析的经验证据	姜付秀，王运通，田园，吴恺	2017	管理世界	137
财务会计	产品市场竞争与信息披露质量——基于上市公司年报文本分析的新证据	任宏达，王琨	2019	会计研究	43
财务会计+审计	财务报告文本相似度与违规处罚——基于文本分析的经验证据	钱爱民，朱大鹏	2020	会计研究	1

可以发现，在会计研究中，最常用余弦相似度衡量文本相似度。该方法的思想是将文本映射到向量空间中，通过计算不同文本在向量空间中角度偏差的大小来衡量文本的相似程度，角度偏差越小，所对应的两个文本相似程度越高。详细内容在"技术实现"部分进行讲解。

2. 技术实现

Lin（1998）从信息论的角度阐明相似度与文本之间的共性和差异有关，共性越大、差异越小，则相似度越高；共性越小、差异越大，则相似度越低。相似度最大的情况是文本完全相同。同时基于假设推论出相似度定理：

$$Sim(A,B) = \frac{\log P(common(A,B))}{\log P(description(A,B))}$$

式中，$common(A，B)$是 A 和 B 的共性信息，$description(A，B)$是描述 A 和 B 的全部信息，该公式表明相似度与文本共性成正相关。该定义没有限制应用领域，因此被广泛地接受。

文本相似度的计算方法按照其内在逻辑可以分为三大类：基于集合的方法、基于向量空间的方法和基于机器学习的方法（见图 8-8）。会计研究中最常使用的是基于向量空间的余弦相似度法。

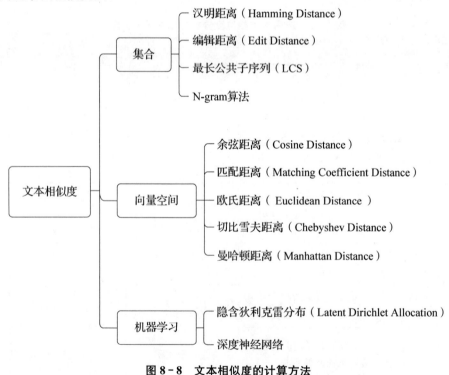

图 8-8　文本相似度的计算方法

（1）基于集合的方法。

基于集合的方法从字符串匹配度出发，以字符串共现和重复程度为相似度的衡量标准，将相似度问题转化为集合中的元素匹配问题。典型的计算方法有：汉明距离、编辑距离、最长公共子序列（LCS）、N-gram 算法等，其中汉明距离、编辑距离、最长公共子序列对字符的顺序敏感性较高，而 N-gram 算法对字符的顺序敏感性较低。

汉明距离表示两个字符串中对应位置的不同字符的数量，值得注意的是，字符串中的标点符号也会影响句子的相似度，因此通常在计算相似度之前要去除停用词；编辑距离通过计算从字符串 A 转换到字符串 B 需要删除、插入、替换的最少次数来衡量文本相似度；最长公共子序列通过识别两个字符串中的最长公共子序列来衡量两个文本的相似度；N-gram 将字符串切分成长度为 n 的子字符串，两个文本的相似度 $S_{A,B} = \dfrac{相似的子字符串的数量}{子字符串总数}$。

基于集合的方法是在字面层次上的文本比较，文本表示即为原始文本。该方法原理简单、易于实现，但是不适用于长文本。而且该方法是将字符串或词语作为独立的知识单元，并未考虑词语本身的含义和词语之间的关系。以同义词为例，尽管表达不同，但具有相同的含义，而这类词语的相似度依靠基于字符串的方法并不能准确计算。

（2）基于向量空间的方法。

基于向量空间的方法的基本思想是：将文本转换为向量，映射到高维向量空间中，通过计算文本对应的向量，得到文本的相似度特征。实现该方法的流程如图 8-9 所示。

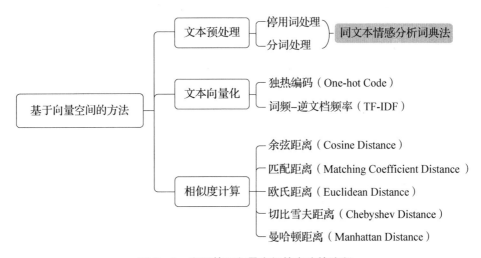

图 8-9　实现基于向量空间的方法的流程

通过如表 8-6 所示的简单例子讲述文本相似度实现过程中涉及的各种算法的原理。

表 8-6　文本相似度示例

编码	内容
A	股票波动很大。
B	明日股票大涨！

1）文本预处理。

除去停用词的干扰并分词，将文本转化为词组的集合。上例中的文本 A 在预处理后的结果为 {"股票"，"波动"，"很"，"大"}，文本 B 在预处理后的结果为 {"明日"，"股票"，"大涨"}。

2）文本向量化。

常用的方法有独热编码（One-hot Code）和词频-逆文档频率（Term Frequency-Inverse Document Frequency，TF-IDF）。独热编码是将所有文本包含的词组去重并汇集到一个集合中，对于每条文本，其包含的词组对应位置为 1，不包含的词组对应位置为 0。示例中文本包含的词组为（"股票""波动""很""大""明日""大涨"），则文本 A "股票波动很大" 的独热编码为（1，1，1，1，0，0），文本 B "股票明日大涨" 的独热编码为（1，0，0，0，1，1）。

词频-逆文档频率技术是一种用于资讯检索与文本挖掘的常用加权技术，可以用来评估一个短语对于某条文本和文本集的整体重要程度，短语的重要性与它在文档中出现的次数成正比，但同时会与它在语料库中出现的频率成反比。短语对于文本的重要程度由词频（Term Frequency，TF）体现，其计算公式为词频（TF）$=\dfrac{某短语在某条文本中出现的次数}{某条文本的总词数}$；短语对于文本集的重要程度由逆文档频率（Inverse Document Frequency，IDF）体现，它的大小与一个词的常见程度成反比，其计算公式为逆文档频率（IDF）$=\log\left(\dfrac{语料库的文本条数}{包含该短语的文本条数+1}\right)$。最后，将这两个值相乘就得到了 TF-IDF 值，即 TF-IDF$=$TF$\times$IDF。可以看到，TF-IDF 与一个词在文档中的出现次数成正比，与该词在整个语言中的出现次数成反比。如果某个词比较少见，但是它在这篇文章中多次出现，那么它很可能就反映了这篇文章的特性。

TF-IDF 可以理解为是加权的独热编码，这个可以通过案例直观感受。对于文本 A "股票波动很大"，文本 B "股票明日大涨"，在独热编码下，$\vec{A}=$ [1，1，1，1，0，0]，$\vec{B}=$ [1，0，0，0，1，1]；在 TF-IDF 编码下，$\vec{A}=$ [-0.044，0，0，0，0，0]，$\vec{B}=$ [-0.059，0，0，0，0，0]。如表 8-7 所示，TF-IDF 编码在独热编码为 1 的位置进行计算，虽然部分计算结果为 0，但是整体上体现的是加权计算的思想。在实际情况中，分子与分母相近的概率很低，大部分情况是分子远小于分母，即包含某特定词组的文本占全部文本的比例较低。

表 8 - 7　独热编码与 TF-IDF 计算结果

		"股票"	"波动"	"很"	"大"	"明日"	"大涨"
独热编码	A	1	1	1	1	0	0
	B	1	0	0	0	1	1
TF-IDF	A	$\frac{1}{4}\times\log\left(\frac{2}{2+1}\right)$ $=-0.044$	$\frac{1}{4}\times\log\left(\frac{2}{1+1}\right)$ $=0$	$\frac{1}{4}\times\log\left(\frac{2}{1+1}\right)$ $=0$	$\frac{1}{4}\times\log\left(\frac{2}{1+1}\right)$ $=0$	0	0
	B	$\frac{1}{3}\times\log\left(\frac{2}{2+1}\right)$ $=-0.059$	0	0	0	$\frac{1}{3}\times\log\left(\frac{2}{1+1}\right)$ $=0$	$\frac{1}{3}\times\log\left(\frac{2}{1+1}\right)$ $=0$

3）相似度计算。

将文本转化为向量后，可以通过向量间的计算衡量文本间的相似程度，常见的计算方法包括：余弦距离（Cosine Distance）、匹配距离（Matching Coefficient Distance）、欧氏距离（Euclidean Distance）、切比雪夫距离（Chebyshev Distance）和曼哈顿距离（Manhattan Distance）。会计研究中常用余弦距离来衡量文本间的相似度，其得到的结果称为余弦相似度，该方法在案例实现 3 中进行讲解。下面为计算方便，以独热编码的文本向量为例进行说明。

余弦距离通过计算两个向量的夹角余弦值来评估他们的相似度，其公式为 $S_{A,B}=\frac{\vec{A}\cdot\vec{B}}{\|\vec{A}\|\cdot\|\vec{B}\|}=\frac{1}{\sqrt{4}\cdot\sqrt{3}}$。

匹配距离与基于集合方法中汉明距离的基本思想十分类似，其计算公式为 $D_{A,B}=\frac{匹配的元素}{总体特征数}=\frac{1}{6}$；基于编码后的向量计算汉明距离，其结果为 $D_{A,B}=5$。

欧氏距离是常见的向量距离的计算方法，是两个向量对应坐标值之间的平方差之和的平方根，其计算公式为 $D_{A,B}=\sqrt{\sum_{i=1}^{n}(x_i-y_i)^2}=\sqrt{5}$ 。

切比雪夫距离是两个向量对应坐标值差的绝对值的最大值，其计算公式为 $D_{A,B}=\max_{i}(|x_i-y_i|)=1$。

曼哈顿距离是两个向量对应坐标值的差异值和，其计算公式为 $D_{A,B}=\sum_{i=1}^{n}|x_i-y_i|=5$。

（3）基于机器学习的方法。

基于集合的方法和基于向量空间的方法未能充分考虑文本上下文的信息，基于机器学习的方法通过大量样本数据集的训练，使模型学习到文本的上下文信息，进而更充分地判别文本的相似程度。常用的机器学习法有隐含狄利克雷分布（Latent Dirichlet Allocation，LDA）和神经网络。

隐含狄利克雷分布是一个贝叶斯模型，在对文本进行预处理和向量化之后，根据固定词组在文本中出现的概率判断文本所属的主题。该方法在案例实现 2 中进行讲解。深度学习算法在文本相似度计算方面也有较广泛的应用。

（四）文本可读性分析

1. 研究问题及方法

文本可读性分析也是国内外会计研究关注的一大热点问题。现有的文献考虑文件大小、文本长度、词汇复杂度等方面，并建立 FOG、LIX、RIX、ARI、SMOG 等指标进行比较。

在会计研究中，FOG 指数是最常使用的，它综合考虑句子长度和复杂词汇的占比来判定文本的可读性，相关代表文献见表 8－8。Feng Li（2010）研究利用 FOG 指数衡量年报可读性，发现当前业绩较好、应计项目较少、规模较小、市账率较低、回报波动较小、MD＆A 部分 FOG 指数较低、历史较长的公司往往有更积极的 FLS。Lee（2012）研究季度报告的可读性是否会影响股票价格的信息效率。Lang and Stice-Lawrence（2015）研究年报文本对监管、信息披露激励和经济后果的影响。Guay et al.（2016）研究年报复杂性对于信息环境的影响。Lo et al.（2017）探讨年报的可读性如何随盈余管理而变化。

表 8－8　应用文本可读性分析的相关代表文献

研究主题	标题	作者	年份	期刊	被引次数
财务会计	The Information Content of Forward-Looking Statements in Corporate Filings—A Naïve Bayesian Machine Learning Approach	Feng Li	2010	*Journal of Accounting Research*	1 003
财务会计	Earnings Management and Annual Report Readability	Kin Lo, Felipe Ramos, Rafael Rogo	2017	*Journal of Accounting and Economics*	433
财务会计	Guiding through the Fog: Financial Statement Complexity and Voluntary Disclosure	Wayne Guay, Delphine Samuels, Daniel Taylor	2016	*Journal of Accounting and Economics*	410
财务会计	Textual Analysis and International Financial Reporting: Large Sample Evidence	Mark Lang, Lorien Stice-Lawrence	2015	*Journal of Accounting and Economics*	317

续表

研究主题	标题	作者	年份	期刊	被引次数
财务会计	A Plain English Measure of Financial Reporting Readability	Samuel B. Bonsalliv, Andrew J. Leone, Brian P. Miller, Kristina Rennekamp	2017	*Journal of Accounting and Economics*	287
财务会计	The Effect of Quarterly Report Readability on Information Efficiency of Stock Prices	Yen-Jung Lee	2012	*Contemporary Accounting Research*	199
财务会计	Complexity of Financial Reporting Standards and Accounting Expertise	Roman Chychyla, Andrew J. Leone, Miguel Minutti-Meza	2019	*Journal of Accounting and Economics*	81
财务会计＋审计	Using Unstructured and Qualitative Disclosures to Explain Accruals	Richard M. Frankel, Jared N. Jennings, Joshua A. Lee	2016	*Journal of Accounting and Economics*	55
财务会计	财务报告可读性、投资者实地调研与对冲策略	逯东，余渡，杨丹	2019	会计研究	16
公司治理	管理层能力与年报柔性监管——基于年报问询函收函和回函视角的研究	王艳艳，何如桢，于李胜，庄婕	2020	会计研究	2

部分研究构建独立的衡量指标。逯东等（2019）根据文件大小、字数和文件页数衡量财报可读性，考察财务报告可读性与投资者实地调研之间的关系。王艳艳等（2020）用平均每句话的字数和词语数量衡量文本可读性，研究管理层能力对上市公司收到问询函概率和回复内容可读性的影响。Richard et al.（2016）分别利用 FOG 指数、文件大小和单词长度衡量年报文本的可读性，研究当 MD&A 部分的可读性较差时，是否对大数据应计收益没有显著影响。

2. 技术实现

现有的文献考虑文件大小、文本长度、词汇复杂度等方面，并建立 FOG、LIX、RIX、ARI、SMOG 等指标进行比较。与文本分析的其他三个应用相比，文本可读性分析的实现难度较低。下面详细阐述上述五个指标的构建方式。

FOG 指数可以用来估计理解文本所需的教育水平：6 分的文本对于六年级学生来说很容易阅读，面向公众的文本应以 8 分左右为目标，17 分以上的文本需要研究生以上水平才能读懂。公式为 $FOG=0.4\times\left(\frac{总词数}{句子数量}+100\times\frac{复杂词汇数量}{总词数}\right)$。实现该指数需要有标记词汇难度的词典，通过词典法在文本中识别出常用词汇，其余的便是复杂词汇。

LIX 和 RIX 是相同可读性公式的两个版本，它们都是基于字母计数来衡量可读性，因此 LIX 的结果与 RIX 几乎完全相关。这两种方法在英语语言中有较好的应用，但是对于中文文本不太适用。LIX 指标的公式为 LIX＝长单词占比＋句子中的平均单词数。RIX 指标的公式为 $RIX＝\dfrac{长单词数量}{句子数量}$。

自动可读性指数（Automated Readability Index，ARI）用于评估阅读一段文本所需的美国年级水平。其公式为 $ARI＝4.71×\dfrac{字母数量}{单词数量}＋0.5×\dfrac{单词数量}{句子数量}-21.43$。从公式中可以发现，该方法对于中文文本同样不适用。

SMOG 估计了普通人理解任何文章所需的教育年限，被称为 SMOG 等级。SMOG 的计算比较特殊：首先，整理文本开头 10 句、中间 10 句、结尾 10 句，共 30 句；其次，计算这 30 句中 3 个或更多音节的单词数量，将数字取平方根并四舍五入到最接近的 10 的倍数；最后，在这个数字上加 3，得到 SMOG 指标。

可以发现，这些可读性指标均适用于衡量英文文本的可读性。鉴于中英文语言之间的显著差异，研究领域内应继续开发适用于中文文本的可读性指标。

第二节　会计研究中文本分析法的案例实现

本节通过四个案例分别讲解如何实现关键词识别、基于词典法的文本情感分析、基于余弦相似度的文本相似度分析和基于文本长度的文本可读性分析。这四种方法较为基础，易于实现，且在会计权威期刊中均被广泛应用，适合读者作为入门案例学习。上一节中提到的其他研究方法的实现，读者可以到本书配套网站上进行学习。

案例实现 1：关键词识别

基于词典法的关键词识别是最常用的一种文本分析方法，基于该方法可演化出包括文本情感在内的多类指标。该方法的实现依托于三个步骤：读取关键词列表、将年报的 PDF 文件转换为 TXT 文件、识别关键词出现的次数并存储。

本案例基于赵宸宇（2021）的研究，从年报中识别企业数字化的关键词数量，以衡量企业的数字化程度。下面将逐步讲解如何实现以上步骤。在代码实现的过程中涉及 Python 基础数据类型字符串、列表，循环语句，内置基础函数 open、read、replace、split、count、append、len 函数，以及第三方库 os、pandas、re 的基础功能的使用。通过该案例的学习，读者可以初步了解 Python 语言的使用。

（一）读取关键词列表

读取关键词文本，将词典中的关键词以列表形式返回。关键词的确认需要进行大量前期工作，由研究人员确定研究主题，这需要研究人员自行总结、提炼。案例从数字化技术应用、互联网商业模式、智能制造和信息化四个方面衡量企业数字化程度，并扩展了关键词词典，最终结果如表8-9所示。

表8-9 企业数字化发展指数构建及关键词选取

第一轮筛选	第二轮筛选	第三轮筛选	第四轮筛选
数字化技术应用	数据、数字、数字化	数据管理、数据挖掘、数据网络、数据平台、数据中心、数据科学、数字控制、数字技术、数字通信、数字网络、数字智能、数字终端、数字营销、数字化	数据管理、数据挖掘、数据网络、数据平台、数据中心、数据科学、数字控制、数字技术、数字通信、数字网络、数字智能、数字终端、数字营销、数字化、大数据、云计算、云IT、云生态、云服务、云平台、区块链、物联网、机器学习
互联网商业模式	互联网、电商	移动互联网、工业互联网、产业互联网、互联网解决方案、互联网技术、互联网思维、互联网行动、互联网业务、互联网移动、互联网应用、互联网营销、互联网战略、互联网平台、互联网模式、互联网商业模式、互联网生态、电商、电子商务	移动互联网、工业互联网、产业互联网、互联网解决方案、互联网技术、互联网思维、互联网行动、互联网业务、互联网移动、互联网应用、互联网营销、互联网战略、互联网平台、互联网模式、互联网商业模式、互联网生态、电商、电子商务、internet、互联网＋、线上线下、线上到线下、线上和线下、O2O、B2B、C2C、B2C、C2B
智能制造	智能、智能化、自动、数控、一体化、集成	人工智能、高端智能、工业智能、移动智能、智能控制、智能终端、智能移动、智能管理、智能工厂、智能物流、智能制造、智能仓储、智能技术、智能设备、智能生产、智能网联、智能系统、智能化、自动控制、自动监测、自动监控、自动检测、自动生产、数控、一体化、集成化、集成解决方案、集成控制、集成系统	人工智能、高端智能、工业智能、移动智能、智能控制、智能终端、智能移动、智能管理、智能工厂、智能物流、智能制造、智能仓储、智能技术、智能设备、智能生产、智能网联、智能系统、智能化、自动控制、自动监测、自动监控、自动检测、自动生产、数控、一体化、集成化、集成解决方案、集成控制、集成系统、工业云、未来工厂、智能故障诊断、生命周期管理、生产制造执行系统、虚拟化、虚拟制造
信息化	信息、信息化、网络化	信息共享、信息管理、信息集成、信息软件、信息系统、信息网络、信息终端、信息中心、信息化、网络化	信息共享、信息管理、信息集成、信息软件、信息系统、信息网络、信息终端、信息中心、信息化、网络化、工业信息、工业通信

把最后一列词语按类别复制到文本文档（TXT 文件）中，一行一个词语，得到的结果如图 8-10 所示。本节先以识别数字化技术水平为例完成案例解析，其余三方面的衡量，由读者自行完成。

数字化技术	互联网商业模式.txt	智能制造.txt - 记事本	信息化.txt - 记事本
文件(F) 编辑(E)	文件(F) 编辑(E) 格式(C)	文件(F) 编辑(E) 格式(O) 查看	文件(F) 编辑(E) 格式(O) 查看(V)
数据管理	移动互联网	人工智能	信息共享
数据挖掘	工业互联网	高端智能	信息管理
数据网络	产业互联网	工业智能	信息集成
数据平台	互联网解决方案	移动智能	信息软件
数据中心	互联网技术	智能控制	信息系统
数据科学	互联网思维	智能终端	信息网络
数字控制	互联网行动	智能移动	信息终端
数字技术	互联网业务	智能管理	信息中心
数字通信	互联网移动	智能工厂	信息化
数字网络	互联网应用	智能物流	网络化
数字智能	互联网营销	智能制造	工业信息
数字终端	互联网战略	智能仓储	工业通信
数字营销	互联网平台	智能技术	
数字化	互联网模式	智能设备	
大数据	互联网商业模式	智能生产	
云计算	互联网生态	智能网联	
云IT	电商	智能系统	
云生态	电子商务	智能化	
云服务	internet	自动控制	
云平台	互联网+	自动监测	
区块链	线上线下	自动监控	
物联网	线上到线下	自动检测	
机器学习	线上和线下	自动生产	
	O2O	数控	
	B2B	一体化	
	C2C	集成化	
	B2C	集成解决方案	
	C2B	集成控制	
		集成系统	
		工业云	
		未来工厂	

图 8-10 将关键词复制到文本文档中

步骤一：获取文件"地址"。读取文件内容首先要给程序指定文件的地址，根据这个地址找到文件的存储位置，进而读取存储内容，因此这个地址需要具有唯一性。这个地址就是文件的根目录。

获取根目录的步骤如图 8-11 所示。先选中目标文件，然后单击"复制路径"，将该文件的根目录复制到剪贴板中。

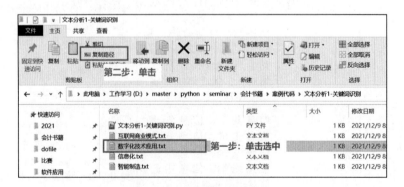

图 8-11 获取根目录步骤

将路径信息复制到 r 后面，将路径变量定义为 dictionary。r 表示转义，避免"\"
对代码的影响。

```
1.# 将文件根目录复制在这里
2.dictionary = r"D:\案例代码\文本分析 1-关键词识别\数字化技术应用.txt"
```

步骤二：查看文件编码模式。编码模式可以直观地理解为将文件转换成计算机能
读懂的语言的方法。英文常用 GBK 编码，而中文常用 UTF-8 编码。查看 TXT 文件的
编码模式较为直接：打开 TXT 文件，文件的右下角标注了文本的编码方式，如图 8 -
12 所示。

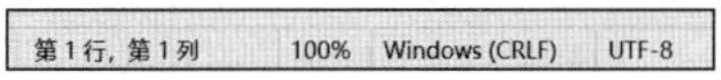

图 8 - 12　文本编码方式

Python 中内置了读取文件的函数 open，其使用方法如下：open 函数括号内的第一
个参数为文件路径，encoding 参数表明了读取文件的编码方式，默认为 GBK 编码，本
案例中使用 UTF-8 的编码方式。如果这里的编码方式选择错误，那么读取文件可能会
出现乱码的现象。

```
1.fr = open(dictionary,encoding='utf-8')
```

步骤三：读取文件内容，生成关键词列表。open 函数为读取文件生成了一个接口
fr，接下来利用这个接口读取接口对应的文件内容。下面第一行代码中的 read 函数实
现了从接口中读取文件的过程，生成字符串类型的变量，即纯文本格式。

```
1.content = fr.read()
2.wordlist = content.split('\n')
```

查看 content 变量所对应的字符串，如图 8 - 13 所示。

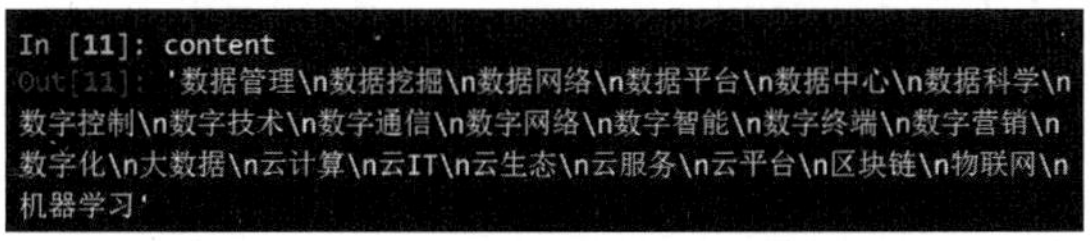

图 8 - 13　content 变量对应的字符串

从输出的信息看，content 字符串中除了包含关键词，还有很多"\n"的字符。
"\n"是文本换行符，它由转义字符"\"和字母"n"组成。构建词典需要把该字符
去除，并把每一个关键词作为一个元素放入列表中，方便后续读取。上述第二行代码
实现了该功能。split 函数根据括号中的字符串"\n"对 content 所对应的字符串进行
分割，生成一个列表 wordlist，其内容如图 8 - 14 所示。可以看出，每一个关键词作为
列表（list）的一个元素存储在 wordlist 变量中。

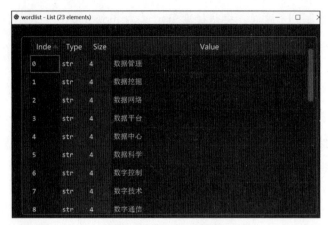

图 8 - 14   生成 wordlist

将第一部分封装成函数，代码如下。

```
1. def get_dic(dictionary):
2.      fr = open(dictionary,encoding='utf-8')
3.      content = fr.read()
4.      wordlist = content.split('\n')
5.      return wordlist
```

（二）将年报的 PDF 文件转换为 TXT 文件

各大信息公开网站上发布的年报均为 PDF 文件，该类文件便于我们读取信息但是对于程序语言处理存在障碍，因此需要先将 PDF 文件转换为 TXT 文件，便于 Python 处理。处理方法可以使用第 11 章 Python 与常用软件的交互第三节中 PDF 转文本的两个工具。本案例使用新希望集团 2011—2020 年的年报文本为例进行分析，该文件可在本书配套网站中获得，读者可以将压缩包下载到电脑上继续进行后续步骤。

（三）识别关键词出现的次数并存储

第一部分实现了读取一个 TXT 文件的代码，下面需要依次读取文件夹中的所有 TXT 文件，并对每个文件进行分析。

步骤一：读取文件夹中所有 TXT 文件。

（1）定位文件夹。os 库是一个辅助处理计算机文件的第三方库。首先需要将当前的工作目录更改到需要读取文件的文件夹下，即年报 TXT 文档所在的文件夹。然后将文件夹路径定义为 report 变量，注意转义符号 "r" 的使用。通过 chdir 函数将工作目录更改到 report 变量所代表的路径，运行后发现 Spyder 右上角的工作路径发生变化，如图 8 - 15 所示。

listdir 函数将括号中的路径文件夹下的所有文件名（包含文件类型后缀）以字符串列表的形式返回，将这个返回的信息定义为 files 变量。其内容如图 8 - 16 所示。

图 8 - 15　工作路径

Index	Type	Size	Value
0	str	24	000876_新希望_2011年年度报告.txt
1	str	24	000876_新希望_2012年年度报告.txt
2	str	24	000876_新希望_2013年年度报告.txt
3	str	24	000876_新希望_2014年年度报告.txt
4	str	24	000876_新希望_2015年年度报告.txt
5	str	24	000876_新希望_2016年年度报告.txt
6	str	24	000876_新希望_2017年年度报告.txt
7	str	24	000876_新希望_2018年年度报告.txt
8	str	24	000876_新希望_2019年年度报告.txt

图 8 - 16　信息列表

（2）逐一读取。通过循环遍历 files 表中的每一个变量，通过 open 函数和 read 函数读取文本信息。read 函数得到的字符串中存在换行符"\n"，影响关键词的识别。但并不需要对年报文本的每一行区分识别，因为部分词语可能会存在跨行现象，分行识别会影响识别的准确性，因此这里需要将字符串中的换行符"\n"删去。replace 函数将括号中第一个参数（这里为换行符"\n"）替换为第二个参数（这里为空字符串""），以实现删除换行符的目的。

```
1. report = r'D:\案例代码\训练文本\年报'
2. os.chdir(report)
3. files = os.listdir(report)
4. for file in files:
5.     fr = open(file,encoding='utf-8')
6.     content = fr.read().replace('\n','')
```

步骤二：识别单个文件中关键词的出现次数。在年报字符串中，对关键词列表 wordlist 中的每一个关键词的出现次数进行统计。首先建立空列表 count 用于记录关键词的出现次数，然后对关键词列表 wordlist 进行遍历。count 函数从字符串 content 中查找字符串 word 出现的次数，返回整数定义为 num，则 num 代表每个关键词出现的次数。append 函数将关键词出现次数的变量 num 添加在 count 列表后面。循环结束后，count 列表中包含该文件中每个关键词出现的次数，如下所示。

```
1. count = []
```

```
2. for word in wordlist:
3.     num = content.count(word)
4.     count.append(num)
```

结果如图 8 - 17 所示。

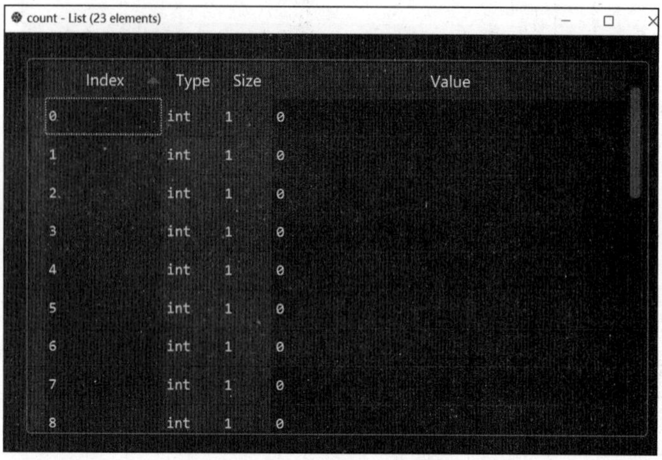

图 8 - 17　关键词出现的次数

步骤三：存储关键词次数。识别出关键词的出现次数后，需要将其存储在表格中方便后续处理。pandas 是一个处理表格数据的 Python 第三方库，其应用场景较广，后续案例中会经常出现。对每一个文件进行遍历前定义一个空表格 DataFrame 用于存储数据，定义其表头包含股票代码、公司名称、年份和关键词。在对每个文件进行关键词统计后，将数据存储到表格中。

（1）企业信息获取。股票代码、公司名称和年份信息可以从文件名中获取。split函数将 file 字符串以 "_" 字符分割成多个元素形成一个列表，该列表定义为变量detail。detail 的三个元素如图 8 - 18 所示，年份信息隐含在最后一个元素中，可以通过两种方法提取年份信息。

图 8 - 18　detail 的三个元素

● 方法一：根据年份数据在字符串中较为固定的相对位置提取年份信息。本案例中，年份信息在最后一个元素的前四个字符，位置较为固定，因此用 detail[−1][：4] 提取年份信息。

```
1. year = detail[-1][:4]
```

● 方法二：根据数据特征提取年份信息。正则表达式是通过总结目标信息本身数据特征以及信息上下文文本的规律性结构特征，从大量文本中提取信息的工具。本案例中需要提取的年份信息为 4 个数字，后面会出现字符"年"，因此可以构建正则表达式 rYear = r'(\d{4})年'。表达式中"（）"括号内为需要提取的信息，"\d"代表数字，"{4}"表示前方的字符重复 4 遍，这里是指提取结构为连续 4 个数字的字符串。findall 函数实现从 detail 最后一个元素中查找信息结构为 rYear 的字符串，将查找的元素放入列表中返回。由于 detail 最后一个元素中显然只有一个符合条件的元素，因此将返回列表的第一个元素定义为年份 year 变量。

```
1. rYear = r'(\d{4})年'
2. year = re.findall(rYear,detail[-1])[0]
```

两种方法的比较：方法一适合在信息位置较为固定时使用，但大部分时候信息的位置是没有统一标准格式的，如"000066_中国长城_长城信息产业股份有限公司 2016 年年度报告.txt"。因此，方法一虽然简洁，但适用前提较为苛刻，存在局限；方法二更具有普适性。

（2）信息添加和存储。提取信息后，利用 info 表格通过 loc 函数在最后一行添加数据列表，loc 指定该数据行在 info 表格中的索引值，如果没有特殊需求，一般以行数作为索引值。最后，将数据表格 info 存入 Excel 中。to_excel 函数将 info 表格存储在"文本分析 1-关键词识别"文件夹下的"数字化技术应用.xlsx"文件中。dictionary 变量包含的路径为"D:\案例代码\文本分析 1-关键词识别\词典\数字化技术应用.txt"，将"txt"换为"xlsx"，将"\词典"换为""得到的结果为"D:\案例代码\文本分析 1-关键词识别\数字化技术应用.xlsx"。index＝False 表示存储的文件中不包含 info 的索引值，只包含表格中表头所对应的信息。得到的结果如图 8 - 19 所示。

	A	B	C	D	E	F	G	H	I	J	K
1	股票代码	公司名称	年份	数据管理	数据挖掘	数据网络	数据平台	数据中心	数据科学	数字控制	数字技
2	000876	新希望	2011	0	0	0	0	0	0	0	
3	000876	新希望	2012	0	0	0	0	0	0	0	
4	000876	新希望	2013	0	0	0	0	0	0	0	
5	000876	新希望	2014	0	0	0	0	0	0	0	
6	000876	新希望	2015	0	0	0	0	0	0	0	
7	000876	新希望	2016	0	0	0	0	0	0	0	
8	000876	新希望	2017	0	0	0	1	0	0	0	
9	000876	新希望	2018	0	0	0	1	0	0	0	
10	000876	新希望	2019	0	0	0	0	0	0	0	
11	000876	新希望	2020	0	0	0	0	2	0	0	

图 8 - 19　关键词出现的次数结果

```
1. report = r'D:\案例代码\训练文本\年报'
2. os.chdir(report)
3. info = pd.DataFrame(columns=['股票代码','公司名称','年份']+wordlist)
4. files = os.listdir(report)                #获取 report 目录下所有文件名列表
5. for file in files:
```

```
6.    fr = open(file, encoding='utf-8')          #依次打开文件
7.    content = fr.read().replace('\n','')        #去除换行符
8.    count = []
9.    for word in wordlist:
10.       num = content.count(word)                # num 为字符串 word 在 content
                                                   中出现次数
11.        count.append(num)                        #列表中记录每个字符串对应的 num
12.    detail = file.split('_')
13.    info.loc[len(info)] = [detail[0],detail[1],detail[-1][:4]] + count
                                                   #记录信息
14. info.to_excel(dictionary.replace('txt','xlsx').replace(r'\词典',''), in-
    dex=False)
```

将第二部分封装成函数，代码如下。

```
1. report = r'D:\案例代码\训练文本\年报'
2. def countKey(report,wordlist):
3.    os.chdir(report)                             #将当前的工作目录改变成 report
                                                   所指的目录
4.    info = pd.DataFrame(columns=['股票代码','公司名称','年份']+wordlist)
5.    rYear = r'(\d{4})年'                          #正则表达式匹配方式
6.    files = os.listdir(report)                    #获取 report 目录下所有文件名列
                                                   表
7.    for file in files:
8.        fr = open(file,encoding='utf-8')         #依次打开文件
9.        content = fr.read().replace('\n','')     #去除换行符
10.       count = []
11.       for word in wordlist:
12.           num = content.count(word)            # num 为字符串 word 在 content 中
                                                   出现次数
13.           count.append(num)                    #对每个关键词，记录词频
14.       detail = file.split('_')
15.       year = re.findall(rYear,detail[-1])[0]   #正则表达式搜索年份
16.       info.loc[len(info)] = [detail[0],detail[1],year] + count
                                                   #记录信息
17.    return info
18. info.to_excel(dictionary.replace('txt','xlsx').replace(r'\词典',''), in-
    dex=False)
```

由此，实现了查询年报中数字化技术应用关键词的词频情况，整体代码如下。

```
1. #文本分析-案例 1--关键词识别
2. import os
3. import pandas as pd
```

```
4.  import re
5.
6.  #词典文件路径
7.  dictionary = r"D:\案例代码\文本分析 1-关键词识别\词典\数字化技术应用.txt"
8.  #年报文件夹所在目录
9.  report = r'D:\案例代码\训练文本\年报'
10.
11. def get_dic(dictionary):
12.     fr = open(dictionary,encoding='utf-8')
13.     content = fr.read()
14.     wordlist = content.split('\n')
15.     return wordlist
16.
17. def countKey(report,wordlist):
18.     os.chdir(report)
19.     info = pd.DataFrame(columns=['股票代码','公司名称','年份']+wordlist)
20.     rYear = r'(\d{4})年'
21.     files = os.listdir(report)
22.     for file in files:
23.         fr = open(file,encoding='utf-8')
24.         content = fr.read().replace('\n','')
25.         count = []
26.         for word in wordlist:
27.             num = content.count(word)
28.             count.append(num)
29.         detail = file.split('_')
30.         year = re.findall(rYear,detail[-1])[0]
31.         info.loc[len(info)] = [detail[0],detail[1],year]+count
32.     return info
33.
34. def main():
35.     wordlist = get_dic(dictionary)
36.     info = countKey(report,wordlist)
37.     info.to_excel(dictionary.replace('txt','xlsx').replace(r'\词典',
    ''),index=False)
38.
39. main()
```

练习题

参照上述方法，计算四个词典中的关键词在年报文件中出现的次数并存储在表格中。

难点：遍历词典所在文件夹并对每个词典进行计算。

案例实现 2：基于词典法的文本情感分析

在概念引入部分梳理了词典法实现情感分析的步骤：文本预处理、基于情感词典提取文本特征、判断文本情感倾向，每个步骤都可以通过很多方法实现。在针对中文文本的会计研究中，常用的方法是：使用 Python 的 jieba 库对文本进行分词，利用哈工大停用词表去除停用词，根据台湾大学简体中文情感极性词典提取文本特征，并根据公式分别计算 $Tone_1$ 和 $Tone_2$，最终分别将两个变量加入模型中进行分析。下面对该方法进行讲解。本案例使用 900 条公司研报的文本数据集，相关文档可在本书配套网站上下载。

（一）文本预处理

首先，将文本读入 Python，然后使用 Python 的 jieba 库对文本进行分词，并利用哈工大停用词表去除停用词。

步骤一：读取文件夹。将文本读入 Python 需要将研报文本、停用词、情感词典读入 Python 中，该步骤与案例实现 1 中读取文本步骤相同，实现代码如下。

```
1. import os
2. import pandas as pd
3.
4. #将工作目录定位到文件存放的文件夹
5. os.chdir(r'D:\案例代码')
6. #读取研报文本所在的表格
7. info = pd.read_excel(r"训练文本\公司研报样例.xlsx")
8. text = list(info['text'])     #将文本所在列转换为列表
9. #读取停用词表
10. stopwords = open(r"停用词\哈工大停用词表.txt",encoding='utf-8').read()
    .splitlines()
11. #读取情感极性词典
12. positive = open(r"情感词典\台湾大学简体中文情感极性词典\positive.txt",en-
    coding='utf-8').read().splitlines()
13. negative = open(r"情感词典\台湾大学简体中文情感极性词典\negative.txt",en-
    coding='utf-8').read().splitlines()
```

得到的结果如图 8 - 20 所示。info 为研报文本信息，text 为研报的纯文本列表，negative 和 positive 为情感词典的消极词典和积极词典，stopwords 为停用词表。

步骤二：利用 jieba 库实现分词。先以文档中的第一个文本作为例子讲解实现代码。jieba 是 Python 的分词库，可以将中文文本按词义分为常用短语，得到分词后的文本列表 words。实现代码如下。

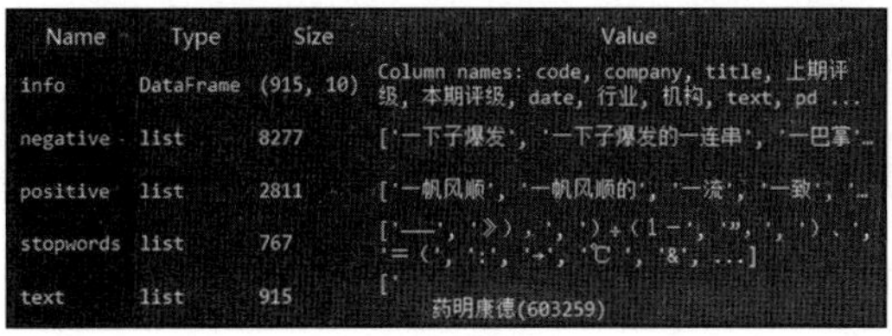

图 8 - 20　文本预处理结果

```
1. import jieba
2.
3. line = text[0]
4. words = jieba.cut(line.strip())
```

步骤三：停用词处理。停用词包括标点、虚词以及其他非汉字文本，这些字符在文档中出现频率较高，但是对文本的实际含义贡献较小，对最终文本的判断会产生较大影响，因此需要在文本预处理的过程中将其删除，最终得到去除停用词的分词结果refine。实现代码如下。

```
1. import re
2.
3. #利用正则表达式除去不包含汉字的词组(如：纯数字)
4. zhPattern = re.compile(u'[\u4e00-\u9fa5]+')
5. refine = []
6. for word in words:
7.     if word not in stopwords and zhPattern.search(word):
8.         refine.append(word)
```

（二）利用情感词典提取特征词

该步骤与停用词处理类似，都是将分词后的结果与现有词典匹配。台湾大学简体中文情感极性词典包括"positive"和"negative"两个文档，分别包含积极词汇和消极词汇。在上一部分已经将两个词典读入，分别定义为 positive 和 negative，下面将研报文本分别与词典匹配，对于研报分词结果 refine 列表中的每一个词汇，如果其在 positive 中出现，则文本的积极情感值 pos＋1；如果其在 negative 中出现，则文本的消极情感值 neg＋1，其实现代码如下。

```
1. pos,neg = 0,0
2. for word in refine:
3.     if word in positive:      #若为积极情感词
4.         pos += 1
5.         print('pos:',word)
6.     elif word in negative:    #若为消极情感词
```

```
7.        neg += 1
8.        print('neg:',word)
```

最终得出该条文本的积极情感值 pos＝15，消极情感值 neg＝4。

（三）利用公式计算情感值

在得到文本的积极情感值 pos 和消极情感值 neg 后，利用如下公式计算出文本整体的情感倾向值。

$$Tone_1 = \frac{负面词汇数 - 正面词汇数}{负面词汇数 + 正面词汇数} = \frac{neg - pos}{neg + pos}$$

$$Tone_2 = \frac{负面词汇数 - 正面词汇数}{文章总词数} = \frac{neg - pos}{length(refine)}$$

其中文章总词数是文本进行分词并去除停用词后，所包含元素的数量，即 refine 列表的长度。实现代码如下：

```
1. tone1 = (neg- pos) / (neg+ pos)
2. tone2 = (neg- pos) / len(refine)
```

得到结果 $Tone_1 = -0.5789$，$Tone_2 = -0.0194$。

以上代码实现了对一条文本情感倾向的分析，对于列表中的多条文本需要添加循环，并设置表格来存储信息，下面是完整代码。

```
1. #文本分析-案例 2--情感分析
2.
3. import pandas as pd
4. import jieba
5. import os
6. import re
7.
8. #读取文本
9. #将工作目录定位到文件存放的文件夹
10. os.chdir(r'D:\案例代码')
11. #读取研报文本所在的表格
12. info = pd. read_excel(r"训练文本\公司研报样例.xlsx")
13. text = list(info['text'])    #将文本所在列转换为列表
14. #读取停用词列表
15. stopwords = open(r"停用词\哈工大停用词表.txt", encoding='utf-8'). read()
    . splitlines()
16. #读取情感词典
17. positive = open(r"情感词典\台湾大学简体中文情感极性词典\positive.txt", en-
    coding='utf-8'). read(). splitlines()
```

```
18. negative = open(r"情感词典\台湾大学简体中文情感极性词典\negative.txt", en-
    coding='utf-8').read().splitlines()
19.
20. #设置表格存储分析信息
21. result = info[['code','company','text']]
22. for i in range(len(text)):
23.     line = text[i]
24.     #步骤一：文本预处理
25.     #1.1 利用 jieba 分词
26.     words = jieba.cut(line.strip())
27.     #1.2 去除停用词
28.     #利用正则表达式除去不包含汉字的词组(如：纯数字)
29.     zhPattern = re.compile(u'[\u4e00-\u9fa5]+')
30.     refine = []
31.     for word in words:
32.         if word not in stopwords and zhPattern.search(word):
33.             refine.append(word)
34.
35.     #步骤二：利用情感词典提取特征词
36.     pos, neg = 0, 0
37.     for word in refine:
38.         if word in positive:
39.             pos += 1
40.             print('pos:', word)
41.         elif word in negative:
42.             neg += 1
43.             print('neg:', word)
44.
45.     #步骤三：利用公式计算情感值
46.     tone1 = (neg-pos) / (neg+ pos)
47.     tone2 = (neg-pos) / len(refine)
48.
49.     #将计算结果添加到表格中
50.     result.loc[i,'positive'], result.loc[i,'negative'], result.loc[i,'
        Tone 1'], result.loc[i,'Tone 2'] = pos, neg, tone1, tone2
51.
52. #将表格存储到本地
53. result.to_excel('文本分析 2-情感分析\情感分析结果.xlsx', index=False)
```

得到的结果如图 8-21 所示。

code	company	text	positive	negative	Tone 1	Tone 2
603259	药明康德	药明	15	4	-0.57895	-0.02638
600309	万华化学	万华	11	4	-0.46667	-0.0231
603338	浙江鼎力	浙江	38	22	-0.26667	-0.01942
600745	闻泰科技	闻泰	15	4	-0.57895	-0.03833
603259	药明康德	药明	32	3	-0.82857	-0.06621
998	隆平高科	隆平	26	6	-0.625	-0.07491
688155	先惠技术	先惠	19	0	-1	-0.05507
300763	锦浪科技	锦浪	15	2	-0.76471	-0.05
688200	华峰测控	华峰	19	6	-0.52	-0.04194
300363	博腾股份	博腾	33	3	-0.83333	-0.09967
630	铜陵有色	铜陵	19	4	-0.65217	-0.05208
300257	开山股份	开山	48	12	-0.6	-0.06452
688798	艾为电子	艾为	20	3	-0.73913	-0.05075
600702	舍得酒业	舍得	27	2	-0.86207	-0.07289
300054	鼎龙股份	鼎龙	23	5	-0.64286	-0.05099
300170	汉得信息	汉得	33	9	-0.57143	-0.05755
600702	舍得酒业	舍得	27	6	-0.63636	-0.05676
301179	泽宇智能	泽宇	26	3	-0.7931	-0.06479
600702	舍得酒业	舍得	29	10	-0.48718	-0.0609
605499	东鹏饮料	东鹏	48	8	-0.71429	-0.05642
300757	罗博特科	罗博	17	3	-0.7	-0.04361
2271	东方雨虹	东方	19	4	-0.65217	-0.06329
605499	东鹏饮料	东鹏	18	4	-0.63636	-0.05036
600309	万华化学	万华	18	7	-0.44	-0.03704

图 8 - 21   文本情感分析结果

练习题

按照相同的逻辑，使用清华大学中文词法分析工具包分词，使用"合并停用词表"处理停用词，使用清华大学李军中文褒贬义词典识别情感特征值，分析新希望集团2011—2020 年年报文本的情感倾向。

案例实现 3：基于余弦相似度的文本相似度分析

在概念引入部分梳理了基于文本向量空间实现文本相似度计算的步骤：文本预处理、文本向量化、计算文本相似度。本案例使用 900 多份公司研报，计算任意两份研报之间的文本相似度。

（一）文本预处理

文本预处理部分包含分词和停用词处理，该部分与案例实现 2 的文本预处理部分类似，不同之处在于本案例中将预处理后的每一条文本存储为一条文本，使用空格" "将各个词组连接成一条文本，实现代码如下。

```
1. import pandas as pd
2. import jieba
3. import os
4. import re
5.
```

```
6. #读取文本
7. #将工作目录定位到文件存放的文件夹
8. os.chdir(r'D:\案例代码')
9. #读取研报文本所在的表格
10. info = pd.read_excel(r"训练文本\公司研报样例.xlsx")
11. text = list(info['text'])    #将文本所在列转换为列表
12. #读取停用词列表
13. stopwords = open(r"停用词\哈工大停用词表.txt",encoding='utf-8').read()
    .splitlines()
14.
15. #步骤一：文本预处理
16. #设置列表存储文本预处理后的文本
17. newText = []
18. for i in range(len(text)):
19.     line = text[i]
20.     #1.1 利用jieba分词
21.     words = jieba.cut(line.strip())
22.     #1.2 去除停用词
23.     zhPattern = re.compile(u'[\u4e00-\u9fa5]+')
24.     refine = ''
25.     for word in words:
26.         if word not in stopwords and zhPattern.search(word):
27.             refine += word + ' '
28.     newText.append(refine)
```

分词并去除停用词后的文本存储在 newText 中，其结果如图 8 - 22 所示。

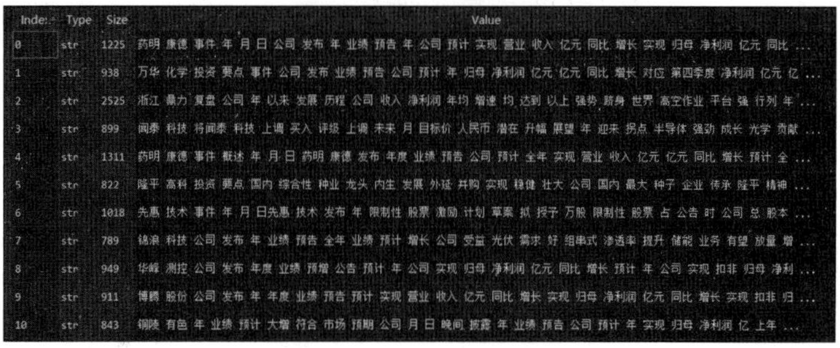

图 8 - 22　文本预处理结果

（二）文本向量化

在概念引入部分介绍了文本向量化常用的两种方法为独热编码和词频-逆文档频率。这两种方法在 Python 的 sklearn 库中都有封装好的函数，本案例讲解更常用的词频–逆文档频率方法。sklearn 库中词频–逆文档频率向量化的封装函数为 TfidfVectori-zer。下面代码中的参数 use_idf＝True 表示使用逆文档频率 idf。

```
1. from sklearn.feature_extraction.text import TfidfVectorizer
2.
3. tfidf_model = TfidfVectorizer(use_idf=True).fit(newText)
4. vector = tfidf_model.transform(newText)
```

得到将每条文本对应的高维稀疏矩阵。每一行对应一条文本，每一列对应一个分割的词汇，结果如图 8-23 所示。

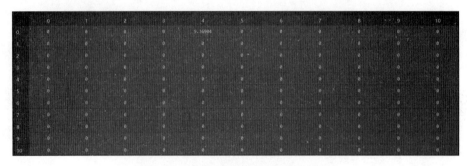

图 8-23 每条文本对应的高维稀疏矩阵

矩阵每列对应的词汇如图 8-24 所示，value 代表该词汇在全部文档中出现的总次数。

Key	Type	Size	Value
龙蟠	int	1	15453
龙芯	int	1	15452
龙芽	int	1	15451
龙源	int	1	15450
龙湖	int	1	15449
龙潜	int	1	15448
龙晶	int	1	15447
龙旗	int	1	15446
龙抬头	int	1	15445
龙恒	int	1	15444
龙头企业	int	1	15443
龙头	int	1	15442
龙可为	int	1	15441
龙华	int	1	15440

图 8-24 矩阵对应的词汇

(三) 计算文本相似度

在概念引入部分介绍过计算文本相似度的方法有很多，其中最常用的是利用余弦距离计算的余弦相似度，其公式为 $S_{A,B}=\dfrac{\vec{A}\cdot\vec{B}}{\|\vec{A}\|\cdot\|\vec{B}\|}$。该方法在 Python 的 sklearn 库中有封装好的函数，封装的函数为 cosine_similarity。

```
1. from sklearn.metrics.pairwise import cosine_similarity
2.
```

```
3. sim = cosine_similarity(vector)
```

```
4. result = pd.DataFrame(sim,columns=info['company'],index=info['company'])
```

```
5. result.to_excel(r'文本分析 3-相似度分析\相似度计算结果.xlsx')
```

得到的结果为任意两个文档之间的文本相似度，如图 8-25 所示。

company	药明康德	万华化学	浙江鼎力	闻泰科技	药明康德	隆平高科	先惠技术	锦浪科技	华峰测控
药明康德	1.0000000	0.1018927	0.0759614	0.0570983	0.5017414	0.0603519	0.1114641	0.1335014	0.1570590
万华化学	0.1018927	1.0000000	0.1046634	0.0500673	0.1226179	0.0514624	0.0573366	0.1126113	0.1057846
浙江鼎力	0.0759614	0.1046634	1.0000000	0.0595643	0.1085141	0.0578615	0.0551930	0.1008657	0.0846616
闻泰科技	0.0570983	0.0500673	0.0595643	1.0000000	0.0684393	0.0370156	0.0198434	0.0847091	0.0687673
药明康德	0.5017414	0.1226179	0.1085141	0.0684393	1.0000000	0.0794917	0.1239480	0.1828511	0.2292054
隆平高科	0.0603519	0.0514624	0.0578615	0.0370156	0.0794917	1.0000000	0.0546246	0.0620799	0.0647546
先惠技术	0.1114641	0.0573366	0.0551930	0.0198434	0.1239480	0.0546246	1.0000000	0.0888074	0.0988350
锦浪科技	0.1335014	0.1126113	0.1008657	0.0847091	0.1828511	0.0620799	0.0888074	1.0000000	0.1904874
华峰测控	0.1570590	0.1057846	0.0846616	0.0687673	0.2292054	0.0647546	0.0988350	0.1904874	1.0000000
博腾股份	0.1773207	0.0715408	0.0656457	0.0490693	0.2418930	0.0577143	0.0885700	0.1237577	0.1295677
铜陵有色	0.0543935	0.0651828	0.0308190	0.0209630	0.0558327	0.0275848	0.0365819	0.0619414	0.0525843
开山股份	0.0627528	0.0716671	0.0908923	0.0354166	0.0805191	0.0494896	0.0573122	0.0638206	0.0766440
艾为电子	0.1362230	0.0984734	0.0832132	0.0694059	0.1760151	0.0656033	0.1320095	0.1625860	0.1791689
舍得酒业	0.1087565	0.0556355	0.0639876	0.0493419	0.1175084	0.0496416	0.0619363	0.1154011	0.1114939
鼎龙股份	0.1417924	0.1283100	0.0556441	0.1489806	0.2053890	0.0725520	0.0989715	0.1642839	0.1546213
汉得信息	0.1409447	0.0814546	0.0857410	0.0817678	0.1570977	0.0733256	0.2087501	0.1544714	0.1340721
舍得酒业	0.0491802	0.0425156	0.0442582	0.0235608	0.0718745	0.0281366	0.0449776	0.0681980	0.0719142
泽宇智能	0.0923742	0.0609474	0.0668000	0.0372641	0.1025821	0.0575728	0.0679473	0.0691206	0.0959220
舍得酒业	0.0429654	0.0317222	0.0391204	0.0250313	0.0800297	0.0358162	0.0497325	0.0634045	0.0660702
东鹏饮料	0.0572177	0.0681698	0.0665369	0.0445620	0.0684218	0.0422526	0.0471544	0.0860122	0.0737527
罗博特科	0.0828030	0.0568474	0.1047289	0.0774832	0.0877087	0.0534511	0.3077107	0.1053385	0.1589181
东方雨虹	0.1046503	0.1006493	0.0718160	0.0471927	0.1484430	0.0809736	0.1231309	0.1428660	0.1249245

图 8-25 文本相似度结果

整体代码如下。

```
1. #文本分析-练习 3--相似度计算
2.
3. import pandas as pd
4. import jieba
5. import os
6. import re
7.
8. #读取文本
9. #将工作目录定位到文件存放的文件夹
10. os.chdir(r'D:\案例代码')
11. #读取研报文本所在的表格
12. info = pd.read_excel(r"文本分析训练文本\公司研报样例.xlsx")
13. text = list(info['text'])    #将文本所在列转换为列表
14. #读取停用词列表
15. stopwords = open(r"停用词\哈工大停用词表.txt",encoding='utf-8').read().splitlines()
16.
17. #步骤一:文本预处理
18. #设置列表存储文本预处理后的文本
```

```
19. newText = []
20. for i in range(len(text)):
21.     line = text[i]
22.     #1.1 利用 jieba 分词
23.     words = jieba.cut(line.strip())
24.     #1.2 去除停用词
25.     zhPattern = re.compile(u'[\u4e00-\u9fa5]+')
26.     refine = ''
27.     for word in words:
28.         if word not in stopwords and zhPattern.search(word):
29.             refine += word + ' '
30.     newText.append(refine)
31.
32. #步骤二:文本向量化
33. from sklearn.feature_extraction.text import TfidfVectorizer
34.
35. tfidf_model = TfidfVectorizer(use_idf=True).fit(newText)
36. vector = tfidf_model.transform(newText)
37.
38. #步骤三:计算文本相似度
39. from sklearn.metrics.pairwise import cosine_similarity
40.
41. sim = cosine_similarity(vector)
42. result = pd.DataFrame(sim,columns=info['company'],index=info['company'])
43. result.to_excel(r'文本分析3-相似度分析\相似度计算结果.xlsx')
```

练习题

按照相同的逻辑,分析新希望集团 2011—2020 年的年报文本的文本相似度。

案例实现 4:基于文本长度的文本可读性分析

对年报字数的统计是一种分析年报可读性的简易计算方法(Lehavye et al.,2011)。关于年报或其他报告字数的统计方法可分为三步:读取年报文本、统计文件文本长度、存储数据。

(一)读取年报文本

同案例实现 1,需要将年报转化成 TXT 文本的年报,处理方法可以使用第 11 章 Python 与常用软件的交互中第三节 PDF 转文本的两个工具。本案例以新希望集团 2011—2020 年的年报文本为例进行分析,该文件在网站中可获得,读者可以将压缩包下载到电脑上继续进行后续步骤。

该功能将文本进一步加工成可以进行文本分析的文本段（否则会出现语义上的不连续）。TXT 文本的换行是由换行符"\ n"实现的，因此本步骤的实现思路就是删除每一行的换行符，并将新生成的文本存入字符串。该部分与案例实现 1 第三部分步骤一需要实现的功能相同，此处不再做讲解，具体代码如下。

```
1. report = r'D:\案例代码\训练文本\年报'
2. os. chdir(report)
3. files = os. listdir(report)
4. for file in files:
5.     fr = open(file, encoding='utf-8')
6.     content = fr. read(). replace('\n','')
```

（二）统计文件文本长度

文本长度即字符串长度，可以用字符串中所包含的字符数量来衡量。在这个过程中，如果我们只想统计汉字，忽略其他标点、符号等，在转化为列表之前需要将忽略的字符删去，即替换成空字符串""即可。具体实现代码如下。

```
1. for ch in '!"#$% &()* +,- ./:;< => ?? @ [\\]^_`{|}~':    #列举想要忽略的字符
2.     content = content. replace(ch,'')                    #删去想要忽略的字符
3. length = len(content)
```

（三）存储数据

利用 pandas 第三方库将结果保存到 Excel 中，横向为文本的年份，纵向为不同公司。由于计算文本长度是根据年报文件逐一进行的，只有在读取文件后才能识别此文件的详细信息，因此该案例的数据不可逐行添加而只能逐一添加，这使得数据处理工作比之前的案例复杂一些。

步骤一：将提取企业信息和计算文本长度的功能封装成函数，代码如下。

```
1. def countLen(file):                                      #获取年报文本（raw 为目标分析文本的路径）
2.     fr = open(file, encoding='utf-8')
3.     rYear = r'(\d{4})年'
4.     content = fr. read(). replace('\n','')
5.     for ch in '!"#$%&()*+,- ./:;< => ?? @ [\\]^_`{|}~':  #列举想要忽略的字符
6.         content = content. replace(ch,'')                #删去想要忽略的字符
7.     detail = file. split('_')
8.     year = re. findall(rYear, detail[-1])[0]
9.     item = detail[:-1] + [year] + [str(len(content))]
10.     return item
```

步骤二：建立表格，存储信息。表头信息由股票代码、公司名称和年报对应的年份构成。计算每个文件文本长度后，按照公司和年份查找对应单元格，将数据填入相应单元格中。如果该公司的年报是第一次出现，即股票代码没有在先前表格中的"股票代码"一列出现过，则新建一行，填入对应信息；反之，寻找该公司对应行的索引，填入数据。其实现代码如下所示。

```
1. years = []
2. for i in range(2011,2020):
3.     years.append(str(i))
4. info = pd.DataFrame(columns=['股票代码','公司名称']+years)        #表头信息
5. files = os.listdir(report)
6. for file in files:
7.     item = countLen(file)
8.     if item[0] not in list(info['股票代码']):        #如果该公司的年报是第一次出现
9.         info.loc[len(info),['股票代码']] = item[0]
10.        info.loc[len(info)-1,['公司名称']] = item[1]
11.        info.loc[len(info)-1,item[2]] = item[-1]
12.    else:
13.        index = info[info['股票代码']==item[0]].index[0]        #寻找该公司对
                                                                   应行的索引
14.        info.loc[index,item[2]] = item[-1]
```

步骤三：存储表格。将 DataFrame 输出到 Excel 表格，index＝False 表示存储的文件中不包含 info 的索引值，只包含表格中表头所对应的信息。

```
1. info.to_excel(r'D:\案例代码\文本分析4-可读性分析\年报长度统计.xlsx',index
   =False)
```

得到的结果如图 8－26 所示。

股票代码	公司名称	2011	2012	2013	2014	2015	2016	2017	2018	2019
000001	平安银行	282734	276414	177838	186087	175307	161852	189030	225978	241081
000002	万科A	250940	271767	269515	271167	295075	322321	468374	398105	381283

图 8－26 年报长度统计结果

该案例实现的完整代码如下所示。

```
1. import pandas as pd
2. import os
3. import re
4.
5. report = r'D:\案例代码\训练文本\年报'
6.
```

```
7. def countLen(file):                                    #获取年报文本(raw 为目标分析文本的路径)
8.      fr = open(file, encoding='utf-8')
9.      rYear = r'(\d{4})年'
10.     content = fr.read().replace('\n','')
11.     for ch in '!"#$%&()*+,-./:;<=>??@[\\]^_`{|}~':      #列举想要忽略的字符
12.         content = content.replace(ch,'')              #删去想要忽略的字符
13.     detail = file.split('_')
14.     year = re.findall(rYear, detail[-1])[0]
15.     item = detail[:-1] + [year] + [str(len(content))]
16.     return item
17.
18. def main():
19.     os.chdir(report)
20.     years = []
21.     for i in range(2011, 2020):
22.         years.append(str(i))
23.     info = pd.DataFrame(columns=['股票代码','公司名称']+years)
24.     files = os.listdir(report)
25.     for file in files:
26.         item = countLen(file)
27.         if item[0] not in list(info['股票代码']):
28.             info.loc[len(info),['股票代码']] = item[0]
29.             info.loc[len(info)-1,['公司名称']] = item[1]
30.             info.loc[len(info)-1, item[2]] = item[-1]
31.         else:
32.             index = info[info['股票代码']==item[0]].index[0]
33.             info.loc[index, item[2]] = item[-1]
34.     info.to_excel(r'D:\案例代码\文本分析 4-可读性分析\年报长度统计.xlsx',
        index=False)                                      #将 DataFrame 输出到 Excel 表格
35.
36. main()
```

第三节　机器学习在文本分析中的应用案例

机器学习和文本领域的交叉应用主要在几种文本情感分析功能上，本节的四个案例中包含两个文本情感分析的实现案例、一个文本相似度分析案例和一个文本主题分

类的案例：基于 paddle 平台的文本相似度分析、基于 LDA 算法构建关注度指数、基于朴素贝叶斯分类器的文本情感分析和基于 BERT 算法的文本情感分析。在文本情感分析的三个案例中，基于朴素贝叶斯分类器的文本情感分析是目前研究中最常用的方法。基于 paddle 平台的方法主要基于百度开发的 AI 智能云，其开发的多种算法接口实现方法简易且准确率较高，是辅助科研的绝佳工具。BERT 算法是 2018 年自然语言处理领域的一大突破性算法，其处理文本的准确率较高，近年来在各领域中被广泛应用，本章将其作为最后一个案例介绍给读者，希望大家对于前沿领域有所了解。

案例实现 1：基于百度智能云的文本相似度分析

本案例使用百度智能云自然语言处理中的"短文本相似度"功能完成文本相似度分析。该功能的参数介绍如图 8 - 27 所示，百度智能云仅能针对长度小于 512 字节的文本进行分析，因此使用公司研报数据集中的标题作为案例文本进行分析。百度智能云使用 ERNIE 模型完成该任务，它是百度自研的预训练语言模型，具备更强的语义理解能力，能够深层理解文本间的语义关系，且语义匹配效果更好。

请求参数			
参数	类型	是否必须	描述
text_1	string	是	待比较文本1，最大512字节
text_2	string	是	待比较文本2，最大512字节
model	string	否	默认为"ERNIE"

图 8 - 27　百度智能云参数介绍

（一）在百度智能云平台创建文本分析项目

步骤一： 获取免费资源。

进入对应模块的网址。通过链接①或搜索"百度智能云语言生成技术"进入百度云自然语言处理模块主页，如图 8 - 28 所示。点击"立即使用"，使用手机号注册账号后进入如图 8 - 29 所示的概览页面。

点击"免费尝鲜"下的"去领取"领取免费资源，如图 8 - 30 所示。

选中"短文本相似度"，点击"0 元领取"获得免费的资源使用权，免费试用资源会在 10 分钟内生效。

步骤二： 建立应用。

点击"公有云服务"下的"应用列表"，然后点击"创建应用"，如图 8 - 31 所示。

---

① 自然语言处理模块链接：https://cloud.baidu.com/product/nlp_apply? track＝0379700f54568cccb9a16a75b4fbf038db25ea3eee4664d9&bd_vid=8709841278677714010。

图 8 - 28　百度智能云语言生成技术页面

图 8 - 29　百度智能云概览页面

图 8 - 30　领取免费资源

图 8 - 31　建立应用（一）

填写相关信息后点击"立即创建"。如果不打算商用，建议在"应用归属"部分选择"个人"，如图 8 - 32 所示。

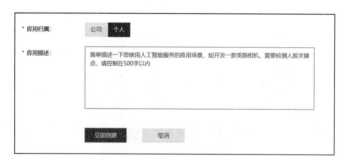

图 8 - 32　建立应用（二）

步骤三：获取项目的 API Key 和 Secret Key。

在"公有云服务"下的"应用列表"中查看已经建立的应用，即可查询项目对应的 API Key 和 Secret Key，如图 8 - 33 所示。

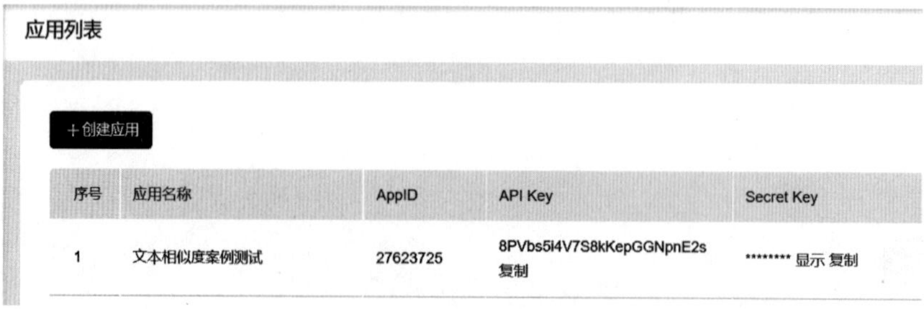

序号	应用名称	AppID	API Key	Secret Key
1	文本相似度案例测试	27623725	8PVbs5i4V7S8kKepGGNpnE2s 复制	******** 显示 复制

图 8 - 33　查看已经建立的应用

（二）读取研报标题

本案例使用900条公司研报作为文本数据集，该文件在本书配套网站中可获得，读者可以将压缩包下载到电脑上继续进行后续步骤。由于百度智能云的处理速度较慢，因此案例使用表格中的前10个标题作为样本。

```
1. #读取文本
2. #将工作目录定位到文件存放的文件夹
3. os.chdir(r'D:\案例代码')
4. #读取研报文本所在的表格
5. info = pd.read_excel(r"训练文本\公司研报样例.xlsx")
6. text = list(info['title'])[:10]      #将文本所在列转换为列表
```

（三）利用 API 接口实现相似度分析

步骤一：获取"access_token"。access_token是访问百度智能云平台的基础，其获取流程见文档 https://ai.baidu.com/ai-doc/REFERENCE/Ck3dwjhhu。该部分涉及网站请求的知识，因此这里直接列出实现代码。

```
1. def get_token():
2.     host = 'https://aip.baidubce.com/oauth/2.0/token? grant_type=client_
   credentials&client_id={}&client_secret={}'.format(APIKey, SecretKey)
3.     response = requests.get(host)
4.     return response.json()['access_token']
```

其中，需要将 API Key 和 Secret Key 更换为自己申请的项目的 API Key 和 Secret Key。

步骤二：利用 API 接口分析文本相似度。该功能的技术文档见 https://cloud.baidu.com/doc/NLP/s/ek6z52frp。文档中说明该功能每次仅能分析两个短文本的相似度。该部分涉及网站请求的知识，这里直接列出实现代码。针对两个短文本 text1 和 text2 分析其文本相似度的代码如下。函数最终返回两个文本的相似度分数。

```
1. def sim(text1, text2):
2.     request_url = "https://aip.baidubce.com/rpc/2.0/nlp/v2/simnet"
3.     params = {"text_1":text1, 'text_2':text2}
4.     params = json.dumps(params).encode('gbk')
5.     request_url = request_url +"? access_token=" +access_token
6.     headers = {'content-type': 'application/json'}
7.     response = requests.post(request_url, data=params, headers=headers)
8.     return response.json()['score']
```

步骤三：分析标题相似度并存储数据。由于每次仅能分析两个短文本的相似度，因此需要对文本进行二次循环，从而分析任意两个短文本的相似度。由于百度智能云限制该功能的申请频率为 2 秒，因此限制两次请求中间间隔 2.2 秒，否则会返回错误码。

```python
1. result = pd.DataFrame()
2. for i in range(len(text)):
3.     for j in range(i,len(text)):
4.         score = sim(text[i],text[j])
5.         result.loc[i,j] = score
6.         print(score)
7.         sleep(2.2)
8.
9. result.columns, result.index = info['company'][:10],info['company'][:10]
10. result.to_excel(r'文本分析3- 相似度分析\百度智能云相似度分析结果.xlsx')
```

得到的结果如图 8-34 所示。

company	药明康德	万华化学	浙江鼎力	闻泰科技	药明康德	隆平高科	先惠技术	锦浪科技	华峰测控	博腾股份
药明康德	1	0.29	0.2	0.04	0.44	0.37	0.19	0.36	0	0.23
万华化学		1	0.29	0.24	0.19	0.18	0.18	0.38	0.17	0.43
浙江鼎力			1	0.11	0.14	0.18	0.07	0.24	0.23	0.35
闻泰科技				1	0.09	0.1	0	0.13	0	0.02
药明康德					1	0.15	0.05	0.42	0.07	0.55
隆平高科						1	0	0.22	0.06	0
先惠技术							1	0.29	0.21	0.32
锦浪科技								1	0.25	0.62
华峰测控									1	0.27
博腾股份										1

图 8-34 百度智能云相似度分析结果

该功能的完整代码如下。

```python
1. import os,json,random
2. from time import sleep
3. import requests
4. import pandas as pd
5.
6. APIKey = '***Your API Key***'          #AI studio 中开设项目的 API Key
7. SecretKey = '***Your Secret Key***'     #AI studio 中开设项目的 Secret Key
8.
9.
10. def sim(text1,text2):
11.     request_url = "https://aip.baidubce.com/rpc/2.0/nlp/v2/simnet"
12.     params = {"text_1":text1,'text_2':text2}
13.     params = json.dumps(params).encode('gbk')
14.     request_url = request_url +"? access_token=" +access_token
```

```
15.     headers = {'content- type': 'application/json'}
16.     response = requests. post (request_url, data=params, headers=headers)
17.     return response. json () ['score']
18.
19. def get_token():
20.     host = 'https://aip. baidubce. com/oauth/2. 0/token? grant_type=client_
        credentials&client_id={}&client_secret={}'. format (APIKey, SecretKey)
21.     response = requests. get (host)
22.     return response. json () ['access_token']
23.
24. if __name__ == "__main__":
25.     global access_token, result
26.     access_token = get_token()
27.
28.     #读取文本
29.     #将工作目录定位到文件存放的文件夹
30.     os. chdir(r'D:\案例代码')
31.     #读取研报文本所在的表格
32.     info = pd. read_excel(r"训练文本\公司研报样例. xlsx")
33.     text = list(info['title'])[:10]     #将文本所在列转换为列表
34.
35.     result = pd. DataFrame()
36.     for i in range(len(text)):
37.         for j in range(i, len(text)):
38.             score = sim(text[i], text[j])
39.             result. loc[i, j] = score
40.             print(score)
41.             sleep(2. 2)
42.
43.     result. columns, result. index = info['company'][:10], info['company'][:10]
44.     result. to_excel(r'文本分析 3- 相似度分析\百度智能云相似度分析结果. xlsx')
```

案例实现 2：基于 LDA 算法构建关注度指数

对于无监督学习的实现，其数据集不需要有完成分类的标签，机器学习算法根据数据本身的特征进行学习并完成分类。与监督学习相比，从应用层面来看，无监督学习各个方法之间的差异较大，需要根据每个方法分别处理数据并进行分析，而监督学习则只需将数据集整理一次，其余模型则可以直接使用该数据集。由于各个无监督学习方法的实现具有差别性，本节着重介绍无监督学习中应用较广的 LDA 主题分类器。

（一）数据采集

本节参考王靖一和黄益平（2018）的研究，利用新闻网站文本构建 2013 年 1 月至 2017 年 9 月的金融科技情绪指数。图 8 - 35 是王靖一和黄益平（2018）的研究思路，其构建关注度指数的方法十分全面且具有借鉴意义，但由于本节主要聚焦于无监督学习 LDA 主题分类器的实现，所以我们采用清华大学自然语言处理实验室用来做中文文本分类实验的数据集（THUC News），其内容也是新闻方面的，作为 LDA 主题分类器的基础数据集。[①] 该数据集相当于完成了图 8 - 35 数据准备部分的步骤，我们只需要在此基础上对其进行主题分类即可。

（二）LDA 主题分类器原理

在机器学习领域，LDA 是两个常用模型的简称：线性判别分析（Linear Discriminant Analysis）和隐含狄利克雷分布（Latent Dirichlet Allocation）。本书聚焦隐含狄利克雷分布。LDA 在主题模型中占据非常重要的地位，常用来实现文本分类。要想明白 LDA 的工作原理，首先要厘清 LDA 框架下词与主题、主题与文章的逻辑关系，二者的内在逻辑十分相似。

首先看一下词与主题的逻辑关系。一个词不能代表一种主题，但同一个词在不同的主题背景下出现的概率是不同的，因此 LDA 认为可以用词汇的概率分布来反映主题。下面以一个例子来说明。假设有词库｛科比，篮球，足球，迈克尔杰克逊，泰勒斯威夫特，阿黛尔｝，以及两个主题｛体育，音乐｝，则 LDA 认为体育这个主题就是：｛科比：0.3，篮球：0.3，足球：0.3，迈克尔杰克逊：0.03，泰勒斯威夫特：0.03，阿黛尔：0.04｝，其中数字代表某个词的出现概率；音乐这个主题就是：｛科比：0.03，篮球：0.03，足球：0.04，迈克尔杰克逊：0.3，泰勒斯威夫特：0.3，阿黛尔：0.3｝。

然后来看一下主题与文章的逻辑关系。LDA 认为，文章和主题之间并不一定是一一对应的，即同一个主题在不同的文章中出现的比例（概率）是不同的。下面以一个例子来说明。假设现在有两篇文章：《体育快讯》《娱乐周报》；有三个主题：体育，娱乐，废话；那么《体育快讯》是这样的：［废话，体育，体育，体育，体育，…，娱乐，娱乐］，而《娱乐周报》是这样的：［废话，废话，娱乐，娱乐，娱乐，…，娱乐，体育］。所以一篇文章的内容可以通过不同主题的比例概括得出。

在训练 LDA 模型时，模型根据完成分词的文本生成所需数量的主题（主题数量由使用者定义），然后计算各个主题在文章中出现的概率，概率高于一定值（自行设定）的主题即为文章包含的主题。

---

① 获取地址为 http://thuctc.thunlp.org/#%E8%8E%B7%E5%8F%96%E9%93%BE%E6%8E%A5。

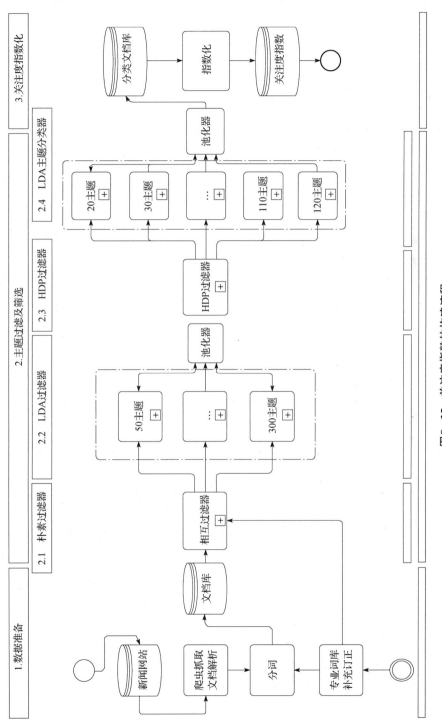

图8-35　关注度指数的构建流程

（三）模型构建

LDA 主题分类模型的使用包括文本预处理、特征词筛选和 LDA 主题分类模型训练三个步骤。

1. 文本预处理

LDA 主题分类模型是基于文本内的词频来进行分析的。根据本章第一节的讲解内容，中文无法以空格划分单词，有时中文由几个汉字表示一个完整的意思，因此需要使用相应的分词技术。该技术可以通过 Python 的第三方库实现，中文一般使用 jieba 库，并且借助 os 库，我们可以更方便地将一个文件夹中的文档进行批量处理。

```
1. import os
2. import jieba
3.
4. os.chdir(r'D:\案例代码')
5.
6. #%%加载停用词
7. stopwords = open(r"停用词\合并停用词表.txt").read().splitlines()
8.
9. #%%分词并删除停用词
10. import re
11.
12. #对文件夹下所有文本文件进行分词和停用词处理
13. #documents = os.listdir('训练文本\THUCNews')
14. documents = os.listdir('中文文本数据集\THUCNews\财经')
15. corpus = []
16. for doc in documents:
17.     result = ''
18.     text = open('中文文本数据集\THUCNews\财经\\'+doc,encoding='utf-8').read()
19.     text_cut = jieba.cut(text)     #分词
20.     for i in text_cut:    #删除停用词、长度为1、全为数字或英文字母的分词
21.         if len(i) > 1 and re.search("[\u4e00-\u9fa5]+", i) and i not in stopwords:
22.             result += i+' '
23.     corpus.append(result)
```

得到全部文章的分词列表如图 8-36 所示。

2. 特征词筛选

LDA 主题分类器是基于文本中的词频进行分析的，所以我们需要统计出已经完成分词的文本中每个词组出现的频次。

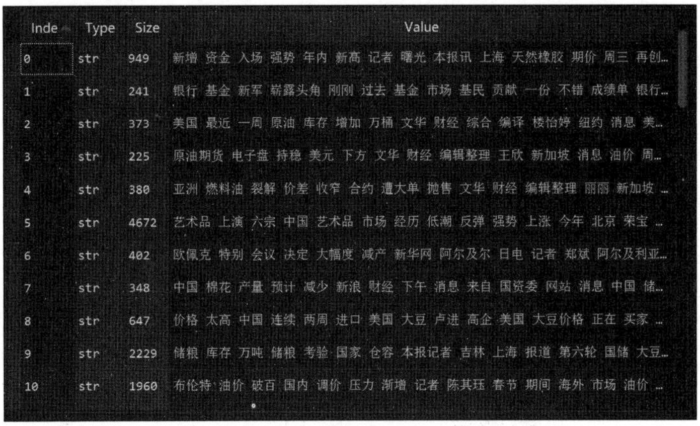

Inde	Type	Size	Value
0	str	949	新增 资金 入场 强势 年内 新高 记者 曙光 本报讯 上海 天然橡胶 期价 周三 再创...
1	str	241	银行 基金 新军 崭露头角 刚刚 过去 基金 市场 基民 贡献 一份 不错 成绩单 银行...
2	str	373	美国 最近 一周 原油 库存 增加 万桶 文华 财经 综合 编译 楼怡婷 纽约 消息 美...
3	str	225	原油期货 电子盘 持稳 美元 下方 文华 财经 编辑整理 王欣 新加坡 消息 油价 周...
4	str	380	亚洲 燃料油 裂解 价差 收窄 合约 遭大单 抛售 文华 财经 编辑整理 丽丽 新加坡 ...
5	str	4672	艺术品 上演 六宗 中国 艺术品 市场 经历 低潮 反弹 强势 上涨 今年 北京 荣宝 ...
6	str	402	欧佩克 特别 会议 决定 大幅度 减产 新华网 阿尔及尔 日电 记者 郑斌 阿尔及利亚...
7	str	348	中国 棉花 产量 预计 减少 新浪 财经 下午 消息 来自 国资委 网站 消息 中国 储...
8	str	647	价格 太高 中国 连续 两周 进口 美国 大豆 卢进 高企 美国 大豆价格 正在 买家 ...
9	str	2229	储粮 库存 万吨 储粮 考验 国家 仓容 本报记者 吉林 上海 报道 第六轮 国储 大豆...
10	str	1960	布伦特 油价 破百 国内 调价 压力 渐增 记者 陈其珏 春节 期间 海外 市场 油价 ...

图 8-36　分词列表

```
1. #%%  得到主题词
2. from sklearn.feature_extraction.text import CountVectorizer
3.
4. cntVector = CountVectorizer(stop_words=stpwrdlst)
5. cntTf = cntVector.fit_transform(corpus)
```

CountVectorizer 属于常见的特征数值计算类，是一个文本特征提取方法。对于每一个训练文本，它只考虑每种词汇在该训练文本中出现的频率。CountVectorizer 会将文本中的词语转换为词频矩阵，它通过 fit _ transform 函数将文本中的词语转换为词频矩阵，矩阵元素 a[i] [j] 表示 j 词在第 i 个文本下的词频，即各个词语出现的次数。通过 get _ feature _ names() 可看到所有文本的关键字，通过 toarray() 可看到词频矩阵的结果。CountVectorizer 函数在进行中文文本分析时，需要自行设定停用词表，默认的停用词表为英语词表，其他参数使用默认选项即可。

通过以下代码可以查看模型的主题词袋规模。

```
1. #得到主题词
2. vocs=cntVector.get_feature_names()
3. print('主题词袋:',len(vocs))
```

3. LDA 主题分类模型训练

```
1. #%%  训练 LDA 主题分类模型
2. from sklearn.decomposition import LatentDirichletAllocation
3.
4. lda = LatentDirichletAllocation(n_components=5, max_iter=5,random state=0)
5. docres = lda.fit_transform(cntTf)
```

LatentDirichletAllocation 函数中的 n_components 和 learning_method 是较为重要的参数。n_components 是需要划分的主题数，根据研究需要区分主题的细致程度设置；learning_method 可选 online 或 batch，online 在 batch 的基础上引入了分步训练，将训练样本分批，逐步一批批的用样本更新主题词分布。当样本量较少的时候建议选择 batch，当样本量较多时，建议选择 online。

fit_transform 函数将预处理后的文本 cntTf 输入定义好的 LDA 主题分类模型中进行训练，并将训练结果储存在 docres 中。

```
1. print (docres)              #输出文档的主题分布概率,反映主题与文章的关系
2. print ()
3. print (lda.components_)      #输出主题词分布,反映词与主题的关系
```

4. 确定文章主题

步骤一：得到各主题中出现频率最高的主题词。

```
1. #关键主题词
2. import pandas as pd
3.
4. tt_matrix = lda.components_
5. keywords = pd.DataFrame()
6. id = 0
7. for tt_m in tt_matrix:
8.     tt_dict = [(name,tt) for name,tt in zip(vocs,tt_m)]
9.     tt_dict = sorted(tt_dict,key=lambda x: x[1],reverse=True)
10.    #保留每个类别的前 5 个主题词
11.    tt_dict = tt_dict[:5]
12.    keywords['主题{}'.format(id)] = [i[0] for i in tt_dict]
13.    id += 1
```

5 个主题中出现频率最高的主题词如图 8 - 37 所示。

Index	主题0	主题1	主题2	主题3	主题4
0	处女座	美国	时尚	留学	睡眠
1	彩票	手机	瑞典	地产	慕思
2	鹏飞	中国	法国	网友	欧洲
3	于海	网游	学生	招商	中心
4	交警	网络	专家	市场	活动

图 8 - 37　5 个主题中出现频率最高的主题

步骤二：计算各个主题在文章中出现的概率，出现概率高的主题即为文章的主题。

```
1. import numpy as np
2.
3. #文档所属每个类别的概率
4. LDA_corpus = np.array(docres)
```

5. #print('类别所属概率:\n',LDA_corpus)

6. #每篇文章中每个特征词的所属概率矩阵:list 长度等于分类数量

7. #print('主题词所属矩阵:\n',lda.components_)

8. #对比特征词所属概率的大小,确定文档所属类别

9. LDA_corpus_type = np.argmax(LDA_corpus,axis=1) #返回沿轴 axis 最大值的索引, axis=1 代表行;最大索引即表示最可能表示的数字是多少

10. subject = pd.DataFrame({'document':documents,'type':LDA_corpus_type})

由此，我们便得到了如图 8-38 所示的文档的主题结果。

index	document	type
0	0.txt	4
1	1.txt	2
2	131604.txt	3
3	131605.txt	4
4	131606.txt	0
5	131607.txt	4
6	131608.txt	4
7	2.txt	3
8	224236.txt	2

图 8-38　文档的主题结果

练习题

LDA 算法就是将要处理的多个文档依次进行文本预处理、特征词筛选两步操作后，利用 LDA 得到多个文档的主题分布和多个主题的词语分布。我们将下面三段文档语料分别放在 A. txt，B. txt 和 C. txt 中，读者可以自行练习使用 LDA 算法确定语料主题。

沙瑞金赞叹易学习的胸怀，是金山的百姓有福，可是这件事对李达康的触动很大。易学习又回忆起他们三人分开的前一晚，大家一起喝酒话别，易学习被降职到道口县当县长，王大路下海经商，李达康连连赔礼道歉，觉得对不起大家，他最对不起的是王大路，就和易学习一起给王大路凑了 5 万块钱，王大路自己东挪西撮了 5 万块钱，开始下海经商。没想到后来王大路的生意竟然做得风生水起。沙瑞金觉得他们三人在困难时期还能以沫相濡，很不容易。

沙瑞金向毛娅打听他们家在京州的别墅，毛娅笑着说，王大路事业有成之后，要给欧阳菁和她公司的股权，她们没有要，王大路就在京州帝豪园买了三套别墅，可是李达康和易学习都不要，这些房子都在王大路的名下，欧阳菁好像去住过，毛娅不想去，她觉得房子太大很浪费，自己家住得就很踏实。

永和三年（347 年）三月，桓温兵至彭模（今四川彭山东南），留下参军周楚、孙

盛看守辎重，自己亲率步兵直攻成都。同月，成汉将领李福袭击彭模，结果被孙盛等人击退；而桓温三战三胜，一直逼近成都。

案例实现3：基于朴素贝叶斯分类器的文本情感分析

本案例将有情感倾向标记的文本分为训练集和测试集，在训练集上对朴素贝叶斯分类器进行监督学习训练，在测试集上评估得到的模型的训练效果。

（一）文本分析的一般方法

（1）基于规则的方法（即词典方法）：使用"映射"算法，计算机程序读取文本，并根据预定义的规则（如词典）将单词（或短语）分类为不同的类别。

（2）统计方法：依靠统计技术推断文本内容，并基于统计推断对文档进行分类，通过计算某些关键字的频率与文档类型之间的统计相关性，从而得出推论。

（3）优缺点比较：

● 目前还没有成熟的应用于会计领域的词典，通用的词典对于文本含义的识别存在偏颇。

● 基于词典的方法没有考虑句子的上下文语境。

● 基于词典的方法通常忽略了研究人员可能对文本已有的先验知识。

● 统计方法通常提供了一种利用训练数据验证分类效率的自然方法。训练数据是人工编码的，因此可以用来测试算法的有效性。

（二）朴素贝叶斯分类器在文本分析中的应用原理

第一步：对文本进行预处理。包括文本分词、去除停用词和文本向量化，这三个步骤使用的方法与前面相同。

第二步：求出文本属于某个情感倾向的先验概率。从所有可能的类别中把句子分类到一个特定的类别。朴素贝叶斯分类器通过解决以下问题来选择最佳类别：

$$cat* = \underset{cat \in cats}{\mathrm{argmax}} \frac{P(words|cat)P(cat)}{P(words)} = \underset{cat \in cats}{\mathrm{argmax}} P(words|cat)P(cat)$$

假设单词出现在句子中的概率是独立的，则

$$cat* = \underset{cat \in cats}{\mathrm{argmax}} P(w_1|cat) \times P(w_2|cat) \times \cdots \times P(w_n|cat) \times P(cat)$$

第三步：求出某条文本中出现某个词语的后验概率。算法假定文档中每个单词出现的概率不受文档中每个单词存在或不存在的影响。独立假设简化了计算，避免了"维数灾难"。

（三）朴素贝叶斯分类器实现

本案例使用公开中文自然语言处理数据集（Chinese NLP Corpus），该数据集包含 7 000 多条文本和对应的情感值标签，部分数据如图 8－39 所示。

label	review
1	距离川沙公路较近,但是公交指示不对,如果是"蔡陆线"的话,
1	商务大床房，房间很大，床有2m宽，整体感觉经济实惠不
1	早餐太差，无论去多少人，那边也不加食品的。酒店应该
1	宾馆在小街道上，不大好找，但还好北京热心同胞很多~宾
1	CBD中心,周围没什么店铺,说5星有点勉强.不知道为什么卫
1	总的来说，这样的酒店配这样的价格还算可以，希望他赶
1	价格比比较不错的酒店。这次免费升级了，感谢前台服务
1	不错，在同等档次酒店中应该是值得推荐的！
1	入住丽晶，感觉很好。因为是新酒店，的确有淡淡的油漆
1	1。酒店比较新，装潢和设施还不错，只是房间有些油漆味
1	我住的是特色标间，所谓特色，是有些类似家的感觉。寝
1	早餐很丰富，服务也热情，早上很早退房时，前台值班人员
1	这次是308的行政大床，总体感觉非常不错，就是价格稍许
1	好像跟洪崖洞酒店一个公司的，所以房间的风格比较接近，
1	前台楼层服务员都不错，房间安静整洁，交通方便，吃的
1	这个宾馆总体感觉还不错，无论从价格、出行、购物，还
1	价格偏高,服务一般。窗外风景ok。早餐还不错。
1	酒店正在申定五星中，不过目前看来四星都有点勉强。大
1	闹中取静的一个地方，在窗前能看到不错的风景。酒店价
1	价格偏高,好象连云港这地方的酒店都偏贵。早饭不好。房间还
1	知道网线接口在哪儿吗？比高家庄的地道口还隐蔽。在床

图 8－39　部分数据

步骤一：文本预处理。

将表格读取到 Python 中，并对 review 列进行分词和停用词处理，将得到的结果存储在 info 表格中的 refine 列。值得注意的是，该数据集存在一行文本空缺，在进行处理前需要先将空值所在行删除，并将 DataFrame 的列表索引（index 值）重新排序。该步骤与文本相似度处理案例类似，读者可参考前述案例。

```
#读取文本
#将工作目录定位到文件存放的文件夹
os.chdir(r'D:\案例代码')
#读取年报文本所在的表格
info = pd.read_csv(r"训练文本\ChineseNLPCorpus-master\ChnSentiCorp_htl_all.csv")
#读取停用词列表
stopwords = open(r"停用词\哈工大停用词表.txt",encoding='utf-8').read().splitlines()

#步骤一:文本预处理
#设置列表存储文本预处理后的文本
info.dropna(inplace=True)    #将空值所在行删除
info.reset_index(inplace=True,drop=True)    #将索引重新排序

for i in range(len(info['review'])):
    line = info['review'][i]
```

```
16.      #1.1 利用 jieba 分词
17.      words = jieba.cut(line.strip())
18.      #1.2 去除停用词
19.      zhPattern = re.compile(u'[\u4e00-\u9fa5]+')
20.      refine = ''
21.      for word in words:
22.          if word not in stopwords and zhPattern.search(word):
23.              refine += word + ' '
24.      info.loc[i, 'refine'] = refine
```

得到的结果如图 8-40 所示。

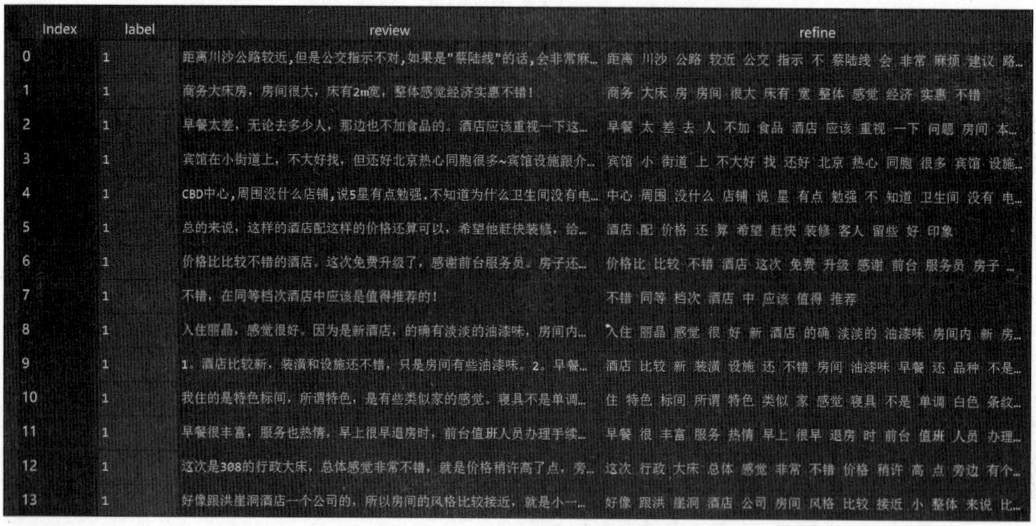

图 8-40   文本预处理结果

步骤二：文本向量化。将预处理后的文本进行向量化处理，本案例使用 TF-IDF 方法对预处理后的文本进行向量化处理。该步骤与文本相似度处理案例类似，读者可参考前述案例。

```
1. #步骤二:文本向量化
2. tfidf_model = TfidfVectorizer(use_idf=True).fit(list(info['refine']))
3. vector = tfidf_model.transform(list(info['refine']))
```

步骤三：划分训练集和测试集。在进行监督学习时，为防止发生过拟合，需要在训练集上训练模型，然后在测试集上测试模型的表现。因此需要对数据集进行划分，实现代码如下。

```
1. #步骤三:划分训练集和测试集
2. X_train, X_test, y_train, y_test = train_test_split(vector, info['label'],
   test_size=0.4, random_state=0, stratify=info['label'])
```

步骤四：利用朴素贝叶斯分类器判断情感倾向。sklearn 对模型训练流程有较完善的封装，下面的代码能够实现在训练集上训练模型和在测试集中测试模型。

```
1. #步骤四:利用朴素贝叶斯分类器判断情感倾向
2. #训练模型
3. model = ComplementNB()
4. model.fit(X_train, y_train)
5. #预测
6. y_pred = model.predict(X_test)
7. print('模型测试集准确率为：', accuracy_score(y_test, y_pred))
```

得到模型在测试集上的准确率为 81.77%。

案例实现 4：基于 BERT 算法的文本情感分析

从广义上讲，文本分析技术属于自然语言处理领域，大量计算机科学家在该领域耕耘，使机器能理解人类的语言，并陆续产生了很多具有代表性的深度学习算法，如 Word Embedding、ELMO、GPT、BERT 等。BERT（Jacob Devlin et al.，2019）是由谷歌公司开发的一个自然语言处理的算法，它基于 BookCorpus 和维基百科（Wikipedia）共 33 亿词的英文篇章语料，并通过大量计算资源训练而成；其在机器阅读理解顶级水平测试 SQuAD1.1 中创造了惊人的成绩，在两个衡量指标上全面超越人类，还在 11 种不同 NLP 测试中取得最佳成绩（见图 8 - 41）。

SQuAD1.1 Leaderboard			
Rank	**Model**	**EM**	**F1**
	Human Performance *Stanford University* (Rajpurkar et al. '16)	82.304	91.221
1 Oct 05, 2018	BERT (ensemble) *Google AI Language* https://arxiv.org/abs/1810.04805	87.433	93.160
2 Sep 09, 2018	nlnet (ensemble) *Microsoft Research Asia*	85.356	91.202
3 Jul 11, 2018	QANet (ensemble) *Google Brain & CMU*	84.454	90.490

图 8 - 41　SQuAD1.1 排行榜

Zhuang Liu et al.（2020）首次将 BERT 应用于金融领域，提出了 FinBERT（BERT for Financial Text Mining），FinBERT 首先在庞大的金融数据集上进行预训练，然后对特定的金融数据集进行微调，其在 2 个数据集上都取得了很好的效果，在分类任务上的准确率也比当前最好的模型提升了 14 个百分点。

本案例将阐述 BERT 和 FinBERT 算法的原理，并介绍 BERT 模型的使用方法。

（一）BERT 算法原理

自然语言处理算法可以简单理解为：先将文本按一定规则编码，再通过一个训练好的模型对文本编码进行处理，最终通过一个解码器将处理后的文本编码与相应任务对应起来。BERT 算法的使用可以拆分为三部分：输入表示、模型预训练、模型微调，其中 BERT 算法的创新点主要体现在模型预训练任务的设计上，其他两个部分更多的是基于预训练任务做出调整。BERT 的整体结构如图 8－42 所示，下面将对这三个部分进行详细介绍，相信读者在阅读完这部分的介绍后会对 BERT 的整体结构有更深刻的理解。

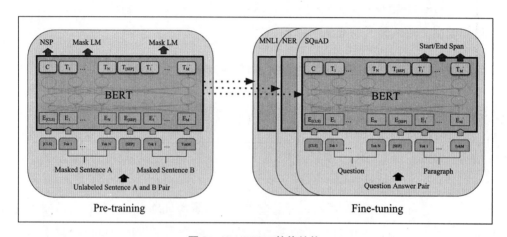

图 8－42　BERT 整体结构

1. 输入表示（Input Representation）

在将大量文本输入机器进行训练前，需要对文本进行预处理，使模型能够识别并分析文本语义特征。如图 8－43 所示，BERT 的输入表示包含了文本的分词（Token Embedding）、分句位置（Segement Embedding；Segment 可以是一个句子或者若干个句子，或者固定长度的一个序列）和分词位置（Position Embedding）信息。分词嵌入除了包含词汇信息外，还包含句子分隔符信息。

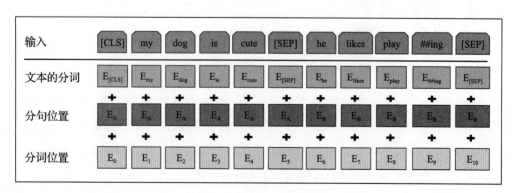

图 8－43　BERT 输入表示

- ［SEP］：表示分隔开两个句子；
- ［CLS］：用于分类场景，该位置可表示整句话的语义。

2. 模型预训练（Pre-training）

BERT 算法是一个基于深度神经网络的预训练模型。预训练模型是指基于原始任务预先训练一个初始模型，然后再根据目标任务的特性对初始模型进行微调，从而完成相关任务。如果目标任务的训练集合数据量较少，而深度学习算法网络结构层数很深，有几百万甚至上千万的参数需要训练，较少的训练数据就很难得到较好的训练结果；但是如果其中大量参数已经根据较大的训练集合（比如 BookCorpus 和维基百科语料库）预先训练好，再根据目标任务有限的数据微调模型参数，使模型更适合解决目标任务，即可大大降低模型的使用门槛。

预训练的思路可行的原因是，在深度神经网络中，不同层级的神经元学习不同类型的数据特征，越底层的神经元（越接近原始数据的神经元），学习到的特征越基础，与目标任务的相关性越低。下面用图像处理领域常用的卷积神经网络（CNN）更直观地说明：对于人脸识别任务，如图 8-44 所示，最底层的神经元学到的是线段等特征，第二层学到的是人脸五官的轮廓，第三层学到的是人脸的轮廓，这三步形成了特征的层级结构。底层的特征是图像都会具备的基础特征，如边、角、线、弧等；越上层抽取的特征与目标任务越相关。由此可以发现，底层的网络参数抽取的特征与具体任务相关性越低，越具备任务的通用性，所以这是预训练好的参数可以初始化新任务参数的原因，而高层特征与任务关联较大，可以通过目标任务的数据对其进行微调，从而提取出需要的特征。

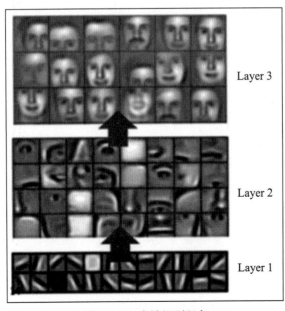

图 8-44 人脸识别任务

研究不使用传统的从左到右或从右到左的语言模型来预训练 BERT；相反，它使用两个新的无监督预测任务对 BERT 进行预训练（如图 8 - 45 所示）：蒙面语言模型（Masked LM，MLM）和下一个句子预测（Next Sentence Prediction，NSP）使 BERT 可以更好地理解上下文含义，成为深度双向表示模型。

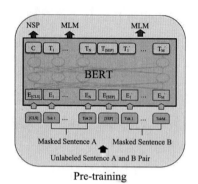

图 8 - 45　预训练 BERT

（1）蒙面语言模型。

学生在做完形填空题目时，需要充分理解文章上下文语境，并对于空格内容做出推断。受完形填空的启发，研究者随机屏蔽（masking）部分输入分词（token）来预测那些被屏蔽的分词（token）。具体方法如下：

● 对于 80% 的文本：使用［MASK］标记替换单词，例如 My dog is hairy→My dog is ［MASK］；

● 对于 10% 的文本：用一个随机的单词替换该单词，例如 My dog is hairy→My dog is apple；

● 对于 10% 的文本：保持单词不变，例如 My dog is hairy→My dog is hairy。

该步骤可以使模型依据句子中剩余的单词来预测掩码单词，BERT 以此得到一个双向模型，能够同时考虑文本的上下文语境。

（2）下一个句子预测。

为了使模型理解句间关系，Devlin et al.（2019）向模型输入句子对 A-B，判断 B 是否为 A 的下一句。具体方法如下：

● 对于 50% 的文本：B 是 A 的下文，标记为"IsNext"；

● 对于 50% 的文本：B 不是 A 的下文，标记为"NotNext"。

标记的例子如图 8 - 46 所示。

（3）预训练数据。

BERT 在一般的文本语料库维基百科（25 亿词）和 BookCorpus（8 亿词）中进行

```
Input = [CLS] the man went to [MASK] store [SEP]
          he bought a gallon [MASK] milk [SEP]
Label = IsNext


Input = [CLS] the man [MASK] to the store [SEP]
          penguin [MASK] are flight ##less birds [SEP]
Label = NotNext
```

图 8 - 46　下一个句子预测例子

预训练，其中维基百科排除了表格、标题的文字，只使用文本部分的文字。为了提取长连续序列，BERT 使用文档级语料库而不是打乱的句子级语料库。

3. 模型微调（Fine-tuning）

对编码器输出的结果进行微调，使编码器能更好地适应其所要完成的任务。由于 BERT 的功能十分强大，只需进行小幅度调整即可符合任务要求。预训练通常使用手工标注的、较少的训练样本来调整这些参数以适应目标任务（如文本情感分析）。

与训练前相比，微调成本相对较低。从完全相同的预训练模型开始，研究中完成的全部 11 项 NLP 任务，可以在单个云 TPU 运行不超过 1 小时完成，或在 GPU 上运行数小时完成。

（二）FinBERT 的开发

由于 BERT 使用一般文本语料库维基百科和 BookCorpus 进行预训练，其更适用于通用语言分析，对于金融文本的分析能力有进一步提升的空间。Liu et al.（2020）开发出更加聚焦的算法模型 FinBERT。FinBERT 与 BERT 的思想一脉相承，通过使用金融领域的文本和其他预训练任务使模型聚焦于金融领域。FinBERT 的整体结构如图 8 - 47 所示，本节将采取与前文同样的结构对模型进行介绍。

1. 输入表示（Input Representation）

FinBERT 的输入表示由四个部分构成：分词（Token Embedding）、分句位置（Segement Embedding）、分词位置（Position Embedding）和任务信息（Task Embedding）。与 BERT 相比，FinBERT 多出最后一部分任务信息。研究基于不同的任务使用不同的任务 ID，每个任务 ID 分配一个预训练任务。FinBERT 共有 6 个预训练任务，任务 ID 的范围是 0～5。

2. 模型预训练（Pre-training）

研究构建了 6 个无监督的预训练任务，从训练语料库中学习不同级别的知识。6 个训练任务可以分为以下两类：

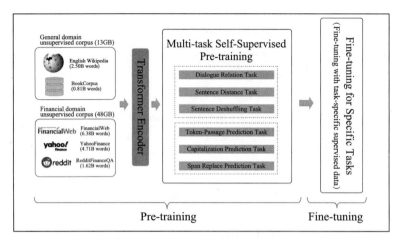

图 8 - 47　FinBERT 整体结构

● 基础（Basic-level）预训练任务：范围替换预测（Span Replace Prediction），大写单词预测（Capitalization Prediction），单词-段落预测（Token-Passage Prediction）；

● 高级（High-level）预训练任务：句子位置复原（Sentence Deshuffling），句子距离（Sentence Distance），对话关系（Dialogue Relation）。

下面将详细介绍这 6 个无监督预训练任务。

（1）范围替换预测。

研究随机丢弃占比 15％的输入文本，使用一个［mask］对连续的多个 tokens 进行遮掩（即一个 span 内的所有 tokens），使用边界处的 tokens 来预测被遮盖的文本。该想法来源于 2019 年华盛顿大学、普林斯顿大学、艾伦人工智能研究院及脸书人工智能学者提出的 SpanBERT 模型。与 BERT 不同的是，BERT 是对随机的选择若干（相对独立的、不连续的）tokens 进行遮掩。

（2）大写单词预测。

在金融领域，大写词在句子中通常具有特定的语义价值，如股票名称、债券类型、金融机构名称等。与 ERNIE2 模型相似，该研究使用一个大写单词预测目标，即预测某单词或词组是否应为大写，实现金融命名实体识别。

（3）单词-段落预测。

研究者考虑到在财经新闻中多次出现的词汇通常与文章主题相关。与 ERNIE2 模型相似，该模型通过识别文档中常出现的词，让模型更好地捕捉文档中的关键词，从而使 FinBERT 识别出文章的主题。

（4）句子位置复原。

为使模型学习句子间的关系，研究者将给定的段落分割成 1～n 个片段并随机打乱。与 ERNIE2 和 T5 模型相似，其任务就是将被打乱顺序的序列恢复成正确顺序的序列。

（5）句子距离。

类似于 BERT 的下一个句子预测预训练任务，FinBERT 将 A-B 句子对的关系分为三类：

- 00 表示的是两个句子在同一个段落中并且相邻；
- 01 表示两个句子在一个段落中，但是不相邻；
- 11 表示两个句子不在一个段落中。

（6）对话关系。

问答数据对于语义关系很重要，因为相同答案对应的问题语义通常非常相似。与 ERNIE 模型相似，该研究构建了问答关系预训练任务，使模型能够学习内隐关系和语义相关性。

该研究采用的预训练语料库包括两个部分：

- 通用语境文本：与训练 BERT 的语料库相同，是英语维基百科（English Wikipedia）和 BookCorpus 上的文本，共 13GB，33.1 亿词。
- 金融语境文本：通过爬虫获得，分别是来自 FinancialWeb（共 24GB，63.8 亿词）、雅虎财经（YahooFinance）（共 19GB，47.1 亿词）、RedditFinanceQA（共 5GB，16.2 亿词）。

详细信息如图 8-48 所示。

Corpus	size(G)	# of words(B)	Domain
English Wikipedia	9	2.50	General
BookCorpus	4	0.81	General
FinancialWeb	24	6.38	Financial
YahooFinance	19	4.71	Financial
RedditFinanceQA	5	1.62	Financial

Notes: We pre-train FinBERT on five English corpora, totaling over 61GB text (16.02 billion words): general domain corpora (Wikipedia + BookCorpus, totaling 3.31 billion words) and financial domain corpora (FinancialWeb + YahooFinance + RedditFinanceQA, totaling 12.71 billion words).

图 8-48　预训练语料库详细信息

预训练设备：使用谷歌的代码并与 BERT 模型相同的配置对 FinBERT 进行预训练；使用 Nvidia DGX-1 服务器和 4 个特斯拉 P100 GPU 和 128g GPU 内存；使用优步的分布式培训框架 Horovord 以实现多 GPU 训练。FinBERT 的预训练过程共需要两天时间。

3. 模型微调（Fine-tuning）

该部分与 BERT 模型较为相似，不再赘述。

通过比较可以看出，FinBERT 综合了 BERT、ERNIE、ERNIE2、T5 等模型的思想，基于通用文本和金融文本得到针对金融领域的深度学习模型。遗憾的是，该研究并没有公开基础数据和训练代码，这导致我们较难对模型进行深入探索。由于想法类似且 BERT 已经公开基础数据、实验代码和预训练模型参数，下面我们将以 BERT 模型为例实现其功能。

（三）BERT 算法的实现

在 Python 的 PyTorch 库中有封装好的 BERT 函数，在使用时调用函数即可。BERT 的使用主要分为两大类：基于特征提取的方法和基于微调的方法。基于特征提取的方法是根据已经训练好的 BERT 模型，直接输出文本预测结果。该方法使用起来比较方便，不需要自己对模型进行训练，对硬件要求较低，但是这种方法解决问题的针对性较低。基于微调的方法是基于 BERT 的预训练模型，使用目标任务数据对模型进行调整，最终得到针对性较强的模型。由于 BERT 是深度学习，因此训练该模型对硬件有较高的要求。下面分别介绍这两种方法的实现路径。

1. 基于特征提取的方法

```
1. #基于特征提取
2. import numpy as np
3. import pandas as pd
4. from sklearn.model_selection import train_test_split
5. from sklearn.linear_model import LogisticRegression
6. from sklearn.model_selection import GridSearchCV
7. from sklearn.model_selection import cross_val_score
8. import torch
9. import transformers as tfs
10. import warnings
11.
12. warnings.filterwarnings('ignore')
```

（1）加载数据集。

本案例使用官方的数据集，可以直接在网上下载并训练；如果多次运行无法下载，也可以先手动下载文件（https://github.com/clairett/pytorch-sentiment-classification/raw/master/data/SST2/train.tsv）到本地后，再读取本地文件。

```
1. train_df = pd.read_csv('https://github.com/clairett/pytorch-sentiment-
   classification/raw/master/data/SST2/train.tsv',delimiter='\t',header=
```

```
   None)
2. #train_df.to_excel(r'D:\BERT\SST2_train.xlsx')
3. train_set = train_df[:3000]        #取其中的 3 000 条数据作为数据集
4. print("Train set shape:", train_set.shape)
5. train_set[1].value_counts()        #查看数据集中标签的分布
```

(2) 利用 BERT 进行特征提取。

这里并没有使用到 BERT 的微调,因为 BERT 并不参与后面的训练,仅仅进行特征提取操作。

```
1. model_class, tokenizer_class, pretrained_weights = (tfs.BertModel,
   tfs.BertTokenizer, 'bert-base-uncased')
2. tokenizer = tokenizer_class.from_pretrained(pretrained_weights)
3. model = model_class.from_pretrained(pretrained_weights)
4. #我们使用预训练好的"bert-base-uncased"模型参数进行处理,采用的模型是 Bert-
   Model,采用的分词器是 BertTokenizer
5. #由于我们的输入句子是英文句子,所以需要先分词;然后把单词映射成词汇表的索引,再
   提供给模型
6. #实际上 Bert 的分词操作,不是以传统的单词为单位的,而是以 wordpiece 为单位,这是
   比单词颗粒度更细的单位
7.
8. #add_special_tokens 表示在句子的首尾添加[CLS]和[END]符号
9. train_tokenized = train_set[0].apply((lambda x: tokenizer.encode(x, add_
   special_tokens=True)))
10.
11. #为了提升训练速度,我们需要把句子都处理成同一个长度,即常见的 pad 操作,我们在短
    的句子末尾添加一系列的[PAD]符号
12. train_max_len = 0
13. for i in train_tokenized.values:
14.     if len(i) > train_max_len:
15. train_max_len = len(i)
16.
17. train_padded = np.array([i + [0] * (train_max_len-len(i)) for i in train_
    tokenized.values])
18. print("train set shape:", train_padded.shape)
19.
20. #output:train set shape: (3000, 66)
21.
22. #对添加的[PAD]符号做出标识,使其区分于句子中的单词
23. train_attention_mask = np.where(train_padded != 0, 1, 0)
24.
```

```
25. #此时输入数据已经可以被BERT模型接收并处理了,我们直接进行特征的输出
26. train_input_ids = torch.tensor(train_padded).long()
27. train_attention_mask = torch.tensor(train_attention_mask).long()
28. with torch.no_grad():
29. train_last_hidden_states = model
    (train_input_ids,attention_mask=train_attention_mask)
```

（3）BERT模型的输出。

```
1. train_last_hidden_states[0].size()
2.
3. #output: torch.Size([3000,66,768])
4. #第一维是样本数量,第二维是序列长度,第三维是特征数量
5. #BERT对于每一个位置的输入,都会输出一个对应的特征向量
```

（4）切分数据成训练集和测试集。

```
1. train_features = train_last_hidden_states[0][:,0,:].numpy()
2. train_labels = train_set[1]
3. #使用[:,0,:]来提取序列第一个位置的输出向量,因为第一个位置是[CLS],比起其他位
   置,该向量应该更具有代表性,蕴含了整个句子的信息
4.
5. #利用sklearn库的方法来把数据集切分成训练集和测试集
6. train_features,test_features,train_labels,test_labels = train_test_split
   (train_features,train_labels)
```

（5）用逻辑回归进行训练实现文本情感分析。

由于 BERT 模型已经经过复杂的训练，因此对其结果进行简单的线性分类就能得到较好的结果，这里使用逻辑回归作为例子。

```
1. lr_clf = LogisticRegression()
2. lr_clf.fit(train_features,train_labels)
3. lr_clf.score(test_features,test_labels)
```

2. 基于微调的方法

基于微调的方法可以使用目标任务的数据对 BERT 参数进行调整，使模型对目标任务更具针对性。下面介绍基于微调方法的实现代码。

（1）建立模型。

```
1. from torch import nn
2. from transformers import AutoModelForMaskedLM
3.
4. #模型本体,包括BERT-BASE-CHINESE编码器,以及下游接入的一个简单的线性层
5. class BertChineseClassifier(nn.Module):
6.     def __init__(self):
```

```
7.        super(BertChineseClassifier,self).__init__()
8.        self.bert = AutoModelForMaskedLM.from_pretrained('bert-base-
   chinese',output_hidden_states=True)
9.        self.linear = nn.Linear(self.bert.config.vocab_size,2)
10.       self.softmax = nn.Softmax(dim=-1)
11.
12.   def forward(self,input_ids,attention_mask):
13.       bert_outputs = self.bert(input_ids,attention_mask=attention_mask)
14.       features = bert_outputs.logits[:,0,:]
15.       logits = self.linear(features)
16.       preds = self.softmax(logits)
17.       return preds
```

（2）定义训练和测试数据的函数。

```
1. import torch
2. from sklearn.metrics import accuracy_score,confusion_matrix
3.
4. #训练和测试用的函数
5. def train_loop(train_loader,model,loss_fn,optim,
6.     val_loader=None,log_interval=5,epoch_id=None):
7.     """一个训练循环(一个 EPOCH)
8.
9.     参数：
10.        train_loader: 训练集 Pytorch 数据加载器 (Dataloader)
11.        model: 模型
12.        loss_fn: 损失函数
13.        optim: 优化器
14.        val_loader: 验证集数据加载器
15.        log_interval: 用于把训练过程打印到终端的间隔
16.        epoch_id: 训练 epoch 的编号,用于显示历史记录
17.     返回值：
18.        一个元组 (训练集上准确率,训练集上损失,验证集上准确率,验证集上损失)
19.     """
20.
21.     step_loss = 0
22.     tot_train_ls,tot_train_acc = 0,0
23.
24.     #训练
25.     model.train()
26.     for batch_id,batch in enumerate(train_loader):
```

```
27.        optim.zero_grad()
28.        #把张量加载到对应的设备上（如 GPU）
29.        #在同构的意义下，第零阶张量（r = 0）为标量（Scalar），第一阶张量（r = 1）
      为向量（Vector），第二阶张量（r = 2）则成为矩阵（Matrix）
30.        device = next(model.parameters()).device
31.        input_ids = batch['input_ids'].to(device)
32.        attention_mask = batch['attention_mask'].to(device)
33.        labels = batch['labels'].to(device)
34.        #batch: input_ids,token_type_ids,attention_mask,labels
35.
36.        #前向传播
37.        preds = model(input_ids,attention_mask=attention_mask)
38.        loss = loss_fn(preds,labels)
39.        #反向传播，更新参数
40.        loss.backward()
41.        optim.step()
42.
43.        #计算该批次训练信息
44.        tot_train_ls += loss.item()
45.        tot_train_acc += accuracy_score(
46.            labels.cpu().flatten(),preds.argmax(axis=1).cpu().flatten())
47.
48.
49.        step_loss += loss.item()
50.        if log_interval and (batch_id+1) % log_interval == 0:
51.            s_epoch = f'Epoch {epoch_id:3} ' if epoch_id is not None else ''
52.            print('[{}Batch {:> 3}/{:3}] train_loss={:.4f}'.format(
53.                s_epoch,batch_id+1,len(train_loader),
54.                step_loss / log_interval
55.                ))
56.            step_loss = 0
57.
58.    #计算该轮次平均训练结果
59.    avg_train_ls = tot_train_ls / len(train_loader)
60.    avg_train_acc= tot_train_acc / len(train_loader)
61.
62.    #验证
63.    if val_loader:
64.        val_acc,val_ls,_ = test_loop
      (val_loader,model,loss_fn,log_interval=0)
```

```
65.          return avg_train_acc,avg_train_ls,val_acc,val_ls
66.      else:
67.          return avg_train_acc,avg_train_ls
68.
69.
70.
71. def test_loop(test_loader,model,loss_fn,log_interval=1):
72.     """测试循环
73.
74.     参数:
75.         test_loader: 测试集数据加载器
76.         model: 模型
77.         log_interval: 终端跟踪间隔
78.     返回值:
79.         三元组 (准确率,损失,混淆矩阵)
80.     """
81.
82.     tot_test_ls,tot_test_acc = 0,0
83.     all_preds,all_labels = [],[]
84.
85.     #模型评估
86.     model.eval()
87.     for batch_id,batch in enumerate(test_loader):
88.         with torch.no_grad():
89.             #推断
90.             device = next(model.parameters()).device
91.             input_ids = batch['input_ids'].to(device)
92.             attention_mask = batch['attention_mask'].to(device)
93.             labels = batch['labels'].to(device)
94.             preds = model(input_ids,attention_mask=attention_mask)
95.             #保存 batch 结果
96.             all_preds.append(preds.argmax(axis=1))
97.             all_labels.append(labels)
98.             #计算 batch 评估矩阵
99.             batch_acc = accuracy_score(
100.                 labels.cpu().flatten(),preds.argmax(dim=1).cpu().flatten())
101.             batch_ls = loss_fn(preds,labels).item()
102.             tot_test_acc += batch_acc
103.             tot_test_ls += batch_ls
```

```
104.              #登录终端
105.              if log_interval and (batch_id+1) % log_interval == 0:
106.                  print('[Batch {:> 3}/{:3}] batch_acc={:.4f} batch_ls={
                          :.6f}'.format(
107.                      batch_id+1,len(test_loader),batch_acc,batch_ls))
108.
109.      test_acc = tot_test_acc / len(test_loader)
110.      test_ls = tot_test_ls / len(test_loader)
111.      all_preds = torch.hstack(all_preds).cpu()
112.      all_labels = torch.hstack(all_labels).cpu()
113.      conf_mat = confusion_matrix(all_labels.cpu(),all_preds.cpu())
114.
115.      return test_acc,test_ls,conf_mat
```

（3）定义读取数据的函数。

```
1. import torch
2.
3. def load_data(dataset_path):
4.
5.      """用来加载已经预处理成规范格式的数据
6.      数据文件必须被预处理成 [情感标签],[文本] 的 CSV 文件形式
7.
8.      参数：
9.          dataset_path: 数据文件的路径
10.     返回值：
11.         一个包含两个列表的元组 (texts,labels)
12.         第一个列表中存放所有数据的文本字符串,第二个列表是对应的情感标签(整数)
13.     """
14.
15.     texts = []
16.     labels = []
17.     with open(dataset_path,'r',encoding='utf-8') as data_file:
18.         for data_line in data_file:
19.             lbl,txt = data_line.strip('\n').split(',',1)
20.             texts.append(txt)
21.             labels.append(int(lbl))
22.     return texts,labels
23.
24. #PyTorch 原生的数据集类
25. class ChnDataset(torch.utils.data.Dataset):
```

```
26.    def __init__(self,encodings,labels):
27.        self.encodings = encodings
28.        self.labels = labels
29.
30.    def __getitem__(self,idx):
31.        #item = {key : torch.tensor
    (val[idx]) for key,val in self.encodings.items()}
32.        item = {key : val[idx].clone().detach
    () for key,val in self.encodings.items()}
33.        item['labels'] = torch.tensor(self.labels[idx])
34.        return item
35.
36.    def __len__(self):
37.        return len(self.labels)
```

（4）训练模型并保存。

```
1. import torch
2. import numpy as np
3. from dataloader import load_data,ChnDataset
4. from sklearn.model_selection import train_test_split
5. from transformers import AutoTokenizer
6. from torch.utils.data import DataLoader
7. from model import BertChineseClassifier
8. from model import train_loop,test_loop
9. import os,sys
10.
11. #%%超参数
12. MAX_LEN = 360#512
13. BATCH_SIZ = 2#16
14. LR = 5e-6
15. NUM_EPOCH = 1#9
16.
17. #%%随机种子和运行设备
18. RANDOM_SEED = 2021
19. torch.manual_seed(RANDOM_SEED)
20. np.random.seed(RANDOM_SEED) #Sklearn uses numpy's random seed.
21. device = 'cuda' if torch.cuda.is_available() else 'cpu'
22. print('Use device:',device)
23.
24. #%%载入数据集
```

```
25. texts, labels = load_data('./ChnSentiCorp_htl_all.csv')
26. #数据集分割，直接给定训练集、验证集和测试集的比例
27. train_ratio, val_ratio, test_ratio = 0.6, 0.2, 0.2
28. try:
29.     train_texts, valtest_texts, train_labels, valtest_labels = train_test_split(
30.         texts, labels, test_size=val_ratio+test_ratio, stratify=labels)
31.     val_texts, test_texts, val_labels, test_labels = train_test_split(
32.         valtest_texts, valtest_labels, test_size=test_ratio/(test_ratio
    +val_ratio),
33.         stratify=valtest_labels)
34. except:
35.     train_texts, valtest_texts, train_labels, valtest_labels = train_test_split(
36.         texts, labels, test_size=val_ratio+test_ratio)
37.     val_texts, test_texts, val_labels, test_labels = train_test_split(
38.         valtest_texts, valtest_labels, test_size=test_ratio/(test_ratio
    +val_ratio))
39.
40.
41. #%%把分割后的数据集分别标记化(Tokenization)
42. tokenizer = AutoTokenizer.from_pretrained('bert-base-chinese')
43. train_encodings = tokenizer(
44.     train_texts, truncation=True, padding=True,
45.     max_length=MAX_LEN, return_tensors="pt")
46. val_encodings = tokenizer(
47.     val_texts, truncation=True, padding=True,
48.     max_length=MAX_LEN, return_tensors="pt")
49. test_encodings = tokenizer(
50.     test_texts, truncation=True, padding=True,
51.     max_length=MAX_LEN, return_tensors="pt")
52. #长度不够的句子，添加 pad(padding=True)
53. #超出长度的句子，截取 truncate(truncation=True)
54.
55.
56. #%%把完成标记化的数据载入为 PyTorch 原生的数据集类型 (Dataset)
57. train_dataset = ChnDataset(train_encodings, train_labels)
58. val_dataset = ChnDataset(val_encodings, val_labels)
59. test_dataset = ChnDataset(test_encodings, test_labels)
60.
61.
```

```
62. #%%实例化模型
63. model = BertChineseClassifier()
64. model.to(device)
65. #实例化损失函数和优化器
66. loss_fn = torch.nn.CrossEntropyLoss()
67. optim = torch.optim.Adam(model.parameters(),lr=LR)
68.
69.
70. #%%训练历史记录容器
71. hist_train_ls,hist_val_ls = [],[]
72. hist_train_acc,hist_val_acc = [],[]
73. mx_train_acc,mx_val_acc = 0,0
74. #把数据集加载进数据加载器（Dataloader）便于自动打乱和迭代
75. train_loader = DataLoader(train_dataset,batch_size=BATCH_SIZ,shuffle=True)
76. val_loader = DataLoader(val_dataset,batch_size=BATCH_SIZ,shuffle=True)
77. log_interval = len(train_loader) // 10
78.
79. #%%训练循环（在每个 epoch 训练后，在验证集中进行一次验证，记录历史数据）
80. with torch.no_grad():
81.     for epoch_id in range(NUM_EPOCH):
82.         train_acc,train_ls,val_acc,val_ls = train_loop(
83.             train_loader,model,loss_fn,optim,
84.             val_loader=val_loader,epoch_id=epoch_id,
85.             log_interval=log_interval
86.         )
87.         print(f'Epoch {epoch_id} finished with '
88.             f'train_acc={train_acc:4f},val_acc={val_acc:4f},'
89.             f'train_ls={train_ls:6f},val_ls={val_ls:6f}')
90.         hist_train_acc.append(train_acc)
91.         hist_val_acc.append(val_acc)
92.         hist_train_ls.append(train_ls)
93.         hist_val_ls.append(val_ls)
94.         mx_train_acc = train_acc if train_acc>mx_train_acc else mx_train_acc
95.         mx_val_acc = val_acc if val_acc>mx_val_acc else mx_val_acc
96.
97.
98. #训练结束，把测试数据集导入数据加载器，在测试集上验证模型在没有见过的数据上表
       现出的最终性能
99. test_loader = DataLoader(test_dataset,batch_size=BATCH_SIZ,shuffle=
```

```
         True)    #shuffle:在每个 epoch 开始的时候,对数据进行重新排序
100. test_acc,test_ls,test_conf_mat = test_loop(test_loader,model,loss_fn)
101.
102.
103. #创建用于存放这次记录的文件夹,如果文件夹已经存在,则程序终止
104. bert_ver = 'bert- base- chinese'
105. save_dir = './save/训练轮次 {}/'.format(NUM_EPOCH)
106. model_dir = save_dir +'模型/'
107. os.mkdir(save_dir)
108. os.mkdir(model_dir)
109. #新建并写入一个历史记录和最终结果信息的文件
110. with open(save_dir +'最终结果.txt','w+') as file:
111.     file.write(f'mx_train_acc={mx_train_acc:6f},'
112.         f'mx_val_acc={mx_val_acc:6f},test_acc={test_acc:6f}')
113. #新建并写入所有历史记录的详细信息
114. with open(save_dir +'历史训练损失.txt','w+') as file:
115.     file.write(str(hist_train_ls))
116. with open(save_dir +'历史验证损失.txt','w+') as file:
117.     file.write(str(hist_val_ls))
118. with open(save_dir +'历史训练准确率.txt','w+') as file:
119.     file.write(str(hist_train_acc))
120. with open(save_dir +'历史验证准确率.txt','w+') as file:
121.     file.write(str(hist_val_acc))
122. #保存整个模型和标记化器
123. torch.save(model,model_dir +'model.pt')
124. tokenizer.save_pretrained(model_dir)
125. del model
```

第四节   练习题解析

一、关键词识别练习题

练习题需要计算年报中四种关键词数量,其实现思路为:添加循环遍历词典文件夹中的所有词典,计算每一个词典中出现关键词的频率。其中 os.path.join 将词典文件夹路径 dictionaryDir 和词典的相对路径拼接形成每个词典的绝对路径。

```
1. import os
2. import pandas as pd
```

```python
3. import re
4.
5. #词典文件夹所在目录
6. dictionaryDir = r"D:\文本分析 1-关键词识别\词典"
7. #年报文件夹所在目录
8. report = r'D:\文本分析 1-关键词识别\年报'
9.
10. def get_dic(dictionary):
11.     fr = open(dictionary,encoding='utf-8')
12.     content = fr.read()
13.     wordlist = content.split('\n')
14.     return wordlist
15.
16. def countKey(report,wordlist):
17.     os.chdir(report)
18.     info = pd.DataFrame(columns=['股票代码','公司名称','年份']+wordlist)
19.     rYear = r'(\d{4})年'
20.     files = os.listdir(report)
21.     for file in files:
22.         fr = open(file,encoding='utf-8')
23.         content = fr.read().replace('\n','')
24.         count = []
25.         for word in wordlist:
26.             num = content.count(word)
27.             count.append(num)
28.         detail = file.split('_')
29.         year = re.findall(rYear,detail[-1])[0]
30.         info.loc[len(info)] = [detail[0],detail[1],year] +count
31.     return info
32.
33. def main():
34.     files = os.listdir(dictionaryDir)
35.     for file in files:
36.         dictionary = os.path.join(dictionaryDir,file)
37.         wordlist = get_dic(dictionary)
38.         info = countKey(report,wordlist)
39.         info.to_excel(dictionary.replace('txt','xlsx').replace(r'\词典','
    '),index=False)
40.
```

```
41.main()
```

二、文本情感分析练习题

练习题需要分析新希望集团2011—2020年的年报文本的情感倾向，其思路为：替换案例中使用的各类词典，完成计算。由于使用的文本与案例实现1相同，所以读取文本部分代码相同。其实现代码如下。

```
1. import pandas as pd
2. import pkuseg
3. import os
4. import re
5.
6. #读取文本
7. #将工作目录定位到文件存放的文件夹
8. os.chdir(r'D:\案例代码')
9. #读取年报文本，生成列表
10. files = os.listdir('年报')
11. text = []
12. for file in files:
13.     fr = open(os.path.join('年报',file),encoding='utf-8').read()
14.     text.append(fr)
15.
16. #读取停用词列表
17. stopwords = open(r"停用词\合并停用词表.txt",encoding='utf-8').read()
    .splitlines()
18. #读取情感词典
19. positive = open(r"情感词典\清华大学李军中文褒贬义词典\praise.txt",encoding
    ='utf-8').read().splitlines()
20. negative = open(r"情感词典\清华大学李军中文褒贬义词典\degrade.txt",enco-
    ding='utf-8').read().splitlines()
21.
22. #设置表格存储分析信息
23. result = pd.DataFrame(columns=['code','company','year','positive','neg-
    ative','Tone 1','Tone 2'])
24. rYear = r'(\d{4})年'
```

```
25.
26. for i in range(len(text)):
27.     line = text[i]
28.     #步骤一:文本预处理
29.     #1.1 利用 pkuseg 分词
30.     model = pkuseg.pkuseg()
31.     words = model.cut(line.strip())
32.     #1.2 去除停用词
33.     refine = []
34.     for word in words:
35.         if word not in stopwords:
36.             refine.append(word)
37.
38.     #步骤二:利用情感词典提取特征词
39.     pos, neg = 0, 0
40.     for word in refine:
41.         if word in positive:
42.             pos += 1
43.             print('pos:', word)
44.         elif word in negative:
45.             neg += 1
46.             print('neg:        ', word)
47.
48.     #步骤三:利用公式计算情感值
49.     tone1 = (neg-pos) / (neg+pos)
50.     tone2 = (neg-pos) / len(refine)
51.
52.     #将计算结果添加到表格中
53.     detail = file.split('_')
54.     year = re.findall(rYear, detail[-1])[0]
55.     result.loc[i] = detail[0], detail[1], year, pos, neg, tone1, tone2
56.
57. #将表格存储到本地
58. result.to_excel('文本分析 2-文本情感分析\文本情感分析练习题结果.xlsx', index=
False)
```

得到的结果如图 8-49 所示。

code	company	year	positive	negative	Tone 1	Tone 2
000876	新希望	2020	3197	920	-0.55307	-0.03623
000876	新希望	2020	3097	931	-0.53774	-0.03551
000876	新希望	2020	3428	979	-0.55571	-0.03699
000876	新希望	2020	3742	1135	-0.53455	-0.04199
000876	新希望	2020	4344	1285	-0.54344	-0.04632
000876	新希望	2020	5175	1391	-0.5763	-0.05049
000876	新希望	2020	5343	1443	-0.57471	-0.04598
000876	新希望	2020	5739	1586	-0.56696	-0.04069
000876	新希望	2020	7140	1812	-0.59517	-0.04191
000876	新希望	2020	10363	2000	-0.67645	-0.03998

图 8 - 49   文本情感分析练习题结果

三、文本相似度分析练习题

练习题需要分析新希望集团 2011—2020 年的年报文本的情感倾向,其思路为:替换案例中读取文本的步骤,完成计算。由于使用的文本与案例实现 1 相同,所以读取文本部分代码相同。其实现代码如下。

```
1. #文本分析-练习 3--文本相似度计算
2.
3. import pandas as pd
4. import jieba
5. import os
6. import re
7.
8. #读取文本
9. #将工作目录定位到文件存放的文件夹
10. os.chdir(r'D:\案例代码')
11. #读取停用词列表
12. stopwords = open(r"停用词\哈工大停用词表.txt",encoding='utf-8').read().
    splitlines()
13.
14. #步骤一:文本预处理
15. #设置列表存储文本预处理后的文本
16. newText = []
17. years = []
18. #读取年报文本,生成列表
19. files = os.listdir('年报')
20. rYear = r'(\d{4})年'
21. for file in files:
```

```
22.     line  = open(os.path.join('年报',file),encoding='utf-8').read()
23.     #1.1 利用jieba分词
24.     words = jieba.cut(line.strip())
25.     #1.2 去除停用词
26.     zhPattern = re.compile(u'[\u4e00-\u9fa5]+')
27.     refine = ''
28.     for word in words:
29.         if word not in stopwords and zhPattern.search(word):
30.             refine += word +' '
31.     newText.append(refine)
32.
33.     year = re.findall(rYear,file.split('_')[-1])[0]
34.     years.append(year)
35.
36. #步骤二：文本向量化
37. from sklearn.feature_extraction.text import TfidfVectorizer
38.
39. tfidf_model = TfidfVectorizer(use_idf=True).fit(newText)
40. vector = tfidf_model.transform(newText)
41.
42. #步骤三：计算文本相似度
43. from sklearn.metrics.pairwise import cosine_similarity
44.
45. sim = cosine_similarity(vector)
46. result = pd.DataFrame(sim,columns=years,index=years)
47. result.to_excel(r'文本分析3-文本相似度分析\文本相似度计算练习题结果.xlsx')
```

得到的结果如图8-50所示。

	2011	2012	2013	2014	2015	2016	2017	2018	2019	2020
2011	1	0.958216	0.956729	0.912659	0.903498	0.898865	0.90397	0.871927	0.866371	0.765891
2012	0.958216	1	0.987804	0.937614	0.925302	0.921502	0.923732	0.896501	0.885633	0.763355
2013	0.956729	0.987804	1	0.954686	0.945213	0.941894	0.942039	0.908489	0.895431	0.764564
2014	0.912659	0.937614	0.954686	1	0.983666	0.96988	0.964921	0.924451	0.900848	0.732764
2015	0.903498	0.925302	0.945213	0.983666	1	0.983278	0.972544	0.92525	0.900722	0.730742
2016	0.898865	0.921502	0.941894	0.96988	0.983278	1	0.980979	0.92959	0.911917	0.749503
2017	0.90397	0.923732	0.942039	0.964921	0.972544	0.980979	1	0.94887	0.932852	0.767447
2018	0.871927	0.896501	0.908489	0.924451	0.92525	0.92959	0.94887	1	0.968276	0.771053
2019	0.866371	0.885633	0.895431	0.900848	0.900722	0.911917	0.932852	0.968276	1	0.847152
2020	0.765891	0.763355	0.764564	0.732764	0.730742	0.749503	0.767447	0.771053	0.847152	1

图8-50　文本相似度计算练习题结果

四、LDA 主题分类器练习题

1. 文本预处理

```
1. #%%文本预处理
2. import jieba
3. import os,re
4.
5. os.chdir('D:\案例代码')
6.
7. #写入 jieba 难以识别的词(例如生僻人名),以提高分词准确率
8. jieba.suggest_freq('沙瑞金',True)
9. jieba.suggest_freq('易学习',True)
10. jieba.suggest_freq('王大路',True)
11. jieba.suggest_freq('京州',True)
12.
13. #加载停用词
14. stopwords = open(r"停用词\合并停用词表.txt").read().splitlines()
15.
16. #分词并删除停用词
17. #对文件夹下所有文本文件进行分词和停用词处理
18. documents = os.listdir('训练文本\LDA练习文本')
19. #documents = os.listdir('中文文本数据集\THUCNews\财经')
20. corpus = []
21. for doc in documents:
22.     result = ''
23.     text = open('训练文本\LDA练习文本\\'+doc,encoding='utf-8').read()
24.     text_cut = jieba.cut(text)      #分词
25.     for i in text_cut:   #删除停用词、长度为1、全为数字或英文字母的分词
26.         if len(i) > 1 and re.search("[\u4e00-\u9fa5]+",i) and i not in
    stopwords:
27.             result += i+' '
28.     corpus.append(result)
```

预处理后的文本如图 8-51 所示。

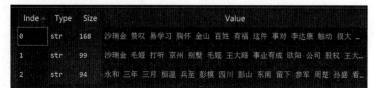

Inde	Type	Size	Value
0	str	168	沙瑞金 赞叹 易学习 胸怀 金山 百姓 有福 这件 事对 李达康 触动 很大
1	str	99	沙瑞金 毛娅 打听 京州 别墅 毛娅 王大路 事业有成 欧阳 公司 股权 王大...
2	str	94	永和 三年 三月 桓温 兵至 彭模 四川 彭山 东南 留下 参军 周楚 孙盛 看...

图 8-51　文本预处理结果

2. 特征词筛选

```
1. #%%得到主题词
2. from sklearn.feature_extraction.text import CountVectorizer
3.
4. cntVector = CountVectorizer(stop_words=stopwords)
5. cntTf = cntVector.fit_transform(corpus)
6.
7. #得到主题词
8. vocs = cntVector.get_feature_names()
9. print('主题词袋规模:', len(vocs))
```

3. LDA 主题分类模型训练

```
1. #%%训练 LDA 主题分类模型
2. from sklearn.decomposition import LatentDirichletAllocation
3.
4. lda = LatentDirichletAllocation(n_components=2, max_iter=5, random_state=0)
5. docres = lda.fit_transform(cntTf)
```

4. 确定文章主题

```
1. #%%确定文章主题
2. #关键主题词
3. import pandas as pd
4.
5. tt_matrix = lda.components_
6. keywords = pd.DataFrame()
7. id = 0
8. for tt_m in tt_matrix:
9.     tt_dict = [(name, tt) for name, tt in zip(vocs, tt_m)]
10.     tt_dict = sorted(tt_dict, key=lambda x: x[1], reverse=True)
11.     #保留每个类别前 5 个主题词
12.     tt_dict = tt_dict[:5]
13.     keywords['主题{}'.format(id)] = [i[0] for i in tt_dict]
14.     id += 1
15.
16. import numpy as np
17. #文档所属每个类别的概率
18. LDA_corpus = np.array(docres)
19. #print('类别所属概率:\n', LDA_corpus)
20. #每篇文章中每个特征词的所属概率矩阵:list 长度等于分类数量
21. #print('主题词所属矩阵:\n', lda.components_)
```

22. # 对比特征词所属概率的大小,确定文档所属类别

23. LDA_corpus_type = np.argmax(LDA_corpus,axis=1) # 返回沿轴 axis 最大值的索引,axis=1 代表行;最大索引即表示最可能表示的数字是多少

24. subject = pd.DataFrame({'document':documents,'type':LDA_corpus_type})

得到的主题词列表和文本分类结果分别如图 8-52、图 8-53 所示。

图 8-52　主题词列表

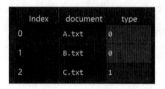

图 8-53　文本分类结果

第9章 数据分析工具（三）：社会网络分析

第一节 概念引入

社会网络分析是社会学领域比较成熟的研究方法，近年来被广泛应用于其他领域。社会网络是指一组行动者及联结他们的各种关系（如友谊、建议和沟通等）的集合（Kilduff and Tsai，2003）。如果用图论表达，一个社会网络就是一张图，是节点（Nodes）和它们之间关系（Connections）的组合，所以一个社会网络包含了节点和线两种集合（Wasserman and Faust，1994），同时还赋予节点和线以社会学的意义：节点可以代表一个人或一个组织，线则代表相互的联结关系。在会计研究中，社会网络分析要探讨的正是各个节点的位置、节点之间的社会关系（Social Ties）以及网络结构（Network Structure）。社会网络分析主要用来解释或预测会计现象，因此成为实证会计研究的得力工具。同时，社会网络分析中的可视化技术也被用于审计、税收和内控等领域，推进了规范会计研究，使用社会网络分析的相关代表文献如表9-1所示。

表9-1 使用社会网络分析的相关代表文献

研究主题	标题	作者	年份	期刊	被引次数
公司治理	External Networking and Internal Firm Governance	Cesare Fracassi, Geoffrey Tate	2012	*The Journal of Finance*	892
公司治理	网络位置、独立董事治理与投资效率	陈运森，谢德仁	2011	管理世界	741
公司治理	Boardroom Centrality and Firm Performance	David F. Larcker, Eric C. So, Charles C. Y. Wang	2013	*Journal of Accounting and Economics*	532
财务管理	Social Capital and Social Quilts: Network Patterns of Favor Exchange	Matthew O. Jackson, Tomas Rodriguez-Barraquer, Xu Tan	2012	*The American Economic Review*	449

续表

研究主题	标题	作者	年份	期刊	被引次数
财务管理	Corporate Finance Policies and Social Networks	Cesare Fracassi	2017	*Management Science*	436
财务管理	Networking as a Barrier to Entry and the Competitive Supply of Venture Capital	Yael V. Hochberg, Alexander Ljungqvist, Yang Lu	2010	*The Journal of Finance*	436
财务管理＋公司治理	社会网络与企业效率：基于结构洞位置的证据	陈运森	2015	会计研究	200
财务管理	董事网络的结构洞特征与公司并购	万良勇，郑小玲	2014	会计研究	122
审计	A Bayesian Methodology for Systemic Risk Assessment in Financial Networks	Axel Gandy, Luitgard A. M. Veraart	2017	*Management Science*	111

一、网络结构研究

此类研究关注团体内部的网络的结构。刻画团体内部网络结构常用的方法有特征参数和凝聚子群分析。

（一）网络结构的特征参数

可以使用特征参数来刻画团体内部的网络结构，网络结构的特征参数包括网络规模、网络连线数、网络密度。

文献中通常会直接使用这些网络结构特征参数，例如，廖义刚和黄伟晨（2019）研究发现审计团队规模与审计质量呈负相关。研究使用审计团队规模，也就是审计团队所包含的审计师数量作为解释变量，使用了网络规模这一网络结构的特征参数。但是由于这些参数对网络结构特点的刻画有限，并不鲜明，因此在文献中较少应用。

（二）凝聚子群分析

社会网络分析往往会包含密集人群。社会网络分析把这种人群称为"凝聚子群"，而且假设其中的人员并不仅仅是因为互动聚集在一起。一般认为，相似的人之间会有更多的互动，该现象被称为"同好性"，即通常所谓的"物以类聚，人以群分"。肖利斌等（2020）研究在正式组织网络和非正式组织网络中个体工作网络凝聚子群分派系数与任务绩效、人际促进、工作奉献的关系。正式组织网络是指工作网络（员工间存在工作联系），非正式组织网络是社交网络（员工一同休闲、娱乐）。社会网络小团体层次以凝聚子群分派系数为测量指标，其代表小团体派系的林立程度，为小团体间的关系数与小团体内部关系数的差值除以小团体内外关系之和。

二、网络的界定

网络不仅包括节点的集合，还包括这些节点之间连线的集合。

- 节点：是网络的最小单位。在社会网络分析中，一个节点表示一名行动者。例如，一名学生、一个组织或一个国家通常可以用一个节点来代表。
- 连线：网络中两点之间的联系。在社会网络分析中，连线可以代表任何社会关系。有方向的连线被称为弧，无方向的连线被称为边。社会计量选择最好用弧来表示，因为当 A 选择 B 时，后者不一定要反过来选择前者。
- 环：一种特殊类型的连线，两端连接同一个节点。

社会网络是由作为节点的社会行动者（Social Actors）及其之间的关系构成的集合。

三、1-模与2-模网络

模（Mode）指行动者的集合。模数指社会行动者集合类型的数目。

- 1-模网：每个节点都允许与其他节点连接，即行动者内部各个行动者之间的关系网络，例如上市公司高管之间的校友关系。
- 2-模网：节点分成两个集合，只有处于不同集合内的节点才能连接，即一类行动者集合与另一类行动者（事件）集合之间的关系构成的网络，例如审计师与高管之间的前同事关系。从属网络为典型的 2-模网络，包括行动者集、事件集两个不同的集合。如董事（行动者）和董事会（事件），从属关系把董事连接到董事会，而不是董事之间或董事会之间直接相连。

体现在矩阵当中：

- 1-模网：行和列为行动者，为正方形矩阵。
- 2-模网：列为行动者，行为另一类行动者（事件），为长方形矩阵。

四、网络分析的主要参数

（一）整体网络特征参数

- 网络规模：网络中包含的所有节点的数量。

- 网络连线数：网络中各节点之间存在的关系数。
- 网络密度：网络中各节点关联的紧密程度。
- 接近中心势：网络的实际接近中心度变异值，除以相同规模的网络可能出现的最大接近中心度变异值所得到的比值。

（二）节点网络特征参数

- 程度中心度（度数中心度；点度中心度）（Degree Centrality）：网络中与节点 i 直接相连的点的数量。

- 接近中心度（Closeness Centrality）：节点 i 到所有其他节点的最短路径。一个节点与其他所有节点之间的距离越小，信息就越容易通过这个节点，这个节点的接近中心度也就越高。

- 中介中心度（Betweenness Centrality）：节点 i 成为其他节点间最短连接路径的次数。

- 聚类系数：通过与节点 i 的邻点对的数量占所有可能的邻点对数量的比例来反映小团体的规模，计算方法为与该节点直接相连节点的边数与网络中总的可能存在的边数之比。

- 结构洞系数：源于 Burt（1992）对于限制度（或约束度）的定义及计算，限制度指的是节点在网络中受控于其他节点的程度。

五、网络位置研究

网络位置研究主要通过一个抽象、高度概括的社会学指标，反映个体在网络中的位置，这类研究的优点是能够简化研究问题，但对网络信息传递的检验相对间接（蔡宁，2018）。这一研究方法主要运用于董事会任职、审计师任职、股票投资等交集形成的网络关系情景中，以下逐一简述。

网络位置研究主要通过一个抽象、高度概括的社会学指标，即特征参数，来反映个体在网络中的位置。衡量个体在社会网络中的位置最常见的方法是中心度分析。中心度分析中使用的特征参数主要包括程度中心度、接近中心度、中介中心度和特征向量中心度。除了中心度分析的 4 种特征参数，衡量网络位置还可以用到聚类系数、结构洞系数等。而这些常见的特征参数有时不能有效刻画网络位置的某些特征，因此一些文献也为构建其他的特征参数提供了参考。例如，史达和朱荣（2013）定义了社会关系强度，主要度量小微企业与网络成员之间关系的亲疏程度。但是社会关系强度难以通过普通的数据来源获得，社会网络关系的构建通常通过收集处理相关数据获得，而社会关系强度通常需要问卷调查来收集。

　　网络位置研究通常会通过构建新参数来衡量网络位置。新参数的构建往往基于上述基本参数。研究一个个体在外部网络中的位置对此个体行为的影响，即个体层次研究，常见的处理方法有三种。

　　（1）直接使用一种基本参数作为新变量。例如，武凯文（2019）直接使用上市公司在交易关系中的程度中心度作为解释变量。吴晓晖等（2020）分别以程度中心度、点入程度中心度、点出程度中心度、接近中心度、中介中心度以及特征向量中心度这几种基本参数作为解释变量依次代入模型中进行检验。

　　（2）构建含一个基本参数的新变量。例如，乔琳等（2019）采用程度中心度用来衡量 QFII 网络中每家 QFII 直接连接的具有共同持股关系的其他 QFII 的数量。研究将程度中心度除以 $(m-1)$ 的结果进行标准化后的变量作为解释变量，m 为 QFII 数量之和，同时采用中介中心度用来衡量网络中通过每家 QFII 连接的没有共同持股关系的其他 QFII 的数量，将标准化后的中介中心度作为解释变量。肖利斌等（2020）使用的解释变量个体工作网络的相对中心度指个体工作网络的绝对中心度与该网络中心度最大值的比重。

　　（3）构建含多个基本参数的新变量。例如，夏常源（2014）将解释变量董事的综合网络中心度定义为程度中心度、接近中心度、中介中心度、特征向量中心度的平均数。这是一种粗糙且需要改进的方法，因为每个基本参数衡量的特征不同，它们在量纲上具有差别。因此可以用序数衡量各个基本参数的数值大小，按照数值从小到大依次赋值（例如 0～9），进而汇总计算新参数。以序数衡量既可以有效刻画网络中心度特征，也能消除每个指标在量纲上的差别和异常值的影响。例如，傅代国和夏常源（2014）将程度中心度、接近中心度、中介中心度、特征向量中心度按照数值从小到大依次赋值 0～9，并取它们的平均值作为独立董事的综合网络中心度。

　　当研究多个个体构成的团体在外部网络中的位置对于此团体行为的影响时，即团体层次研究，通常将个体层面参数取中位数、平均数或加权平均数，作为团体层面的相应参数。而在稳健性检验中，通常选取与解释变量不同的处理方式。例如，陈运森和谢德仁（2011）使用上市公司独立董事的中心度的中位数作为公司层面的员工网络位置参数，而采用上市公司独立董事的中心度的平均数和最大值进行稳健性检验。吴晓晖等（2020）使用持有股票的机构投资者的中心度的平均值作为股票层面的中心度。廖义刚和黄伟晨（2019）使用审计师的程度中心度的平均数作为审计团队层面的社会网络中心度。

　　网络位置研究的过程中有时会借助其他大数据技术。例如，武凯文（2019）将变量公司的关系网络规模定义为上市公司的交易关系网络节点数量，即程度中心度。在数据收集的过程中，借助文本分析法，从上市公司的年报中提取年报文本中出现的公司名称，构建上市公司同其他上市公司间的交易关系。

六、网络关系研究

此类研究关注网络中与其他个体的关系对此个体行为的影响。网络关系研究具体可以分为网络关系的传染作用、网络关系的信息优势、网络关系的偏好效应三种。这三种网络关系研究有相似之处，也有不同之处。网络关系的传染作用和信息优势来源于网络关系为信息提供了传播途径，信息的传播进而影响了个体的行为（即相似趋同或有效）。这种由于网络关系构建个体之间的信息渠道，便利信息的交流与传播而对个体行为产生的影响称为网络关系的信息效应（Information Effect）。而网络关系的偏好效应则是由于网络关系产生了个体之间的有偏信任，有偏信任进而影响了个体的行为（即有偏而非理性）（蔡宁，2018）。

（一）网络关系的传染作用

网络关系的传染作用（Contagion），也常称作同群效应（许汝俊，2018；王营，2021），体现在由网络关系所联结的个体之间行为的相似或趋同。网络关系的传染作用关注个体 A 与其他个体 B_i 的关系对个体 A 行为的影响，这种影响具体来说是个体 A 的行为相似或趋同于由关系所联结的其他个体 B_i 的行为。

个体 A 与其他个体 B_i 为同一类个体，但是传染作用的研究不仅涉及 1－模网（如上例所示），同样也可以使用 2－模网。涉及 2－模网的传染作用引入了另一类个体，作为信息渠道的中介。例如，许汝俊等（2018）研究分析师跟进网络对上市公司融资决策的影响。根据各分析师与上市公司之间形成的交叉网络状的跟进与被跟进关系建立 2－模网，定义与某公司在同一分析师跟进下的所有公司为同群公司，发现分析师促进了同群公司的信息交流，同群公司的融资决策具有同群效应。

网络关系的传染作用能够促进关系网络搭建起个体之间的信息渠道，便于信息的交流与传播。由网络关系所联结的不同个体间共享类似的信息，这些信息基于类似的理性判断，产生类似的行为决策，因此使个体之间行为相似或趋同。

网络关系的传染作用的研究中，上市公司董事会成员以及高管一直是主要研究对象。例如 Shue（2013）以是否同属哈佛商学院 MBA 班学员测度公司高管之间的社会关系，发现高管之间的同学关系会导致公司在高管薪酬契约，以及兼并策略上的趋同。Fracassi（2014）以是否为同事、同学或同为某一组织成员等衡量不同公司的董事、高管之间的关系网络，考察网络关系对董事、高管管理行为的影响。研究发现，当董事、高管之间具有社会关系时，不同公司的投资行为、投资策略将具有相似性。也有研究考察，上市公司具有共同董事、高管时，公司的经营策略是否会趋同。如 Brown（2011）的研究发现，公司董事会拥有共同成员时，公司间的税盾政策具有趋同性。这种联系还会带来避税政策的传染效应（Brown and Drake，2014），即当公司与避税公司具有共同董事时，公司后续也会出现类似避税行为，并且当董事联结表现为强关系联结时，避税的传染效应会更为突出。此外，董事联结还会带来公司会计行为的趋同。如当公司具有共同董事时，二者之间更有可能在信息披露（Cai et al.，2014）、股票期权费用化（Kang and Tan，2008）等方面采取类似的会计政策。近年来，也有研究以董事、高管之外的其他个体的关系网络为研究对象。如 Pool et al. (2015) 考察了基金经理之间社会关系对其行为的影响，研究以是否居住在同一社区衡量基金经理之间的社会关系，发现由于邻里关系促进了基金经理们的日常交流，其所管理基金的投资策略也具有相似特征。

网络关系的传染作用研究通常会构建模型来证明网络关系影响的存在。常使用个体 A 某行为指标作为被解释变量，其他个体同样行为指标的平均数或加权平均数作为解释变量。例如，许汝俊（2018）研究分析师跟进网络引起的上市公司融资决策同群效应，使用样本公司的同群公司融资决策加权平均值作为解释变量。郭白滢和周任远（2019）认为信息互动对基金持仓决策有显著影响，使用网络成员持有股票平均仓位变化作为解释变量。传染作用的研究有时会使用"波动"作为被解释变量来刻画行为的趋同性。郭白滢和周任远（2019）研究了机构投资者之间的信息互动对市场定价效率的影响，使用股价特质波动率作为被解释变量。

（二）网络关系的信息优势

网络关系的信息优势体现在由关系所联结的个体之间行为的有效性。网络关系的信息优势关注个体 A 与个体 B_i 的关系对个体 A 行为的影响，这种影响具体来说使个体 A 的行为更加有效。个体 A 与个体 B_i 为不同类个体，因此信息优势研究涉及的社会网络大部分是 2-模网。A 所受影响的行为通常与个体 B_i 传播信息的特点有关。例如，Engelberg et al. (2012) 考察上市公司董事、高管和银行家之间的社会关系对银行贷款的影响。研究发现，当公司董事、高管和银行家曾经是同学或同事时，公司银行贷款的利率将显著降低。但这并不意味着这些贷款是私下交易，因为公司的未来信用评级、股票收益率在获得贷款后都有所提升，这表明网络关系促进了信息在银行和企业之间实现良好的流通。

网络关系信息优势的形成是网络关系搭建起个体之间的信息渠道，便于信息交流与传播。由于个体 A 与个体 B_i 是不同类个体，他们之间的网络关系提供给个体 A 额外的信息（个体 A 相对于其他未与个体 B_i 有关系的同类个体）。因此个体 A 获得信息优势，使得个体 A 的行为更加有效。

(三) 网络关系的偏好效应

网络关系的偏好效应 (Bias Effect) 体现在由网络关系所联结的个体之间行为的有偏而非理性。网络关系的偏好效应关注个体 A 与个体 B_i 的网络关系对个体 A 行为的影响，这种影响具体来说使个体 A 的行为有偏而非理性。个体 A 与个体 B_i 为不同类个体，因此偏好效应研究涉及的社会网络大部分是 2 - 模网。A 所受影响的行为通常与对个体 B_i 有利方面有关，但并不一定具有积极影响而常常是负面影响。

网络关系的偏好效应形成的原因是网络关系联结的个体之间存在有偏信任，这种有偏信任将为经济活动带来负面影响，同时也是对关系外个体利益的一种侵害。因此，偏好效应主要出现在强调监督作用的情境中，上市公司董事对高管的监督是其中的典型，大量研究考察了董事和高管之间社会关系对监督作用的影响。

在公司治理架构中，董事会负责聘任高管团队，并履行对高管团队的重要监督职能。那么当公司董事、高管之间具有特定社会关系时，董事会的监督有效性是否会受损，为检验偏好效应提供了重要的实验场景，而现有大部分研究得出了负面作用的结论。Hwang and Kim (2009) 发现只有当董事会与高管不具有社会联系时，董事会才能有效监督高管层，表现为高管的薪酬水平较低、薪酬与业绩之间的敏感性更强、交易量与业绩的敏感性也更强。由此表明，董事与高管之间的社会关系实质上影响了董事会的独立性。Chahine and Goergen (2013) 比较了公司高管与董事会成员之间的社会关系、家族关系对公司 IPO 业绩的影响，两类关系都可能带来积极和消极的影响。研究发现，高管与董事之间的社会关系强度与公司的 IPO 业绩呈显著正相关，但是家族关系强度与 IPO 业绩负相关。该研究发现与 Hwang and Kim (2009) 不同的研究结论，文章认为是由 IPO 公司和成熟公司的差异造成的。Lee et al. (2014) 发现，CEO 和独立董事具有相同的政治倾向，将会削弱独立董事在公司发挥的作用，表现为公司价值降低、经营绩效恶化、内部代理冲突严重 (包括不合格 CEO 难以被撤换、CEO 薪酬—业绩敏感性降低，以及公司财务舞弊行为增多等)。Khanna et al. (2015) 的研究发现，当高管和董事会成员是由 CEO 任命时，公司更有可能发生财务舞弊。由任命形成的网络关系，存在能帮忙隐瞒欺诈活动、降低行径暴露后 CEO 被解雇的可能性，以及减少了共同舞弊的协调成本，因此一定程度上降低了舞弊成本。相比之下，共同工作、相同教育背景、共同社会组织成员等形成的社会关系，对舞弊则无显著影响。

并购活动是公司重要的投资策略，一部分研究以并购为场景，考察社会关系对董事、高管行为的影响。Fracassi and Tate (2012) 发现，当 CEO 和董事会成员之间具有社会联系时，这一类公司更有可能进行损害股东财富的并购活动。这一研究结果表明，社会联系削弱了董事会的监督作用。El-Khatib et al. (2015) 的研究发现，网络位置越中心的 CEO 越可能频繁发起并购，但这些并购将降低主并方和目标方的公司价值。因为网络位置能帮助这些 CEO 规避来自公司控制权市场和经理人市场的约束，削弱内部治理机制对 CEO 行为的约束。由此可见 CEO 可能利用其在社会网络中的权力和影响力，形成自我保护，谋取个人私利。Schmidt（2015）考察 CEO 和董事会成员之间的社会关系对公司并购绩效的影响。研究发现，当董事会的咨询职能更为重要时，二者之间的社会关系将能带来更高的并购公告收益；当董事会的监督职能更为重要时，二者之间的社会关系将会降低并购公告的收益。研究结果表明，社会关系既可能提升公司价值又可能降低公司价值，究竟何种效应更为突出，取决于网络关系发挥作用的实际情境。Ishii and Xuan（2014）转变检验监督职能的研究视角，考察不同公司董事、高管之间社会关系对公司之间合作行为的影响。研究发现主并公司、被并公司的董事、高管之间的联系，会影响主并企业选择合适的目标企业，所达成的并购决策可能损害企业价值。但是 Cai and Sevilir（2012）发现了不同结论，该研究将主并公司和目标公司之间的联系分为两类：当两家公司具有共同董事时，为第一类关系；当两家公司的董事同在第三方公司任职时，为第二类关系。该研究发现，当主并公司和目标公司具有第一类和第二类关系时，公司并购公告的市场反应会更好。其中，第一类和第二类关系分别通过降低并购溢价、实现更高的价值创造提升主并公司股东财富。

也有研究考察网络关系对高管、董事之外其他个体行为的影响。Butler and Gurun（2012）发现，当共同基金经理与公司 CEO 具有共同教育网络时，就公司股东提出的限制高管薪酬的决议进行投票时，共同基金经理更有可能投出反对票。Guan et al.（2016）检验审计师与公司高管之间的同学关系是否会影响审计质量，研究发现当双方具有联系时，审计师将更有可能发布无保留意见的审计报告，但公司的会计信息质量更低，审计人员也获得了更高的审计收费。这表明在审计人员的执业过程中，谨遵独立性原则要比信息充分沟通更为重要。

七、Pajek

目前社会网络分析的常用软件包括 Ucinet、Pajek、Gephi。Ucinet 能够处理的原始数据为矩阵格式，提供大量数据管理和转化工具。但该程序本身不包含网络可视化的程序，可将数据和处理结果输出至 NetDraw、Pajek、Mage 和 KrackPlot 等软件作图。Gephi 俗称网络分析中的 "Photoshop"，画图可视化功能非常强大。Pajek 是一个特别为处理大数据而设计的网络分析和可视化程序，可分析多于 100 万个节点的超大型网络。除此以外，Pajek 具有强大的图形功能，可以方便地调整图形以及指定图形所代表的含义。部分网络分析的功能也可以直接通过 Stata 的 nwcommands 系列命令实现。本书将重点介绍 Pajek 的使用（Pajek 拥有非常强大的图形绘制功能，但是普遍认为其所绘制图形不够美观）。

（一）Pajek 的六种参数（主要使用前三种）

- Networks（网络）：主要对象（节点和边），默认拓展名为：. net。
- Partitions（分类）：指明每个节点分别属于哪类，默认拓展名为：. clu。
- Vectors（向量）：指明每个节点具有的数字属性（如接近中心度），默认拓展名：. vec。
- Permutations（排序）：将节点重新排列，默认扩展名为：. per。
- Cluster（类）：节点的子集（如来自分类中的一个类），默认拓展名为：. cls。
- Hieracrchies（层次）：按层次关系排列的节点，默认拓展名为：. hie。

（二）. net 文件类型

Pajek 可读取多种纯文本格式的网络数据，其中有两种格式是 Pajek 特有的，也是最常使用的格式：蜘蛛网络格式（Pajek networks）、蜘蛛矩阵格式（Pajek matrices）。

蜘蛛网络格式如图 9－1 所示。

```
*Vertices 10
  1 "高管1"                                  0.0000    0.0000    0.5000
  2 "高管2"                                  0.0000    0.0000    0.5000
  3 "高管3"                                  0.0000    0.0000    0.5000
  4 "高管4"                                  0.0000    0.0000    0.5000
 (...)
*Arcs
  1    1 1
  1    8 1
  2    2 1
  2    4 1
 (...)
```

图 9－1　蜘蛛网络格式

文件的第一行指明了节点的数量。从第二行起，每行代表一个节点，每个节点都有一个序号，以及相对应的标签。最后还有三个取值范围为 0～1 的实数，用以标记节点绘图时的三维坐标（第一个是 x 轴坐标，第二个是 y 轴坐标，第三个是 z 轴坐标）。序号可能会在分析过程中发生变化，因此标签成为辨识节点的主要线索。定点下表示的是弧列表，每行定义一条弧，其中第一列为弧发出者的节点序号，第二列为弧接收者的顶点序号，第三列为弧的值。

蜘蛛矩阵格式如图 9－2 所示。

这两种文件格式 Pajek 都可以读取，由于从各大数据库上下载的数据大多为 . xls 或 . xlsx 格式，更容易转化为矩阵形式，所以本书主要以蜘蛛矩阵的格式实现操作。但

SUM　=IF(C$2=$B3,1,0)

	A	B	C	D	E	F	G	H	I	J	K	L
1			高管1	高管2	高管3	高管4	高管5	高管6	高管7	高管8	高管9	高管10
2			北京理工	北京大学	清华大学	北京大学	中国人民	北京航空	北京航空	北京理工	清华大学	北京大学
3	高管1	北京理工	=IF(C$2=$B3,1,0)		0	0	0	0	0	1	0	0
4	高管2	北京大学	0	1	0	1	0	0	0	0	0	1
5	高管3	清华大学	0	0	1	0	0	0	0	0	1	0
6	高管4	北京大学	0	1	0	1	0	0	0	0	0	1
7	高管5	中国人民	0	0	0	0	1	0	0	0	0	0
8	高管6	北京航空	0	0	0	0	0	1	1	0	0	0
9	高管7	北京航空	0	0	0	0	0	1	1	0	0	0
10	高管8	北京理工	1	0	0	0	0	0	0	1	0	0
11	高管9	清华大学	0	0	1	0	0	0	0	0	1	0
12	高管10	北京大学	0	1	0	1	0	0	0	0	0	1

图 9-2　蜘蛛矩阵格式

是，矩阵格式存在一些局限性，例如，蜘蛛无法区分边和双向弧，因此蜘蛛读取矩阵数据格式后所有的连线都是弧。另外，在打开矩阵格式的网络文件之前必须要把 Threshld(Options>Read-Write>Threshold) 设为 0，否则蜘蛛会把所有 0 值的单元格当作一条线值为 0 的弧。

第二节　会计研究中社会网络分析案例实现

社会网络作为研究对象有多种分类方法，例如相对个体网而存在的整体网。本部分将参考陈运森和谢德仁（2011）以及彭聪（2020）基于社会网络的研究，讲解从属关系中 1-模网络与 2-模网络分析的实现方法。由于本书的重点在于阐述技术方法而不是研究问题，将对原研究所用的数据进行简化。

所需软件包括：Pajek（下载地址：http://vlado.fmf.uni-lj.si/pub/networks/pajek/）；Notepad++（下载地址：https://notepad-plus-plus.org/downloads/）；Gephi（下载地址：https://gephi.org/）；Stata；Excel。

案例实现 1：1-模网络分析案例

彭聪（2020）在《高管校友圈降低了市场分割程度吗？——基于异地并购的视角》一文中发现高管的校友圈显著降低了市场分割对资源流动的阻碍作用。其根据高管个人简历数据，选取高管作为网络节点，以他们的教育背景为基础刻画校友关系网络强弱。

步骤一：编制蜘蛛矩阵。

Pajek 只能读取特定的文件类型，目前有两个常用的应用程序，可以帮助创建蜘蛛网络文件，它们分别是：createpajek.exe 将 .xls 文件转换成 .net 文件、txt2pajek.exe 将 .txt 文件转换成 .net 文件（可以从 Pajek 官网直接下载）。本部分将采用另一种更加简单、操作性更强的方法生成 . net 文件。

（1）下载高管个人信息：通过各大数据库收集整理的数据如图 9－3 所示，高管 1～10 分别来自数所高校。

	A	B	C	D	E	F	G	H	I	J	K	L
1	Stkcd	Reptdt	PersonID	Name	Nationalit	NativePlac	NatAreaC	BirthPlace	BirAreaCo	Gender	Age	University
2	证券代码	统计截止	人员ID	姓名	国籍	籍贯	籍贯所在	出生地	出生地所	性别	年龄	毕业院校
3	没有单位	没有单位	没有单位	没有单位	没有单位	没有单位	没有单位	没有单位	没有单位	没有单位	没有单位	没有单位
4	000001	2010-12-3	3079516	理查德·杰克逊(Richard Jackson)						男	54	
5	000001	2010-12-3	30178882	王毅						男	35	
6	000001	2011-12-3	3078604	刘南园	中华人民共和国					男	62	
7	000001	2012-12-3	3055858	冯杰						男	55	西南财经
8	000001	2012-12-3	30114228	储一昀	中华人民共和国					男	48	上海财经
9	000001	2012-12-3	30182250	谢永林		湖北省	420000	湖北省	420000	男	44	南京大学
10	000001	2013-12-3	3077128	罗康平						男	59	
11	000001	2013-12-3	30149118	胡跃飞	中华人民	江西省吉	360800	江西省吉	360800	男	51	中南财经
12	000001	2014-12-3	301022	王松奇	中华人民共和国					男	62	中国人民
13	000001	2014-12-3	3078604	刘南园	中华人民共和国					男	65	
14	000001	2014-12-3	30149118	胡跃飞	中华人民	江西省吉	360800	江西省吉	360800	男	52	
15	000001	2014-12-3	30285638	蔡方方						女	40	澳大利亚

	M	N	O	P	Q	R	S	T	U	V	W	X
1	Degree	Major	Profession	Resume	PaidSign	TotalSalar	Allowance	SharEnd	IsMTMT	TMTP	IsMTB	CT
2	学历	专业	职称	个人简历	是否领取	报告期报	其中：津	年末持股	是否高管	高管职务	是否董事	董
3	没有单位	没有单位	没有单位	没有单位	没有单位	没有单位	没有单位	没有单位	没有单位	没有单位	没有单位	没
4				理查德·杰	Y	5540000			1	1	1	3
5	4	国际法学		王毅先生,	Y	1000000		24560	0		0	
6	3		高级经济	刘南园先	N	210000	210000		0		1	3
7	4	金融专业	高级经济	冯杰先生,	Y	4330000		0	1	4	0	
8	5	会计学	教授	储一昀先	N	430000	430000	0	0		1	3
9	5	企业管理		谢永林，	Y	4220000		0	1	4	0	
10	4	理学(经济学)		罗康平先	Y	328400			0		0	
11	4	货币银行学		胡跃飞先	Y	5862300		2374	1	4	1	3
12	5	经济学	教授	王松奇先	N	344200	344200	0	0		1	3
13	3		高级经济师		N	199900	199900	0	0		1	3
14	4			胡跃飞先	Y	6002200		2849	1	4	1	3
15	4	会计学		蔡方方女	N	0	0	0	0		1	3

sheet1

图 9－3　高管个人信息

（2）制作蜘蛛矩阵：通过对必要信息的整理归纳，以及复制、转置粘贴，我们不难制作出如图 9－4 所示的 Excel 表格框架。

	A	B	C	D	E	F	G	H	I	J	K	L
1			高管1	高管2	高管3	高管4	高管5	高管6	高管7	高管8	高管9	高管10
2			北京理工	北京大学	清华大学	北京大学	中国人民	北京航空	北京航空	北京理工	清华大学	北京大学
3	高管1	北京理工大学										
4	高管2	北京大学										
5	高管3	清华大学										
6	高管4	北京大学										
7	高管5	中国人民大学										
8	高管6	北京航空航天大学										
9	高管7	北京航空航天大学										
10	高管8	北京理工大学										
11	高管9	清华大学										
12	高管10	北京大学										
13												

图 9－4　蜘蛛矩阵框架

（3）进一步地，我们通过 Excel 的条件函数判定两位高管是否为校友，即是否来自相同的高校。如图 9－5 所示，在 C3 单元格中输入函数"＝IF（C2＝B3，1，0）"。通过 Excel 的表格延伸，得到了我们需要的蜘蛛矩阵。

SUM　=IF(C$2=$B3,1,0)

	A	B	C	D	E	F	G	H	I	J	K	L	M
1			高管1	高管2	高管3	高管4	高管5	高管6	高管7	高管8	高管9	高管10	
2			北京理工	北京大学	清华大学	北京大学	中国人民	北京航空	北京航空	北京理工	清华大学	北京大学	
3	高管1	北京理工	=IF(C$2=$B3,1,0)		0	0	0	0	0	1	0	0	
4	高管2	北京大学	0	1	0	1	0	0	0	0	0	1	
5	高管3	清华大学	0	0	1	0	0	0	0	0	1	0	
6	高管4	北京大学	0	1	0	1	0	0	0	0	0	1	
7	高管5	中国人民	0	0	0	0	1	0	0	0	0	0	
8	高管6	北京航空	0	0	0	0	0	1	1	0	0	0	
9	高管7	北京航空	0	0	0	0	0	1	1	0	0	0	
10	高管8	北京理工	1	0	0	0	0	0	0	1	0	0	
11	高管9	清华大学	0	0	1	0	0	0	0	0	1	0	
12	高管10	北京大学	0	1	0	1	0	0	0	0	0	1	
13													

图 9－5　蜘蛛矩阵

（4）去掉原有横行和纵列的表头，将蜘蛛矩阵修改为如图 9－6 所示的格式。第一行标记 * Vertices 节点数（对于 1－模网络来说节点数＝行数或列数），第二行标记 * Matrix 让蜘蛛开始识别蜘蛛矩阵。

步骤二：将蜘蛛矩阵转化为蜘蛛可以识别的 . net 文件。

	A	B	C	D	E	F	G	H	I	J
1	*Vertices	10								
2	*Matrix									
3	1	0	0	0	0	0	0	1	0	0
4	0	1	0	1	0	0	0	0	0	1
5	0	0	1	0	0	0	0	0	1	0
6	0	1	0	1	0	0	0	0	0	1
7	0	0	0	0	1	0	0	0	0	0
8	0	0	0	0	0	1	1	0	0	0
9	0	0	0	0	0	1	1	0	0	0
10	1	0	0	0	0	0	0	1	0	0
11	0	0	1	0	0	0	0	0	1	0
12	0	1	0	1	0	0	0	0	0	1
13										

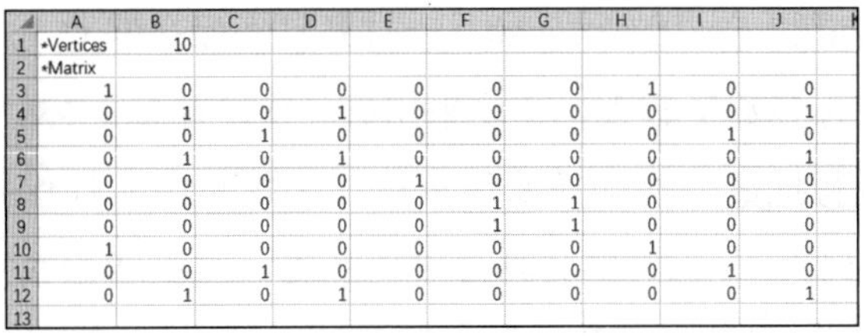

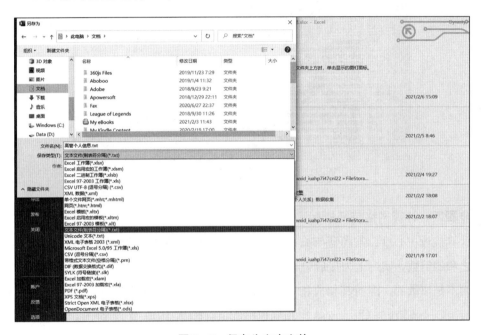

图 9－6　修改蜘蛛矩阵格式

（1）点击 Excel 软件左上角文件＞另存为＞保存类型选择文本文档（制表符分隔）（*.txt），保存到相应文件夹，如图 9－7 所示。

图 9－7　保存为文本文件

（2）将保存好的文件后缀名由 .txt 改为 .net，完成由 Excel 文件到所需的 .net 文件的转换。

步骤三：修改标签（节点的名称）。

可以通过多种方法来修改网络节点的标签，这里先介绍一种笔者认为比较简单的。

（1）用 Pajek 打开上一步中保存的 .net 文件（如图 9－8 所示），点击保存，替换文件或者生成新的文件。

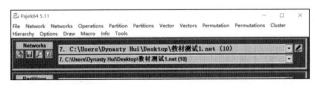

图 9－8　用 Pajek 打开 .net 文件

（2）下载 Notepad＋＋，用 Notepad＋＋打开已经保存好的 . net 文件，修改对应节点标签的名称。如果标签数量较大，建议采用 Excel 或者 Stata 对字符串进行切割与合并，再对标签名称进行批量替换（需要注意格式必须与源文件保持一致，尤其不能少了空格）。另外，由于 Pajek 识别中文时会出现乱码，在更新标签后需要将文件修改为 ANSI 编码。点击编码＞转为 ANSI 编码＞保存（如图 9-9 所示）。

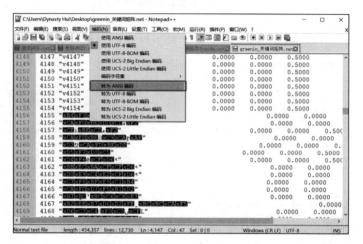

图 9-9　将文件修改为 ANSI 编码

步骤四：计算网络特征指标。

计算接近中心度：某高管与关系网络中其他高管的距离等于高管与其他高管之间的距离之和的倒数，实际上为接近中心度。Pajek 可直接计算接近中心度。由于接近都是连续的而不是离散的，因而其相应指令位于 Network＞Vector 子菜单中。Network＞Create Vector＞Centrality＞Closeness＞Input（Input：输入其他节点到选定节点的距离；Output：选定节点到其他所有节点的距离；All：忽略边的方向，将网络视为无向网。由于本网络为无向网，三个选项输出的结果一样）。

值得注意的是，接近中心度指标对网络图形要求很高，必须是完全相连的图形（Freeman，1979）。如果网络不是（强）连通的，蜘蛛会生成一个含有接近度的矢量文件。对于一个想计算接近度的节点，只关心这个节点可通达的其他节点，计算总距离，然后用可通达节点数的百分比，对总距离进行加权，无法通达的节点的接近度则被设为 0；而整个网络的接近中心度无法计算，因为后者没有适用于非（强）连通网络的定义。

步骤五：输出结果到 Excel。

Tools＞Excel＞Send to Excel＞Current Vector，Pajek 将会直接激活 Excel。

案例实现 2：2-模网络分析案例

在《网络位置、独立董事治理与投资效率》一文中，陈运森和谢德仁（2011）利用社会网络分析方法考察独立董事在上市公司董事网络中位置的差别对独立董事治理行为的影响。

步骤一：编制蜘蛛矩阵。

采用与之前类似的方法，我们不难得到一个如图 9-10 所示的 2-模网络的蜘蛛矩阵。

	A	B	C	D	E	F	G	H	I	J	K
1		独董1	独董2	独董3	独董4	独董5	独董6	独董7	独董8	独董9	独董10
2		京东	阿里巴巴	腾讯	京东	腾讯	百度	京东	百度	华为	百度
3	京东	1	0	0	1	0	0	1	0	0	0
4	阿里巴巴	0	1	0	0	0	0	0	0	0	0
5	腾讯	0	0	1	0	1	0	0	0	0	0
6	百度	0	0	0	0	0	1	0	1	0	1
7	华为	0	0	0	0	0	0	0	0	1	0
8											

图 9-10 2-模网络的蜘蛛矩阵

与 1-模网络不同的是，在第一行标记 Vertices 时，第一个数为总节点数（15＝10＋5），第二个数为事件集合。Pajek 在处理时会自动将节点分为两个子集，在本例中（见图 9-11），第 1 号到第 5 号节点代表公司，第 6 号到第 15 号节点代表独立董事。

	A	B	C	D	E	F	G	H	I	J
1	*Vertices	15	5							
2	*Matrix									
3		1	0	0	1	0	0	1	0	0
4		0	1	0	0	0	0	0	0	0
5		0	0	1	0	1	0	0	0	0
6		0	0	0	0	0	1	0	1	0
7		0	0	0	0	0	0	0	0	1
8										

图 9-11 修改蜘蛛矩阵格式

步骤二：将 2-模网络转换为 1-模网络。

1-模网络的技术分析不一定能直接用于 2-模网络分析，如果不经过修正可能会导致误解，而 2-模网络的专用分析技术相当复杂。我们可以从 2-模网络中生成两个 1-模网络，分别是事件网络（事件之间相互交织）和行动者网络。在 2-模网络中，如果两家公司之间共享一名独立董事，那么在转换成的 1-模网络中，这两家公司之间就会有一条连线（Rows 处理生成的公司网络）；同理，如果两位独立董事同时在一家公司任职，那么在转换成的 1-模网络中，这两个独立董事之间就会有一条连线（Columns 处理生成的高管网络）。

将该蜘蛛矩阵转换成 .net 文件后用 Pajek 打开，执行命令 Network＞2-Mode network＞2-Mode to 1-Mode＞Rows（或者 Columns），即可将 2-模网络转成 1-模网络。

步骤三：计算网络特征指标。

中介中心度：衡量董事网络中某个董事控制其他董事联系路径的程度。执行命令 Network＞Vector＞Centrality＞Betweenness，可以为网络中的每个节点计算中介度，并且存放到相应的矢量文件中。在有向网络中，计算中介度的指令将自动搜寻有向路径，因而无须区别 Input、Output 和 All。无向网络也可以计算中介度。

程度中心度：衡量与某董事直接联结的其他董事的数量之和，描述的是董事的活跃程度。因为本网络为无向网，所以可直接执行操作 Net＞Partitions＞Degree＞All。但是如果网络中既有边又有弧，那么可能需要把边看成出入节点的弧。在这种情况下，读者可以在使用 All 指令之前先用双向的弧来代替无向的边（Network＞Create New Network＞Transform＞Edges-Arcs）。同时建议在计算点度中心度和点度中心势之前先删除网络中的多重连线（Network＞Create New Network＞Transform＞remove＞multiple lines）和环（Network＞Create New Network＞Transform＞remove＞loops）。

● **步骤四**：输出结果到 Excel。

Tools＞Excel＞Send to Excel＞Current Vector，Tools＞Excel＞Send to Excel＞Current Partition。

第三节　社会网络分析与可视化

虽然 Pajek 也自带了网络绘制功能，但是其网络美观程度较差，此处介绍另一个专门对网络进行可视化的软件。Gephi 是一款开源免费跨平台基于 JVM 的复杂网络分析软件，主要用于各种网络和复杂系统的分析及可视化。开发者对它寄予的希望是：成为"数据可视化领域的 Photoshop"。

Gephi 功能介绍：布局、分割、排序、过滤、可视化操作等。

● 布局：Gephi 提供 12 种布局方式，前 6 种是主要布局工具，后 6 种是辅助布局工具。其中最常用的是：力引导布局（Force Atlas 和 ForceAtlas 2）、Fruchterman Reingold 布局和胡一凡布局（Yifan Hu、Yifan Hu 比例、Yifan Hu 多水平）。

力引导布局（Force Atlas 和 ForceAtlas 2）Force Atlas 及 ForceAtlas 2 为力引导布局，力引导布局方法能够产生相当优美的网络布局，并充分展现网络的整体结构及其自同构特征，所以在网络节点布局技术相关文献中该方法占据了主导地位。力引导布局即模仿物理世界的引力和斥力，自动布局直到力平衡。Force Atlas 布局使图更紧凑，可读性强，并且显示大于 hub 的中心化权限（吸引力分布选项），自动稳定提高布局的衔接。

Fruchterman Reingold 布局：Fruchterman 和 Reingold 基于再次改进的弹性模型提出了 FR 算法。该算法遵循两个简单的原则：有边连接的节点应该互相靠近；节点间不能离得太近。FR 算法建立在粒子物理理论的基础上，将图中的节点模拟成原子，通过模拟原子间的力场来计算节点间的位置关系。算法考虑原子间引力和斥力的互相作用，计算得到节点的速度和加速度。依照类似原子或者行星的运动规律，系统最终进入一种动态平衡状态。

胡一凡布局：Yifan Hu、Yifan Hu 比例、Yifan Hu 多水平为胡一凡布局，其中 Yifan Hu 多水平布局适用于非常大的图形，特点是粗化图形，减少计算量，运行速度比较快。

● 分割：分割也是一种归类，把值相同的节点或边用不同的颜色标记出来，还可以把值相同的节点组合成一个节点。常用的分割指标包括程度中心度、中介中心度等，这些指标的定义以及度量方法在前文已提及，此处不再赘述。

● 排序：根据一些值对节点和标签进行归类和排序，并把排序以大小、颜色的形式应用到节点和标签上。

● 过滤：在作图过程中经常需要把一些值相同的节点或边选择出来，此时需要用到过滤工具，通过过滤功能实现选择或者将符合条件的节点和边过滤出来。

● 可视化操作：滚动鼠标滑轮，对图像进行放大缩小，点击鼠标右键可以对图形进行拖动。

案例实现 3：利用 Gephi 进行网络绘制（社区识别）

（一）Gephi 安装

在浏览器中输入网址 https://gephi.org/users/download/，或者直接通过百度搜索 Gephi 进入官网安装即可。需要特别注意的是，在安装 Gephi 前需要安装 Java（https://www.java.com/zh-CN/），并更改 Gephi 文件夹中 etc 文件的部分参数，否则在打开 Gephi 软件时会出现 "cannot find Java 1.8 or higher" 的错误提示。具体操作如下。

步骤一：首先找到 Gephi 的安装路径，找到 etc 文件夹（见图 9-12），用记事本打开 gephi.conf 文件。

图 9-12　etc 文件夹

步骤二：去掉图 9-13 方框中的 "#"，接着将 jdkhome＝后面的 "/path/to/jdk"

改为 Java 安装的路径，例如，"C:\Program Files\Java\jdk-15.0.1"，然后保存。

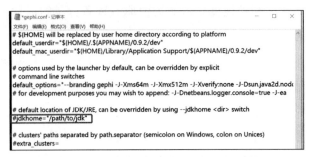

图 9-13　记事本打开的 gephi. conf 文件

步骤三：再次打开 Gephi，没有错误提示。

（二）Gephi 操作界面

Gephi 提供了非常友好的用户交互界面，绘制简单网络的操作基本可以在如图 9-14 所示的几大操作区域内完成。下面对其中最重要的几个操作区的功能进行介绍。

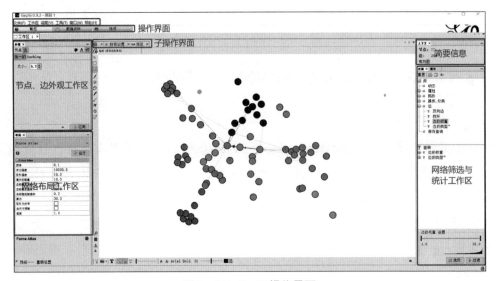

图 9-14　Gephi 操作界面

（三）Gephi 数据导入

Gephi 可识别多种类型的数据，此处介绍两种笔者认为可操作性最强的方法。

1. 方法一：.pajek 文件读取

步骤一：通过 Pajek 将 .net 文件转换为 .pajek 文件。

在将 .net 文件导入 Pajek 后，点击保存按钮（见图 9-15），会生成一个后缀为 .pajek 的文件。需要注意的是，如果研究的是 2-模网络，需要按照上文的步骤将 2-模网络转换为 1-模网络后再点击保存。

图 9-15 点击"保存"按钮

步骤二：将.pajek 文件中的 Unicode 码转换为汉字（如果希望显示节点标签，且节点标签为中文）。

如果将.pajek 文件直接导入 Gephi 会发现所有中文节点标签显示为乱码。这是由于.pajek 在保存文件文件时会自动将所有中文转为 Unicode 编码。因此我们需要将 Unicode 码转回中文。网上有很多类似的转换工具，以 http://www.jsons.cn/unicode/ 为例。用 Notepad++打开步骤一中保存的.pajek 文件，点击右键>全选>Ctrl+X（剪切），将文档中所有字符剪切并粘贴到区域 1 中，点击中文转换 Unicode，发现所有的编码都在区域 2 中转换为了中文，如图 9-16 所示。再点击复制全部结果，将转换好的编码粘贴回在 Notepad++中打开的原文件，并点击保存。

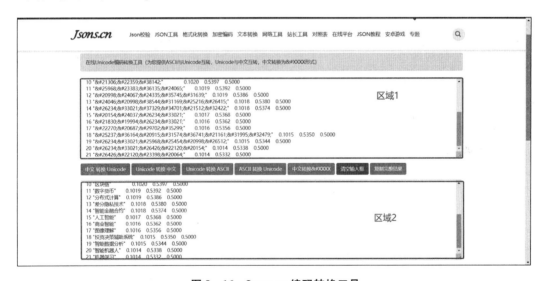

图 9-16 Jsons.cn 编码转换工具

步骤三：将.pajek 文件导入 Gephi。

点击 Gephi 软件左上角的打开按钮（见图 9-17），直接打开步骤二中经过转译处理的.pajek 文件，即可将网络导入 Gephi 之中。打开数据后可以根据自己的需求和网络的特征选择有向、无向、混合网络。

2. 方法二：由 Excel 直接导入

步骤一：在 Excel 中编辑好由 Source（源节点）、Target（目标节点）、Weight（权重）三个量组成的关系表，如图 9-18 所示。

图 9 - 17　点击"打开"按钮

图 9 - 18　Source、Target、Weight 关系表

步骤二：在 Excel 中点击另存为 CSV（逗号分隔）（∗.csv）格式（见图 9 - 19），在 Gephi 直接加载即可。

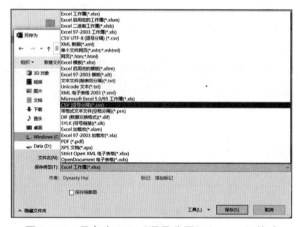

图 9 - 19　另存为 CSV（逗号分隔）（∗.csv）格式

需要注意的是，如图 9 - 20 所示，如果节点的名称是中文，需要将这里的格式选择"GB2312"，否则会出现乱码。

（四）Gephi 绘图的简单操作

Gephi 的绘图与计算功能均十分强大，本处使用 Gephi 自带样例"Les Miserables"对几种常见的绘图功能进行介绍。

步骤一：打开 Gephi 软件，在弹出的如图 9 - 21 所示的窗口中选择样例 Les Miser-

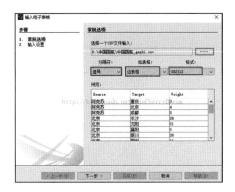

图 9 - 20 格式选择

ables. gexf，图的类型根据具体研究问题进行选择，本处选择"混合网络"。因为网络
图是随机生成的，所以每次打开看到的图形可能会有些不同。

图 9 - 21 欢迎来到 Gephi 窗口

步骤二：布局。打开网络后，可以利用鼠标完成一系列基本操作。如按住右键移
动图形，滚动滑轮放大缩小图形视图等。然后选择"布局"模块，点击"选择一个布
局"，选择 Force Atlas（力引导布局），将斥力强度由 200 调为 10 000，再点击"运
行"，运行结果如图 9 - 22 所示。如果希望节点之间不要重叠，勾选"吸引力分布"。如
果想绘制球形网络，则可以选择 Fruchterman Reingold 分布。

步骤三：排序。左上角区域默认为外观控制台，可以分别对网络的节点和边进行
操作。经常使用的三个工作区如图 9 - 23 所示。

区域 1："节点""边"代表可以对网络节点和边进行操作。

区域 2："统一的"代表不加区分的对所有对象修改外观，"Partition"代表按照对
象所处区域修改外观（例如模块化处理后不同社区显示不同颜色）；"Ranking"代表按
照对象进行自身属性修改外观（例如不同度的节点显示不同大小、颜色）。

区域 3：调色板形状代表对颜色进行修改；套圈形状代表对节点大小进行修改（选
择"边"对象后不会出现）。

如果想绘制步骤五中的图案，可以按如下步骤进行操作：

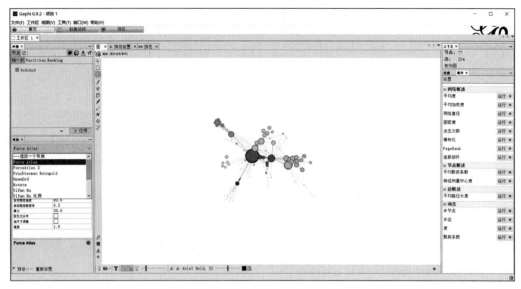

图 9 - 22　运行结果

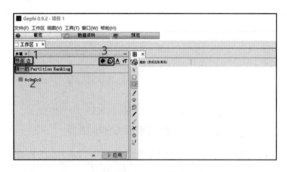

图 9 - 23　工作区

● 选择"节点">"partition">"Modularity Class",以节点的"Modularity Class"属性对节点的颜色进行区分,点击"应用"。

● 选择"节点">"大小">"统一的",设置节点大小为"30",点击"应用"按钮,将所有节点设置为统一大小。

● 选择"节点">"边">"Ranking">"边的权重",点击"应用"按钮,将边的权重大小以颜色进行区分。

值得注意的是,Gephi 的示例文件已经计算好了诸如 Modularity Class 等一系列参数。如果是自己导入的网络文件需要在网络绘制前利用 Gephi 右侧的统计工具栏对相应参数进行计算。例如,如果希望对网络进行社区识别,需要点击"统计">"模块化(运行)">选择"解析度">"确定",如图 9 - 24 所示。完成操作后会发现 Gephi 完成了自动计算。再次点击"节点">"大小">"partition"才会显示 Modularity Class 的选项。

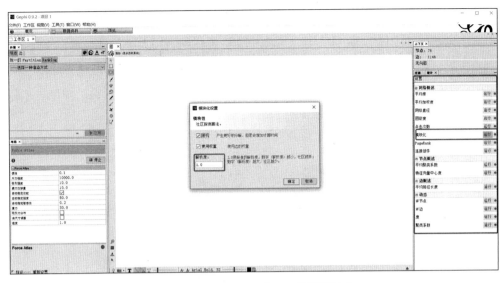

图 9 - 24　模块化设置——选择解析度

同时，如果此时点击文件上方的"数据资料"按钮，我们会发现在原有的网络表格基础上出现了计算的新指标，并且可以点击界面上方"输出表格"导出 Excel。同理，如果我们希望计算网络中心度等指标，也可以采用类似的方法。但当网络规模很大时，Gephi 在计算网络特征指标方面远不如 Pajek 的速度快。读者可以结合自己的需求进行选择。

步骤四：预览。点击"窗口">"预览设置"，切换至"预览"，在"操作"窗口，勾选"显示标签"；如图 9 - 25 所示，点击下一行最右侧按钮，打开字体操作页面，设

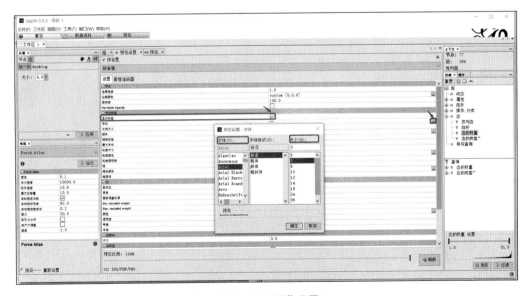

图 9 - 25　预览设置

置字体大小为5，点击刷新。如果标签为中文，则同时需要将"字体样式"调整为常用的中文字体，如"宋体""楷体"等，否则中文标签在网络中无法正常显示。

　　步骤五：调整及导出。切换到预览界面，在导出前进行最后的调整，如图9－26所示。

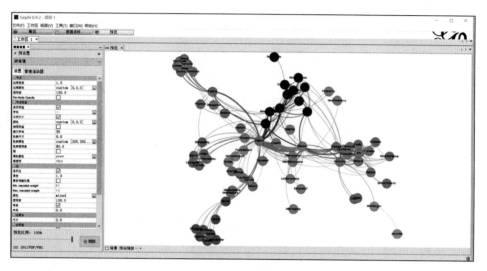

图9－26　调整图形

第 10 章 数据分析工具（四）：图像及音视频分析

前述三种数据分析工具（机器学习、文本分析和社会网络分析）由来已久，已有很多学者将其应用于研究中。与上述技术相比，图像及音视频分析针对的信息结构化程度较低，具有很强的灵活性，因此基于该类素材的研究较为有限。本章梳理了图像分析和音频分析技术在会计研究中的应用，并介绍如何实现图像处理的案例。

第一节 概念引入

一、音频分析

声音比文本能传递的信息更多，会计研究发现了语言特征与企业表现之间的联系。音频分析包含对对话内容的分析和对语音语调的分析，目前大部分研究专注于挖掘对话内容中的语言特征，如表 10-1 所示。与传统的文本分析不同的是，文本分析的分析对象是静态文本，如年报、研报、新闻等，而对话内容分析通过对发言者的表达方式以及用词的分析，能够挖掘出文字以外的更多信息。Larcker and Zakolyukina（2012）基于 LIWC 和 WordNet 词典，通过分析高层发言人的表达方式，包括是否更频繁地使用第三人称（他们）和个人代词（我）、负面表达的占比、表达的确定性等方面，建立基于 CEO 和 CFO 会议电话发言特征的欺诈预测模型。Davis and Tama-Sweet（2012）使用 DICTION 5.0 来衡量管理者在新闻发言和季报、年报 MD&A 部分的情感倾向，研究收益新闻发布中报告的消极语气占比是否与管理者的战略报告激励强度有关。Li et al.（2014）利用 CEO 发言次数和发言字数衡量发言数量，假定管理层的沟通模式揭示管理团队中不同类型知识的分布情况（即哪些成员具备哪些知识储备），发现 CEO 们在他们不太了解的知识领域发言数量较少，且讲话越频繁的 CEO 薪酬也越高，而那些 CEO 薪酬与发言频率不相称的公司，其行业调整后的托宾 Q 值也更低。

表 10 - 1　使用音视频分析的相关代表文献

研究主题	标题	作者	年份	期刊	被引次数
财务会计	Detecting Deceptive Discussions in Conference Calls	David F. Larcker, Anastasia A. Zakolyukina	2012	*Journal of Accounting Research*	539
财务会计	Managers' Use of Language Across Alternative Disclosure Outlets: Earnings Press Releases versus MD&A	Angela K. Davis, IshoTama-Sweet	2012	*Contemporary Accounting Research*	389
财务会计+审计	Analyzing Speech to Detect Financial Misreporting	Jessen L. Hobson, William J. Mayew, Mohan Venkatachalam	2012	*Journal of Accounting Research*	265
公司治理	Knowledge, Compensation, and Firmvalue: An Empirical Analysis of Firm Communication	Feng Li, Michael Minnis, Venky Nagar, Madhav Rajan	2014	*Journal of Accounting and Economics*	103
财务管理	高管之"人"的先天特征在 IPO 市场中起作用吗?	沈艺峰，王夫乐，黄娟娟，纪荣嵘	2017	管理世界	39

　　部分研究对音频中的语音语调进行分析。Hobson et al.（2012）使用自动声音情绪分析软件 LVA 衡量 CEO 在电话会议期间的声音失调情况与财务误报的关系。沈艺峰等（2017）利用全景网的上市网上路演平台中公司高管路演的现场推介视频，对每个高管推介致辞采样 60 秒，使用 Matlab 得到音频的音量最大值、最小值、平均值和音域值，研究高管的语音对 IPO 上市的影响。研究发现，高管语音的音量越低，IPO 热度越高，IPO 折价率越低；并且声音低沉的高管所管理的公司价值较高。

二、图像分析

　　图像作为一种高维度的大数据信息，如何高效地从中提取有用信息一直是研究者们关注的重点如表 10 - 2 所示。Jia et al.（2014）利用 ImageJ 软件计算 CEO 面部宽度与高度之比衡量面部特征与财务误报之间的关系。沈艺峰等（2017）利用厦门大学信息科学与技术学院 MAC 实验室研发的面部评价软件对全景网采集的公司高管在上市网上路演时的正面照片进行分析，研究高管的长相对 IPO 市场的影响，研究发现，投资者偏好高管长相较好的公司，即公司高管长相好，IPO 申购中签率低、首日换手率低。

表 10-2　使用图像分析的相关代表文献

研究主题	标题	作者	年份	期刊	被引次数
财务会计	Masculinity, Testosterone, and Financial Misreporting	Yuping Jia, Laurence Van Lent, Achang Zeng	2014	*Journal of Accounting Research*	213
财务管理	高管之"人"的先天特征在 IPO 市场中起作用吗？	沈艺峰，王夫乐，黄娟娟，纪荣嵘	2017	管理世界	39

第二节　会计研究中图像及音视频分析的应用

由于音视频和图像的复杂性较高，现有文献中大多基于专业软件对数据进行分析，或者仅利用样本的基础特征。本章案例通过百度智能云平台，复现 Jia et al.（2014）利用 ImageJ 软件计算 CEO 面部宽度与高度之比衡量面部特征与财务误报之间关系的研究。

案例实现：基于百度智能云实现人脸长宽比识别

百度 Paddle 平台开发了许多实用的算法，使用者可以通过在百度智能云上开设项目来调用响应算法接口。

本案例使用人脸识别模块，下面将介绍如何利用百度智能云的算法和计算控件来实现识别人脸的长宽比。

步骤一：获取免费资源。

首先，进入对应模块的网址。通过链接①或搜索"百度智能云人脸识别"进入如图 10-1 所示的百度云人脸识别云服务主页，点击"0 元试用"，使用手机号注册账号后进入资源领取页面。

---

① 人脸识别模块链接：https://cloud.baidu.com/product/face.html? track＝9badfbb0efef3cc9be1416d792f4f37c54ef700fcbc3d428。

图 10 - 1　百度云人脸识别云服务主页

选中如图 10 - 2 所示的"基础服务"下的"人脸检测"，点击"0 元领取"获得免费的资源使用权，免费试用资源会在 10 分钟内生效。

图 10 - 2　领取免费资源

步骤二：建立应用。

点击"公有云服务"下的"应用列表"，点击"创建应用"，如图 10 - 3 所示。

填写相关信息后点击"立即创建"（见图 10 - 4）。如果不打算商用，建议在"应用归属"部分选择"个人"。

图 10 - 3　建立应用（一）

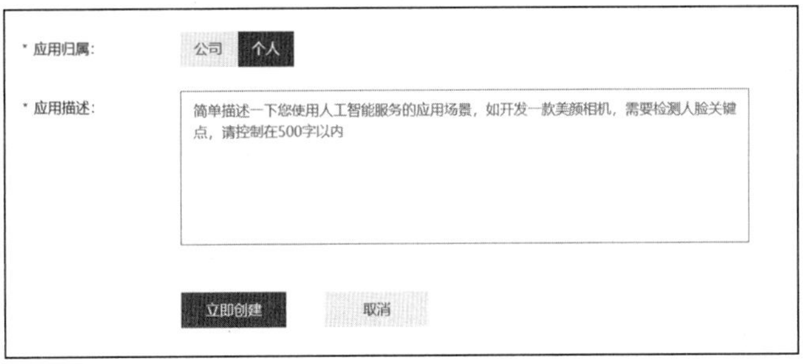

图 10 - 4　建立应用（二）

步骤三：获取项目的 API Key 和 Secret Key。

在"公有云服务"下的"应用列表"中查看已经建立的应用，即可查询项目对应的 API Key 和 Secret Key，如图 10 - 5 所示。

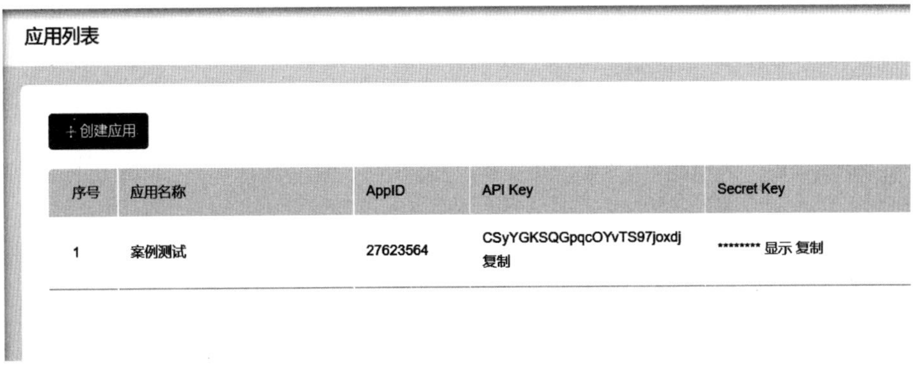

图 10 - 5　查看已经建立的应用

步骤四：替换下面代码中的 filePath、API Key 和 Secret Key 三个变量的取值，即可成功运行，其计算结果保存在 filePath 下 result. xls 文件中。

```python
1. import os
2. from time import sleep
3. import requests
4. import base64
5. import numpy as np
6. import pandas as pd
7.
8. #需要更改的三个参数
9. filePath = r'D:\照片'    #待分析照片存放的文件夹
10. APIKey = 'APIKey '    #AI studio 中开设项目的 API Key
11. SecretKey = 'SecretKey '    #AI studio 中开设项目的 Secret Key
12.
13.
14. def faceLoc(file):
15.     request_url = "https://aip. baidubce. com/rest/2. 0/face/v3/detect"
16.     #以二进制方式打开图片文件
17.     image_path = os. path. join(filePath, file)
18.     f = open(image_path, 'rb')
19.     img = base64. b64encode(f. read())
20.     params = {"image":img, 'image_type':'BASE64'}
21.     request_url = request_url + "? access_token= " + access_token
22.     headers = {'content- type': 'application/json'}
23.     response = requests. post(request_url, data= params, headers= headers)
24.     if response. json()['error_code'] == 0:
25.         result = response. json()['result']['face_list'][0]['location']
26.         width = result['width']/np. cos(result['rotation'])
27.         height = result['height']/np. cos(result['rotation'])
28.         return width, height
29.     else:
30.         return False, response. json()['error_msg']
31.
32.
33. def get_token():
34.     host = 'https://aip. baidubce. com/oauth/2. 0/token? grant_type= client_credentials&client_id= {}&client_secret= {}'. format(APIKey, SecretKey)
35.     response = requests. get(host)
36.     return response. json()['access_token']
```

```
37.
38. if __name__ == "__main__":
39.     global access_token
40.     access_token = get_token()
41.     files = os.listdir(filePath)
42.     info = pd.DataFrame(columns=['file','width','height','ratio=h/w'])
43.     for file in files:
44.         width,height = faceLoc(file)
45.         if width:
46.             info.loc[len(info)] = [file,width,height,height/width]
47.         else:
48.             info.loc[len(info)] = [file,height,'','']
49.         print(file)
50.         sleep(0.4)
51.     info.to_excel(os.path.join(filePath,'result.xls'))
```

第 11 章　Python 与常用软件的交互

会计研究中常会涉及文件格式转换、从文件中提取文本信息以及 Python 与其他软件的交互。本章总结了会计研究中常用的应用场景，读者可以根据说明更改相关参数，实现所需功能。

第一节　Python 处理 Word

常规文本处理工作可以通过人工实现，但批量处理时，就会耗时耗力，这时可以使用 Python 的第三方库 docx 来实现 Word 文档的批量操作。docx 库内封装了处理 Word 文档的多种函数，总体上可以分为两大类。一种是提取文档中的信息，例如字符串提取、表格提取等；另一种是对文档的内容和格式进行编辑，例如插入图片、页眉页脚设置、行间距设置等。因此，掌握如何使用 docx 库对于批量操作文档很有帮助。本节介绍 docx 库中常用的几种功能，读者可以通过更改参数完成相关功能的使用。

功能一：批量提取 Word 中全部文字

该工具可提取文件夹 filePath 中全部 Word 文件中的文本，并将文本存储在原文件夹下的文本文档中。实现代码如下，使用时更改 filePath 的文件夹路径即可。

```
1. from docx import Document
2. import os
3.
4. #Word 文件所在的文件夹
5. filePath = r'D:\test'
6. os.chdir(filePath)
7.
8. #提取每个文件中的文本信息
9. files = os.listdir(filePath)
10. for file in files:
11.     if file.endswith('docx') or file.endswith('doc'):
```

```
12.        text = ''
13.        document = Document(file)
14.        for p in document.paragraphs:
15.            text += p.text
16.        #将 Word 中的文本存储在该文件夹下的文本文档中
17.        fw = open(file.replace('.docx','.txt'),'w',encoding='utf-8')
18.        fw.write(text)
19.        fw.close()
20.        print(file)
```

功能二：批量提取 Word 中全部表格

该工具可以将文件夹 filePath 中 Word 文件内的表格分别存储在与文件名对应的 Excel 表格中。实现代码如下，使用时更改 filePath 的文件夹路径即可。

```
1. import docx
2. import pandas as pd
3. import os
4.
5. #Word 文件所在的文件夹
6. filePath = r'D:\案例代码\与 word 交互'
7. os.chdir(filePath)
8.
9. #识别文件夹中的全部文件
10. files = os.listdir(filePath)
11. for file in files:
12.     #对 Word 文档进行解析
13.     if file.endswith('docx') or file.endswith('doc'):
14.         #定义 ExcelWriter,使一个文件中的全部表格能够写在一个 Excel 中的不同
Sheet 页里
15.         try:
16.             writer = pd.ExcelWriter(file.replace('.docx','.xlsx'))
17.         except:
18.             writer = pd.ExcelWriter(file.replace('.doc','.xlsx'))
19.         file = docx.Document(file)
20.         #识别文件中的全部表格
21.         tables = file.tables
22.         t = 0
23.         for table in tables:
24.             temp = pd.DataFrame()
```

```
25.        for i in range(len(table.rows)):
26.            for j in range(len(table.columns)):
27.                temp.loc[i,j] = table.cell(i,j).text
28.        temp.to_excel(writer,sheet_name=str(t),index=False,header=False)
29.        t += 1
30.
31.    writer.save()
32.    writer.close()
```

第二节 Python 处理 Excel

在前面的案例中，基本每个案例中都会出现 pandas 库的身影，它作为实现 Python 与 Excel 交互的途径，被广泛使用。虽然 Excel 也有很多数据处理的功能，但是当数据量较大时，Excel 经常会出现卡顿的现象；且对于较复杂的计算，Excel 也有一定的局限性。本节介绍 pandas 库两个常用的数据处理功能：数据合并和分组计算。

本案例以 CSMAR 数据库中的分析师人数和上市公司审计师意见的部分表格为例，完成数据合并的功能。表格的内容如图 11-1 所示。

证券代码	公司名称	时间	审计意见
1	平安银行	1992/12/31	标准的无保留意见
1	平安银行	2004/12/31	带强调事项段的无保留意见
1	平安银行	2011/12/31	标准的无保留意见
1	平安银行	2020/12/31	标准的无保留意见
2	万科A	2003/12/31	标准的无保留意见
2	万科A	2011/12/31	标准的无保留意见
2	万科A	2018/12/31	标准的无保留意见
2	万科A	2019/12/31	标准的无保留意见
2	万科A	2020/12/31	标准的无保留意见
600148	长春一东	2011/12/31	标准的无保留意见
600148	长春一东	2020/12/31	标准的无保留意见
300559	佳发教育	2020/12/31	标准的无保留意见
300648	星云股份	2017/12/31	标准的无保留意见
300648	星云股份	2018/12/31	标准的无保留意见
300648	星云股份	2019/12/31	标准的无保留意见
300648	星云股份	2020/12/31	标准的无保留意见

证券代码	公司名称_x	时间	审计意见
1	平安银行	1992/12/31	标准的无保留意见
1	平安银行	2004/12/31	带强调事项段的无保留意见
1	平安银行	2011/12/31	标准的无保留意见
1	平安银行	2020/12/31	标准的无保留意见
2	万科A	2003/12/31	标准的无保留意见
2	万科A	2011/12/31	标准的无保留意见
2	万科A	2018/12/31	标准的无保留意见
2	万科A	2019/12/31	标准的无保留意见
2	万科A	2020/12/31	标准的无保留意见
600148	长春一东	2011/12/31	标准的无保留意见
600148	长春一东	2020/12/31	标准的无保留意见
300559	佳发教育	2020/12/31	标准的无保留意见
300648	星云股份	2017/12/31	标准的无保留意见
300648	星云股份	2018/12/31	标准的无保留意见
300648	星云股份	2019/12/31	标准的无保留意见
300648	星云股份	2020/12/31	标准的无保留意见

公司名称	证券代码	时间	分析师人数
深发展A	1	2002/12/31	2
深发展A	1	2011/12/31	50
平安银行	1	2020/12/31	41
万科A	2	2004/12/31	7
万科A	2	2011/12/31	59
万科A	2	2020/12/31	45
深振业A	6	2011/12/31	6
深振业A	6	2012/12/31	5
深振业A	6	2013/12/31	8
星云股份	300648	2018/12/31	6
星云股份	300648	2019/12/31	2
星云股份	300648	2020/12/31	3
长春一东	600148	2009/12/31	1
长春一东	600148	2010/12/31	
长春一东	600148	2011/12/31	1
长春一东	600148	2014/12/31	1
长春一东	600148	2020/12/31	

图 11-1 分析师和上市公司审计意见部分内容

功能一：数据合并

会计研究中，通常要对于多种来源的数据进行分析，因此正确的数据合并是数据处理中很重要的一个环节。如图 11－1 所示，两个表格分别以证券代码和时间作为标识，因此将这两个标识作为合并的基准。选择使用证券代码而不是公司名称的原因是公司名称可能会改变，但是证券代码却是始终唯一的。其实现代码如下。

```
1. import pandas as pd
2. import os
3.
4. #改变当前工作路径
5. os.chdir(r'D:\案例代码\与 Excel 交互')
6.
7. #读取待合并表格
8. advise = pd.read_csv('审计意见.csv')
9. analyze = pd.read_csv('分析师人数.csv')
10. #合并表格
11. merge = pd.merge(advise,analyze,how='outer',on=['证券代码','时间'])
12. merge.to_csv('合并结果.csv',encoding='gbk',index=False)
```

结果如图 11－2 所示。发现存在"公司名称＿x"和"公司名称＿y"，这是因为合并前的两个表格分别包含公司名称的字段，但是合并的时候没有以其为基础进行合并，因此在合并后的表格中，为区分来自两个表格中的不同字段，系统自动添加后缀进行区别。在实际处理的过程中，可以在合并前，将这两列数据删除。

证券代码	公司名称_x	时间	审计意见	公司名称_y	分析师人数
1	平安银行	1992/12/31	标准的无保留意见		
1	平安银行	2004/12/31	带强调事项段的无保留意见		
1	平安银行	2011/12/31	标准的无保留意见	深发展A	50
1	平安银行	2020/12/31	标准的无保留意见	平安银行	41
2	万科A	2003/12/31	标准的无保留意见		
2	万科A	2011/12/31	标准的无保留意见	万科A	59
2	万科A	2018/12/31	标准的无保留意见		
2	万科A	2019/12/31	标准的无保留意见		
2	万科A	2020/12/31	标准的无保留意见	万科A	45
600148	长春一东	2011/12/31	标准的无保留意见	长春一东	1
600148	长春一东	2020/12/31	标准的无保留意见	长春一东	
300559	佳发教育	2020/12/31	标准的无保留意见		
300648	星云股份	2017/12/31	标准的无保留意见		
300648	星云股份	2018/12/31	标准的无保留意见	星云股份	6
300648	星云股份	2019/12/31	标准的无保留意见	星云股份	2
300648	星云股份	2020/12/31	标准的无保留意见	星云股份	3
1		2002/12/31		深发展A	2
2		2004/12/31		万科A	7
6		2011/12/31		深振业A	6
6		2012/12/31		深振业A	5
6		2013/12/31		深振业A	8
600148		2009/12/31		长春一东	1
600148		2010/12/31		长春一东	
600148		2014/12/31		长春一东	1

图 11－2　合并结果

功能二：分组计算

分组计算是对数据根据某个指标进行分组，然后以组为单位对组内的某些指标进行计算。本案例以 CSMAR 数据库中的上市公司追踪的分析师人数的数据为例，按照公司的证券代码分组，分别计算每个公司在所有年份中，有追踪分析师数据的年份数，并追踪分析师的总数、平均数、最大值、最小值。其实现代码如下。

```python
1. import pandas as pd
2. import os
3.
4. #改变当前工作路径
5. os.chdir(r'D:\案例代码\与 Excel 交互')
6.
7. #读取待合并表格
8. analyze = pd.read_csv('分析师人数.csv')
9.
10. result = analyze.groupby(['证券代码']).agg({'分析师人数':['count','sum','mean','max','min']})
11. result.to_csv('分析师人数分组计算结果.csv',encoding='gbk')
```

得到的结果如图 11-3 所示。

	分析师人数	分析师人数	分析师人数	分析师人数	分析师人数
	count	sum	mean	max	min
证券代码					
1	3	93	31	50	2
2	3	111	37	59	7
6	3	19	6.333333333	8	5
300648	3	11	3.666666667	6	2
600148	3	3	1	1	1

图 11-3　分组计算结果

第三节　PDF 转文本

会计研究经常与各种报告打交道，如年报、季报、研报等。这些报告往往都是以 PDF 形式上传的，便于文本内容的展示，但是 PDF 格式的文件却不能直接被程序读取。本节通过字节读取和光学字符识别（Optical Character Recognition，OCR）两种技术实现读取 PDF 文件中的文本信息。

在实际运用中，字节读取的方式（功能一）运行速度更快，但是由于部分 PDF 存在加密的功能，直接对其文本字节进行解析无法获得原本的信息。此时可以使用 OCR 技术，先将 PDF 转换成图片，再识别图片中的文本信息。该方法的实现速度较慢，且可能存在一定误差。本节使用基于百度智能云的 OCR 技术，其对于正式文档的识别准确率较高。

功能一：PDF 转为 TXT

步骤一：安装 pdfminer 库。

依次输入如下两个命令即可完成安装。

```
1. pip3 install --upgrade setuptools
2. pip3 install pdfminer3k
```

注意：顺序不可颠倒！

步骤二：修改程序中的相关信息，转换出的文本文档在 fileDir 下的 TXT 文件夹中。

```
1. import os,re,time,pdfminer
2. from pdfminer.pdfinterp import PDFResourceManager,PDFPageInterpreter
3. from pdfminer.pdfpage import PDFPage
4. from pdfminer.converter import TextConverter
5. from pdfminer.layout import LAParams #四行内容均是改变所用库的名称
6. fileDir = r'C:\Users\Lenovo\Desktop\共享' #导入并命名想要转换的 PDF 文件夹
7. def pdfTotxt(filepath,outpath,file): #定义函数 pdfTotxt
8.     try: #程序的异常处理结构
9.         fp = open(filepath,'rb') #以二进制方式打开文件 filepath
10.        outfp = open(outpath,'w',encoding='utf-8') #以文本形式覆盖写模式打
                                                       开文件 outpath
11.        rsrcmgr = PDFResourceManager(catching = False)
12.        laparams = LAParams() #设立参数供下面进行分析
13.        device = TextConverter(rsrcmgr,outfp,laparams=laparams,image-
           writer=None) #创建 PDF 页面聚合器对象
14.        interpreter = PDFPageInterpreter(rsrcmgr,device)
15.        for page in PDFPage.get_pages(fp,pagenos=set(),maxpages=0,pass-
           word='',catching=False,check_extractable=True): #遍历文件中每一页
16.            page.rotate = page.rotate % 360 #页面旋转
17.            interpreter.process_page(page)
18.        fp.close()
19.        device.close()
20.        outfp.flush() #将缓冲区数据写入文件
21.        outfp.close()
22.        print("Saved:"+ file)
23.    except Exception as e:
24.        print("Exception:% s",file)
25. def fileTotxt(fileDir):
26.     files = os.listdir(fileDir) #返回文件夹包含文件的名字列表
```

```
27.     tarDir = fileDir +  '\\txt'
28.     if not os. path. exists(tarDir):
29.         os. mkdir(tarDir)
30.     replace = re. compile(r'\. pdf', re. I)
31.     for file in files:
32.         filePath = fileDir +  '\\'+ file
33.         outPath = tarDir+ '\\'+ re. sub(replace,'',file)+ '. txt'
34.         if not os. path. isfile(outPath):
35.             start = time. time()
36.             pdfTotxt(filePath,outPath,file)
37.             end = time. time()
38.             print('TIme Used: {:.2f}'. format(end- start))
39.             print()
40. fileTotxt(fileDir)
```

功能二：通过百度智能云 OCR 技术转换

由于部分文档存在加密等其他问题，功能一的程序无法成功提取其中的文本信息。OCR 技术转换可用于处理功能一转换产生问题的文件，处理速度较慢，但是可以识别 PDF 中图片的文字，准确率较高。

步骤一：获取免费资源。

首先，进入对应模块的网址。通过链接①或搜索"百度智能云 OCR 文字识别"进入如图 11-4 所示的百度云文字识别模块主页，点击"立即使用"，使用手机号注册账号后进入概览页面。

图 11-4　百度智能云文字识别主页

① OCR 文字识别模块链接：https://cloud. baidu. com/product/ocr? track＝064a612f66e644e2c21264d6d5c028cae22ad4950d447fa3。

点击"免费尝鲜"下的"去领取"以领取免费资源（见图 11-5）。

图 11-5　百度智能云文字识别概览页面

选中如图 11-6 所示的"通用场景 OCR"下的"通用文字识别（高精度含位置版）"，点击"0 元领取"获得免费的资源使用权，免费试用资源会在 10 分钟内生效。

图 11-6　领取免费资源

步骤二：建立应用。

点击"公有云服务"下的"应用列表"，点击"创建应用"（见图 11-7）。

图 11 - 7　建立应用（一）

填写相关信息后点击"立即创建"（见图 11 - 8）。如果不打算商用，建议在"应用归属"部分选择"个人"。

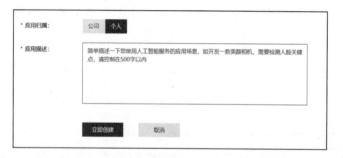

图 11 - 8　建立应用（二）

步骤三：获取项目的 API Key 和 Secret Key。

在"公有云服务"下的"应用列表"中查看已经建立的应用，即可查询项目对应的 API Key 和 Secret Key（见图 11 - 9）。

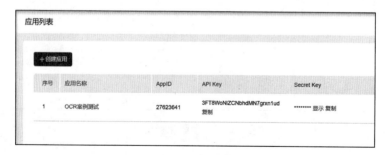

图 11 - 9　查看已经建立的应用

步骤四：修改程序中相关信息，即可实现功能。

需要更改的参数有：

● fileDir：该文件夹存放着需要转换的 PDF 文件；

● API_Key：步骤三中表格内的 API Key；

● Secret_Key：步骤三中表格内的 Secret Key。

转换好的文本文档（TXT 文件）会在 fileDir 下的 TXT 文件夹中。

```
1. import fitz
2. import os
3. import time
4. import re
5. import requests
6. import base64
7. import random
8.
9. fileDir = r'D:\pdf'    #将需要转换的 PDF 放在一个文件夹中
10. API_Key = '***Your API Key***'    #应用详情中的 API Key
11. Secret_Key = '***Your Secret Key***'    #应用详情中的 Secret Key
12.
13. def main():
14.     global access_token
15.     access_token = get_token()
16.     files = os.listdir(fileDir)
17.     for file in files:
18.         pdfPath = fileDir + '\\' +file
19.         txtPath = fileDir + '\\txt\\' +file.replace('pdf','txt')
20.         if not os.path.exists(txtPath):
21.             start = time.time()
22.             print(file)
23.             imagePath = fileDir + '\\image\\' +file[:- 4]
24.             totalPages = pdf_to_pic(pdfPath, imagePath)
25.             print('Picture Done {} pages in total'.format(totalPages))
26.             pic_to_txt(imagePath,pdfPath,txtPath)
27.             end = time.time()
28.             print('Time used: {:.4f}s'.format(end- start))
29.             print()
30.
31. def pdf_to_pic(pdfPath,imagePath):
32.     pdfDoc = fitz.open(pdfPath)
33.     for pg in range(pdfDoc.pageCount):
```

```
34.        page = pdfDoc[pg]
35.        rotate = int(0)
36.      #设置分辨率
37.      # (1.33333333--> 1056x816)    (2--> 1584x1224)
38.      zoom_x = 2
39.        zoom_y = 2
40.        mat = fitz.Matrix(zoom_x, zoom_y).preRotate(rotate)
41.        pix = page.getPixmap(matrix=mat, alpha=False)
42.        if not os.path.exists(imagePath):
43.            os.makedirs(imagePath)
44.        pix.writePNG(imagePath+'/'+'images_{}.png'.format(pg))
45.    return pdfDoc.pageCount
46.
47. def pic_to_txt(imagePath, pdfPath, txtPath):
48.    global txt
49.    txt = ''
50.    files = os.listdir(imagePath)
51.    files.sort(key=lambda x: int(re.findall(r'\d+', x)[0]))
52.    for file in files:
53.        if int(re.findall(r'\d+', file)[0]) % 10 == 0: print
    ('pic to txt: ' + file)
54.        file = imagePath + '\\' + file
55.        for i in range(10):
56.            try:
57.                page = img_to_str(file, txt)
58.                time.sleep(random.random())
59.                break
60.            except:
61.                print('Try again')
62.                continue
63.        txt += page
64.    if not os.path.exists(txtPath):
65.        os.makedirs(txtPath)
66.    fw = open(txtPath, 'w', encoding='utf-8')
67.    fw.write(txt)
68.    fw.close()
69.
70.
71. def get_file_content(file):
```

```python
72.    with open(file, 'rb') as fp:
73.        return fp.read()
74.
75. def img_to_str(image_path, txt):
76.     request_url = "https://aip.baidubce.com/rest/2.0/ocr/v1/general_basic"
77.     f = open(image_path, 'rb')
78.     img = base64.b64encode(f.read())
79.     params = {"image":img,
80.                 'paragraph':'true'}
81.     request_url = request_url +"? access_token=" +access_token
82.     headers = {'content- type': 'application/x- www- form- urlencoded'}
83.     response = requests.post(request_url, data=params, headers=headers)
84.     result = response.json()
85.     page = ''
86.     for item in result['paragraphs_result']:
87.         para = ''
88.         para_idx =  item['words_result_idx']
89.         for i in para_idx:
90.             if result['words_result'][i]['words'] not in txt:
91.                 para += result['words_result'][i]['words']
92.         page += para + '\n'
93.     return page[:-1]
94.
95. def get_token():
96.     host = 'https://aip.baidubce.com/oauth/2.0/token? grant_type=client_
    credentials&client_id={}&client_secret={}'.format(API_Key, Secret_Key)
97.     response = requests.get(host)
98.     return response.json()['access_token']
99.
100. main()
```

第四节　Python 与 Stata

　　会计研究中常用的计量软件 Stata 17 于 2021 年 4 月正式发布，其中一项重要更新是开放 PyStata 命令，用户可以通过 API 接口在 Python 中调用 Stata 的命令，获取数据，并且返回结果；或者在 Stata 中调用 Python 的命令，实现 Stata 与 Python 的无缝交互。

PyStata 的新功能包括：

（1）能够在基于 IPython 内核的环境（如 Jupyter Notebook、Spyder IDE 或 Py-Charm IDE）中使用 Stata。该功能主要依靠三个 IPython 命令：stata、mata 和 pystata。

（2）能够从 Python Shell 调用 Stata，例如 Windows 命令提示符、macOS 终端或 Unix 终端。该功能的实现主要依靠一套来自 Python 的 API 函数，用于运行 Stata 命令并访问 Stata 数据和返回的结果。

在 Stata 中调用 Python 只需要安装 PyStata 包后即可直接调用。具体的命令可直接参考 PyStata 发布的 help 文件（PDF 版文件地址 https://www.stata.com/manuals/ppystataintegration.pdf）。需要注意的是，目前 PyStata 只适用于 Stata 17 版本。在实现下述功能前需要安装 Stata 17。具体安装流程请参考官方说明，此处不再赘述。

功能一：在 Python 中使用 Stata

第一步：配置 Python。

官方命令如下，但该命令可能会报错。

```
1. pip install --upgrade --user stata_setup
```

可以考虑使用下列命令：

```
1. pip install -i https://pypi.python.org/simple --upgrade --user stata_setup
```

出现如图 11-10 所示"successfully installed stata-setup-0.1.2"代表安装成功。

图 11-10　安装成功界面

第二步：调用 PyStata 内置库，使用 stata.run() 命令在 Python 中调用 Stata 库。

```
1. import stata_setup
2. stata_setup.config(r"D:\DataScience\StataSet\S17","se")
```

其中"D:\DataScience\StataSet\S17"为 stata 的安装目录，注意要设置为 SE。

```
3. from pystata import stata #调用 pystata 内置库 stata
```

```
    Variable |        Obs         Mean    Std. dev.        Min        Max
-------------+-----------------------------------------------------------
         mpg |         74      21. 2973    5. 785503         12         41
```

4. stata. run('sysuse auto, clear')　#调用 Stata 命令“sysuse auto, clear”

5.

6. stata. run('''

7. summarize

8. reg mpg price i. foreign

9. ereturn list

10. ''')　#调用 Stata 命令“summarize”,“reg mpg price i. foreign”,“ereturn list”

```
   // run a linear regression
.   regress mpg price i. foreign

      Source |        SS         df            MS   YQNumber of obs   =         74
-------------+------------------------------------- F(2, 71)          =      23. 01
       Model |  960. 866305        2    480. 433152  Prob >F           =     0. 0000
    Residual |  1482. 59315       71    20. 8815937  R-squared         =     0. 3932
-------------+------------------------------------- Adj R-squared     =     0. 3761
       Total |  2443. 45946       73    33. 4720474  Root MSE          =     4. 5696


----------------------------------------------------------------------------
         mpg | Coefficient  Std. err.       t    P> |t|   [95%  conf. interval]
-------------+--------------------------------------------------------------
       price |   -. 000959   . 0001815    -5. 28    0. 000   -. 001321   -. 000597
             |
     foreign |
     Foreign |   5. 245271   1. 163592     4. 51    0. 000    2. 925135   7. 565407
       _cons |   25. 65058   1. 271581    20. 17    0. 000    23. 11512   28. 18605
----------------------------------------------------------------------------

.   ereturn list

scalars:
                  e(N)  =   74
               e(df_m)  =   2
               e(df_r)  =   71
                  e(F)  =   23. 00749448574634
                 e(r2)  =   . 3932401256962295
               e(rmse)  =   4. 569638248831391
                e(mss)  =   960. 8663049714787
                e(rss)  =   1482. 593154487981
                e(r2_a) =   . 3761482982510528
                 e(ll)  =   -215. 9083177127538
               e(ll_0)  =   -234. 3943376482347
               e(rank)  =   3
```

```
macros:
            e(cmdline)  :  "regress mpg price i. foreign"
              e(title)  :  "Linear regression"
          e(marginsok)  :  "XB default"
                e(vce)  :  "ols"
             e(depvar)  :  "mpg"
                e(cmd)  :  "regress"
         e(properties)  :  "b V"
            e(predict)  :  "regres_p"
              e(model)  :  "ols"
          e(estat_cmd)  :  "regress_estat"
matrices:
                 e(b)  :  1 x 4
                 e(V)  :  4 x 4
functions:
            e(sample)
```

第三步：使用 stata. get_return ( )、stata. get_ereturn ( )、stata. get_sreturn ( )将 stata r ( )、e ( ) 和 s ( ) 的结果存储为词典形式，之后进行调用。

附录1 文本分析常用中文数据集介绍

1. THUCNews 数据集

THUCNews 由新浪新闻 RSS 订阅频道 2005—2011 年的历史数据筛选过滤生成，包含 74 万篇新闻文档（2.19 GB），均为 UTF-8 纯文本格式。我们在原始新浪新闻分类体系的基础上，重新整合划分出 14 个候选分类类别：财经、彩票、房产、股票、家居、教育、科技、社会、时尚、时政、体育、星座、游戏、娱乐。使用 THUCTC 工具包在此数据集上进行评测，准确率可以达到 88.6%。

2. 今日头条新闻文本分类数据集

该数据集数据来源为今日头条客户端，共 382 688 条新闻数据信息，分布于 15 个分类中，其包含类别如附表 1 所示。每条数据以_!_分割字段，包含的信息有新闻 ID、分类编码、分类名称、新闻标题、新闻关键词。

附表 1　今日头条新闻文本分类数据集

分类编码	分类名称 1	分类名称 2	分类名称（英文）
100	民生	故事	news_story
101	文化	文化	news_culture
102	娱乐	娱乐	news_entertainment
103	体育	体育	news_sports
104	财经	财经	news_finance
106	房产	房产	news_house
107	汽车	汽车	news_car
108	教育	教育	news_edu
109	科技	科技	news_tech
110	军事	军事	news_military
113	国际	国际	news_world
114	证券	股票	stock
115	农业	三农	news_agriculture
116	电竞	游戏	news_game

3. 搜狗实验室的全网新闻数据集

搜狗实验室数据均是通过各种计算机程序自动收集所得，仅供科研人员研究中国网络信息和用户行为所用。该数据及包含来自若干新闻站点 2012 年 6 月至 7 月国内外体育、社会、娱乐等 18 个频道的新闻数据，数据集包含新闻页面 URL、页面 ID、页面标题以及页面正文四个内容。

附录 2 · 文献列表

本教材整理了 2010—2020 年国内外权威会计、经济、金融、管理领域期刊中使用大数据技术的文献，所包含的期刊有《会计研究》、《管理世界》、《审计研究》、《经济研究》、*The Journal of Finance*、*Review of Accounting Studies*、*Management Science*、*Journal of Financial Economics*、*Journal of Accounting Research*、*Journal of Accounting and Economics*、*Contemporary Accounting Research*、*The American Economic Review*、*The Accounting Review*。

研究主题	标题	作者	年份	期刊	大数据技术	技术细分	被引次数
财务会计	The Information Content of Forward-Looking Statements in Corporate Filings—A Naïve Bayesian Machine Learning Approach	Feng Li	2010	*Journal of Accounting Research*	文本分析＋机器学习	情感分析＋可读性分析	1003
公司治理	External Networking and Internal Firm Governance	Cesare Fracassi, Geoffrey Tate	2012	*The Journal of Finance*	网络分析	关联分析	892
公司治理	Corporate Goodness and Shareholder Wealth	Philipp Krüger	2015	*Journal of Financial Economics*	数据库＋文本分析	情感分析	849
公司治理	网络位置、独立董事治理与投资效率	陈运森，谢德仁	2011	管理世界	网络分析	中心度分析	741
财务会计	母子公司产业网络关系与资本市场信息效率——基于股价同步性的经验证据	赵天骄，李成，张冰石	2020	会计研究	网络分析	中心度＋密度	700

续表

研究主题	标题	作者	年份	期刊	大数据技术	技术细分	被引次数
财务会计	媒体报道、制度环境与股价崩盘风险	罗进辉，杜兴强	2014	会计研究	数据库	搜索引擎报告数量	674
财务会计	The Information Content of Mandatory Risk Factor Disclosures in Corporate Filings	John L. Campbell, Hsinchun Chen, Dan S. Dhaliwal, Hsin-Min Lu, Logan B. Steele	2014	*Review of Accounting Studies*	文本分析	关键词识别	572
财务会计	Detecting Deceptive Discussions in Conference Calls	David F. Larcker, Anastasia A. Zakolyukina	2012	*Journal of Accounting Research*	音频＋文本分析	关键词识别＋情感分析	539
公司治理	Boardroom Centrality and Firm Performance	David F. Larcker, Eric C. So, Charles C. Y. Wang	2013	*Journal of Accounting and Economics*	网络分析	中心度分析	532
财务会计	Investor Information Demand：Evidence from Google Searches Around Earnings Announcements	Michael S. Drake, Darren T. Roulstone, Jacob R. Thornock	2012	*Journal of Accounting Research*	数据库	搜索引擎报告数量	524
财务会计	Management's Tone Change，Post Earnings Announcement Drift and Accruals	Ronen Feldman, SureshGovindaraj, Joshua Livnat, Benjamin Segal	2010	*Review of Accounting Studies*	文本分析	情感分析	523
财务会计	Tone Management	Xuan Huang, Siew Hong Teoh，Zhang Yinglei，	2014	*The Accounting Review*	文本分析	情感分析	492
财务会计	Large-Sample Evidence on Firms' Year-over-Year MD&A Modifications	Stephen V. Brown, Jennifer Wu Tucker	2011	*Journal of Accounting Research*	文本分析	相似度分析	469
财务管理	Social Capital and Social Quilts：Network Patterns of Favor Exchange	Matthew O. Jackson, Tomas Rodriguez-Barraquer, Xu Tan	2012	*The American Economic Review*	网络分析		449

续表

研究主题	标题	作者	年份	期刊	大数据技术	技术细分	被引次数
财务管理	Corporate Finance Policies and Social Networks	Cesare Fracassi	2016	*Management Science*	网络分析	关联分析	436
财务管理	Networking as a Barrier to Entry and the Competitive Supply of Venture Capital	Yael V. Hochberg, Alexander Ljungqvist, Yang Lu	2010	*The Journal of Finance*	网络分析	中心度分析	436
财务会计	Earnings Management and Annual Report Readability	Kin Lo, Felipe Ramos, Rafael Rogo	2017	*Journal of Accounting and Economics*	文本分析	可读性分析	433
财务会计	Guiding through the Fog: Financial Statement Complexity and Voluntary Disclosure	Wayne Guay, Delphine Samuels, Daniel Taylor	2016	*Journal of Accounting and Economics*	文本分析	可读性分析	410
财务会计	Managers' Use of Language Across Alternative Disclosure Outlets: Earnings Press Releasesversus MD&A	Angela K. Davis, Isho Tama-Sweet	2012	*Contemporary Accounting Research*	音频+文本分析	情感分析	389
财务管理	Geographic Dispersion and Stock Returns	Diego García, Øyvind Norli	2012	*Journal of Financial Economics*	文本分析	关键词识别	356
财务会计	The evolution of 10-K textual disclosure: Evidence from Latent Dirichlet Allocation	Travis Dyer, Mark Lang, Lorien Stice-Lawrence	2017	*Journal of Accounting and Economics*	文本分析	主题分类	328
公司治理	媒体类型、媒体关注与上市公司内部控制质量	逯东，付鹏，杨丹	2015	会计研究	数据库+文本分析	主题分类+搜索引擎报告数量	322
财务会计	Textual Analysis and International Financial Reporting: Large Sample Evidence	Mark Lang, Lorien Stice-Lawrence	2015	*Joural of Accounting and Economics*	文本分析	可读性分析+相似性分析	317

续表

研究主题	标题	作者	年份	期刊	大数据技术	技术细分	被引次数
财务会计＋公司治理	A Measure of Competition Based on 10-K Filings	Feng Li, Russell Lundholm, MichaelMinnis	2012	*Journal of Accounting Research*	文本分析	关键词识别	296
财务会计	Evidence on the Information Content of Text in Analyst Reports	Allen H. Huang, Amy Y. Zang, Rong Zheng	2014	*The Accounting Review*	文本分析＋机器学习	情感分析	290
财务会计	A Plain English Measure of Financial Reporting Readability	Samuel B. Bonsalliv, Andrew J. Leone, Brian P. Miller, Kristina Rennekamp	2017	*Journal of Accounting and Economics*	文本分析	可读性分析	287
财务会计＋审计	Analyzing Speech to Detect Financial Misreporting	Jessen L. Hobson, William J. Mayew, Mohan Venkatachalam	2012	*Journal of Accounting Research*	音频分析	LVA 软件	265
财务会计	Market (in) Attention and the Strategic Scheduling and Timing of Earnings Announcements	Ed Dehaan, Terry Shevlin, Jacob Thornock	2015	*Journal of Accounting and Economics*	文本分析		250
财务会计	Litigation Risk, Strategic Disclosure and the Underpricing of Initial Public Offerings	Kathleen Weiss Hanley, Gerard Hoberg	2012	*Journalof Financial Economics*	爬虫＋文本分析	相似度分析	246
审计	媒体监督、政府质量与审计师变更	戴亦一，潘越，陈芬	2013	会计研究	文本分析	关键词识别	227
公司治理	Corporate Governance and the Information Content of Insider Trades	Alan D. Jagolinzer, David F. Larcker, Daniel J. Taylor	2011	*Journal of Accounting Research*	爬虫	搜索引擎报告数量	221

续表

研究主题	标题	作者	年份	期刊	大数据技术	技术细分	被引次数
财务会计＋公司治理＋审计	Detecting Management Fraud in Public Companies	Mark Cecchini, Haldun Aytug, Gary J. Koehler, Praveen Pathak	2010	*Management Science*	机器学习	预测	220
财务会计	Masculinity, Testosterone, and Financial Misreporting	Yuping Jia, Laurence Van Lent, AchangZeng	2014	*Journal of Accounting Research*	图像分析		213
财务会计	Analysts' Industry Expertise	Ohad Kadan, Leonardo Madureira, Rong Wang, Tzachi Zach	2012	*Journal of Accounting and Economics*	数据库		213
财务管理	媒体曝光度、信息披露环境与权益资本成本	卢文彬，官峰，张佩佩，邓玉洁	2014	会计研究	爬虫	搜索引擎报告数量	203
财务管理＋公司治理	社会网络与企业效率：基于结构洞位置的证据	陈运森	2015	会计研究	网络分析	结构洞	200
财务会计	The Effect of Quarterly Report Readability on Information Efficiency of Stock Prices	Yen-Jung Lee	2012	*Contemporary Accounting Research*	文本分析	可读性分析	199
财务会计	普通投资者关注对股市交易的量价影响——基于百度指数的实证研究	张继德，廖微，张荣武	2014	会计研究	数据库	百度指数	190
其他	Search-based Peer Firms：Aggregating Investor Perceptions through Internet Co-searches	Charles M. C. Lee, Paul Ma, Charles C. Y. Wang	2015	*Journal of Financial Economics*	爬虫	搜索引擎使用	186
财务管理	Are Financial Constraints Priced? Evidence from Textual Analysis	Matthias M M Buehlmaier, Toni M Whited	2018	*The Review of Financial Studies*	文本分析	关键词识别	156

续表

研究主题	标题	作者	年份	期刊	大数据技术	技术细分	被引次数
财务管理	媒体报道与投资效率	张建勇，葛少静，赵经纬	2014	会计研究	爬虫	搜索引擎报告数量	143
财务管理	多个大股东与企业融资约束——基于文本分析的经验证据	姜付秀，王运通，田园，吴恺	2017	管理世界	文本分析	关键词识别＋相似度分析	137
审计	基于大数据可视化技术的审计线索特征挖掘方法研究	陈伟，居江宁	2018	审计研究	可视化		125
财务管理	董事网络的结构洞特征与公司并购	万良勇，郑小玲	2014	会计研究	网络分析	结构洞	122
财务管理	上市公司的地理特征影响机构投资者的持股决策吗？——来自中国证券市场的经验证据	宋玉，沈吉，范敏虹	2012	会计研究	数据库	地理特征	117
财务会计	年报语调与内部人交易："表里如一"还是"口是心非"？	曾庆生，周波，张程，陈信元	2018	管理世界	文本分析	情感分析	116
审计	媒体负面报道、审计师变更与审计质量	周兰，耀友福	2015	审计研究	爬虫＋文本分析	搜索引擎报告数量	115
审计	媒体监督、内部控制与审计意见	张丽达，冯均科，陈军梅	2016	审计研究	爬虫＋文本分析	搜索引擎报告数量	115
审计	A Bayesian Methodology for Systemic Risk Assessment in Financial Networks	Axel Gandy, Luitgard A. M. Veraart	2017	*Management Science*	网络分析		111
公司治理＋审计	GOTCHA! Network-Based Fraud Detection for Social Security Fraud	Véronique Van Vlasselaer, Tina Eliassi-Rad, Leman Akoglu, Monique Snoeck, Bart Baesens	2017	*Management Science*	机器学习＋网络分析	中心度	108

续表

研究主题	标题	作者	年份	期刊	大数据技术	技术细分	被引次数
公司治理	Knowledge, Compensation, and Firm Value: An Empirical Analysis of Firm Communication	Feng Li, Michael Minnis, Venky Nagar, Madhav Rajan	2014	*Journal of Accounting and Economics*	音频+文本分析		103
公司治理	Employee Quality and Financial Reporting Outcomes	Andrew C. Call, John L. Campbell, Dan S. Dhaliwal, James R. Moon Jr.	2017	*Journal of Accounting and Economics*	数据库	IPUMS-USA	101
审计	媒体负面报道、审计定价与审计延迟	刘笑霞，李明辉，孙蕾	2017	会计研究	爬虫+文本分析	新闻数量	100
财务会计	分析师荐股更新利用管理层语调吗？——基于业绩说明会的文本分析	林乐，谢德仁	2017	管理世界	文本分析	情感分析	94
审计	媒体态度、投资者关注与审计意见	吕敏康，刘拯	2015	审计研究	爬虫+文本分析	搜索引擎报告数量+情感分析+关键词识别	85
财务会计	年报风险信息披露有助于提高分析师预测准确度吗？	王雄元，李岩琼，肖忞	2017	会计研究	文本分析	关键词识别	82
财务会计	Complexity of Financial Reporting Standards and Accounting Expertise	Roman Chychyla, Andrew J. Leone, Miguel Minutti-Meza	2019	*Journal of Accounting and Economics*	文本分析	可读性分析	81
财务管理	Resource Accumulation through Economic Ties: Evidence From Venture Capital	Yael V. Hochberg, Laura A. Lindsey, Mark M. Westerfield	2015	*Journal of Financial Economics*	网络分析	中心度分析及其他自定义指标	81
财务会计	交易所问询函有监管作用吗？——基于并购重组报告书的文本分析	李晓溪，杨国超，饶品贵	2019	经济研究	文本分析	关键词识别	70

续表

研究主题	标题	作者	年份	期刊	大数据技术	技术细分	被引次数
财务会计	Are All Independent Directors Equally Informed? Evidence Based on Their Trading Returns and Social Networks	Ying Cao, Dan Dhaliwal, Zengquan Li, Yong George Yang	2015	*Management Science*	网络分析	关联分析	69
财务会计	年报问询函与管理层业绩预告	李晓溪，饶品贵，岳衡	2019	管理世界	文本分析	关键词识别	67
财务管理	媒体报道对 IPO 股价表现的非对称影响研究——来自创业板上市公司的经验证据	权小锋，尹洪英，吴红军	2015	会计研究	文本分析	情感分析	61
财务会计＋审计	Using Unstructured and Qualitative Disclosures to Explain Accruals	Richard M. Frankel, Jared N. Jennings, Joshua A. Lee	2016	*Journal of Accounting and Economics*	文本分析＋机器学习	可读性＋机器学习	55
财务会计	产品市场竞争与信息披露质量——基于上市公司年报文本分析的新证据	任宏达，王琨	2019	会计研究	文本分析	相似度分析	43
审计	Private Lenders' Demand for Audit	Richard M. Baylis, Peter Burnap, Mark A. Clatworthy, Mahmoud A. Gad, Christopher K. M. Pong	2017	*Journal of Accounting and Economics*	文本分析	关键词识别	40
财务管理	高管之"人"的先天特征在 IPO 市场中起作用吗？	沈艺峰，王夫乐，黄娟娟，纪荣嵘	2017	管理世界	音频图像分析	软件	39
财务会计	Earnings Notifications, Investor Attention, and the Earnings Announcement Premium	Kimball Chapman	2018	*Journal of Accounting and Economics*	数据库	搜索引擎报告数量	38

续表

研究主题	标题	作者	年份	期刊	大数据技术	技术细分	被引次数
公司治理	Do Common Inherited Beliefs and Values Influence CEO Pay?	Atif Ellahie, Ahmed Tahoun, İRem Tuna	2017	*Journal of Accounting and Economics*	数据库	OnoMAP	37
财务会计	独立董事网络中心度与会计稳健性	梁上坤，陈冬，付彬，房琨	2018	会计研究	网络分析	中心度	36
财务会计	Machine Learning Improves Accounting Estimates：Evidence From Insurance Payments	Kexing Ding, Baruch Lev, Xuan Peng, Ting Sun, Miklos A. Vasarhelyi	2020	*Review of Accounting Studies*	机器学习	预测	29
财务会计	廉价交谈还是言之有据？——分析师报告文本的信息含量研究	马黎珺，伊志宏，张澈	2019	管理世界	机器学习＋文本分析	情感分析＋关键词识别	27
审计	The Geographic Decentralization of Audit Firms and Audit Quality	Matthew J. Beck, Joshua L. Gunn, Nicholas Hallman	2019	*Journal of Accounting and Economics*	数据库		26
财务会计＋审计	新闻的信息增量、审计监督与政府财务信息披露	张琦，郑瑶，宁书影	2016	审计研究	爬虫＋文本分析	搜索引擎报告数量	24
财务会计	媒体报道能影响政府决算披露质量吗？	张琦，郑瑶	2018	会计研究	爬虫	搜索引擎报告数量	23
财务会计	年报语调与股价崩盘风险——来自中国A股上市公司的经验证据	周波，张程，曾庆生	2019	会计研究	文本分析	情感分析	21
审计	基于迭代式聚类的审计疑点发现——以上市公司财报数据为例	杨蕴毅，孙中和，卢靖	2015	审计研究	爬虫＋机器学习	聚类	19

续表

研究主题	标题	作者	年份	期刊	大数据技术	技术细分	被引次数
财务会计	Cultural Diversity on Wall Street: Evidence from Consensus Earnings Forecasts	Kenneth Merkley, Roni Michaely, Joseph Pacelli	2020	*Journal of Accounting and Economics*	文本分析	关键词识别	18
财务会计	财务报告可读性、投资者实地调研与对冲策略	逯东，余渡，杨丹	2019	会计研究	文本分析	可读性分析	16
财务会计＋财务管理	The Spillover Effects of MD&A Disclosures for Real Investment: The Role of Industry Competition	Art Durnev, Claudine Mangen	2020	*Journal of Accounting and Economics*	文本分析	情感分析	14
公司治理	The Effects of Internal Board Networks: Evidence From Closed-end Funds	Matthew E. Souther	2018	*Journal of Accounting and Economics*	网络分析	关联分析	13
财务管理	客户年报语调具有供应链传染效应吗？——企业现金持有的视角	底璐璐，罗勇根，江伟，陈灿	2020	管理世界	文本分析	情感分析	10
审计	异常审计费用与分析师语调——基于分析师报告文本分析	王永海，汪芸倩，唐榕氚	2019	会计研究	爬虫＋文本分析＋机器学习	情感分析	10
财务会计	Gender and Beauty in the Financial Analyst Profession: Evidence From the United States and China	Congcong Li, An-Ping Lin, Hai Lu, Kevin Veenstra	2020	*Review of Accounting Studies*	数据库		7
审计	多类别审计意见预测研究——基于SMOTE算法—BP神经网络模型	张庆龙，何斯佳	2019	审计研究	机器学习	预测	6
财务管理	FinBERT—A Deep Learning Approach to Extracting Textual Information	Allen Huang, Hui Wang, Yi Yang	2020	*SSRN*	文本分析＋机器学习	情感分析	6

续表

研究主题	标题	作者	年份	期刊	大数据技术	技术细分	被引次数
审计	大数据、区块链与上市公司审计费用	杨德明，夏小燕，金淞宇，林丹滢，马晴	2020	审计研究	文本分析	关键词识别	5
审计	上市公司年报文本信息语调影响审计意见吗?	李世刚，蒋尧明	2020	会计研究	文本分析	情感分析	4
财务会计	研发文本信息：真的多说无益吗? ——基于分析师预测的文本分析	李岩琼，姚颐	2020	会计研究	文本分析	关键词识别	4
公司治理	控股股东股权质押与年报前瞻性信息披露	王秀丽，齐荻，吕文栋	2020	会计研究	文本分析	关键词识别	4
公司治理	管理层能力与年报柔性监管——基于年报问询函收函和回函视角的研究	王艳艳，何如桢，于李胜，庄婕	2020	会计研究	文本分析	可读性分析	2
财务会计＋审计	财务报告文本相似度与违规处罚——基于文本分析的经验证据	钱爱民，朱大鹏	2020	会计研究	文本分析	相似度分析	1
财务管理	大数据背景下市场竞争与债券信用风险——基于企业多元化发展的实证检验	周宏，赵若瑜，李文洁，何剑波	2020	会计研究	爬虫＋网络分析	中心度分析	1
财务会计	个人投资者能否识别经济关联? ——基于行业内首次盈余公告的分析	罗一麟，洪剑峭，倪晨凯，王国臣	2020	会计研究	爬虫	搜索引擎评论数量	0

图书在版编目（CIP）数据

大数据会计研究：经典文献与数据分析 / 陈宋生，朱乐琪，王朝晖编著 . -- 北京：中国人民大学出版社，2023.8
（研究方法丛书）
ISBN 978-7-300-31567-6

Ⅰ.①大… Ⅱ.①陈… ②朱… ③王… Ⅲ.①会计信息－数据处理 Ⅳ.①F230

中国国家版本馆 CIP 数据核字（2023）第 054639 号

研究方法丛书
大数据会计研究——经典文献与数据分析
陈宋生　朱乐琪　王朝晖　编著
Dashuju Kuaiji Yanjiu——Jingdian Wenxian yu Shuju Fenxi

出版发行	中国人民大学出版社			
社　址	北京中关村大街 31 号	**邮政编码**	100080	
电　话	010－62511242（总编室）	010－62511770（质管部）		
	010－82501766（邮购部）	010－62514148（门市部）		
	010－62515195（发行公司）	010－62515275（盗版举报）		
网　址	http://www.crup.com.cn			
经　销	新华书店			
印　刷	涿州市星河印刷有限公司			
开　本	787 mm×1092 mm　1/16	**版　次**	2023 年 8 月第 1 版	
印　张	17.75 插页 1	**印　次**	2023 年 8 月第 1 次印刷	
字　数	329 000	**定　价**	55.00 元	

版权所有　侵权必究　　印装差错　负责调换

中国人民大学出版社　管理分社

教师教学服务说明

中国人民大学出版社管理分社以出版工商管理和公共管理类精品图书为宗旨。为更好地服务一线教师，我们着力建设了一批数字化、立体化的网络教学资源。教师可以通过以下方式获得免费下载教学资源的权限：

★ 在中国人民大学出版社网站 www.crup.com.cn 进行注册，注册后进入"会员中心"，在左侧点击"我的教师认证"，填写相关信息，提交后等待审核。我们将在一个工作日内为您开通相关资源的下载权限。

★ 如您急需教学资源或需要其他帮助，请加入教师 QQ 群或在工作时间与我们联络。

中国人民大学出版社　管理分社

🔔 **教师 QQ 群：** 648333426（工商管理）　114970332（财会）　648117133（公共管理）
教师群仅限教师加入，入群请备注（学校＋姓名）

☎ **联系电话：** 010-62515735，62515987，62515782，82501048，62514760

✉ **电子邮箱：** glcbfs@crup.com.cn

📍 **通讯地址：** 北京市海淀区中关村大街甲 59 号文化大厦 1501 室（100872）

管理书社

人大社财会

公共管理与政治学悦读坊